PARA APRENDER **DIREITO**

Direito Comercial

(Teoria da Empresa)

Vander Brusso da Silva

BF&A

Barros, Fischer & Associados

Dados Internacionais de Catalogação na Publicação (CIP)
(Câmara Brasileira do Livro, SP, Brasil)

Silva, Vander Brusso da
Direito Comercial / Vander Brusso da Silva. – São Paulo: Barros, Fischer & Associados, 2009. – (Para aprender Direito ; 3)

Bibliografia.
ISBN 978-85-88749-78-8

1. Direito Comercial. I. Título. II. Série.

05-6188 CDU-347.7

Índice para catálogo sistemático:

1. Direito Comercial 347.7

PARA APRENDER **DIREITO**

Direito Comercial

(Teoria da Empresa)

Vander Brusso da Silva

BF&A

Barros, Fischer & Associados

Barros, Fischer & Associados

Editores
Flávio Barros Pinto
Ricardo A. Fischer

PARA APRENDER DIREITO

Direito Comercial

(TEORIA DA EMPRESA)

Direito Comercial faz parte da coleção *Para aprender Direito*, editada pela Barros, Fischer & Associados.

Edição
Andréa Barros

Projeto gráfico
Cláudio Scalzite e
Flávio Barros Pinto

Arte
Flávia Barros

Capa e Ilustração
Tide Hellmeister

Revisão
Marcia Menin e
Paulo Roberto Pompêo

Este livro é publicado pela editora Barros, Fischer & Associados Ltda., sob licença editorial do autor.

1.ª EDIÇÃO
7.ª tiragem ◆ Março / 2013

Endereços
Barros, Fischer & Associados Ltda.
Rua Ulpiano, 86, Lapa, São Paulo
CEP 05050-020
Tel./fax: 0 (xx) 11 3675-0508

Distribuição e vendas
Bafisa, tel.: 0 (xx) 11 3675-0508
www.bafisa.com.br
contato@bafisa.com.br

Impressão e acabamento
MarkPress Brasil

Sobre o autor:
Vander Brusso da Silva é advogado especialista e militante em Direito Comercial e Direito Tributário; mestre em Administração, Comunicação, Educação com ênfase em Direito pela Universidade São Marcos; professor de Direito Tributário do curso de pós-graduação da Faculdade Metropolitana Unidas (FMU); professor de Direito Comercial e Empresarial e Direito Tributário da Universidade Cidade de São Paulo (Unicid); professor de Direito Comercial e Empresarial e Direito Tributário da Universidade São Marcos (USM); professor e coordenador do curso de pós-graduação de Direito Comercial e Empresarial da Unisal – conveniada com o Curso Êxito (SP); professor de vários cursos preparatórios para Exame de Ordem e concursos públicos (Curso Êxito e Curso Pró-Ordem), entre outros; consultor jurídico nas áreas de Direito Comercial, Empresarial e Tributário, autor de várias obras e resumos sobre Direito Comercial e Direito Empresarial pelas editoras Barros, Fischer & Associados, Rideel e Del Rey.

SUMÁRIO

1

TEORIA GERAL DO DIREITO COMERCIAL

Origens do Direito Comercial

O Direito Comercial, segundo Rubens Requião, surgiu na Idade Média com o desenvolvimento do tráfico mercantil. Na época, as civilizações criaram algumas regras para regular a atividade econômica, as quais não chegaram a formar um corpo sistematizado.

Embora os romanos apresentassem uma sociedade organizada sobre a propriedade e atividades rurais, também não corporificaram o "Direito Comercial". "Nem os romanos o formularam. Roma, devido à organização social estruturada sobre a propriedade e atividade rurais, prescindiu de um direito especializado para regular as atividades mercantis. Os comerciantes, geralmente estrangeiros, respondiam perante o *praetor peregrinus*, que a eles aplicava o *jus gentium*" (Requião, Rubens, *Curso de Direito Comercial*, p. 9).

Com a decadência da estrutura econômica de Roma, na era cristã, o capitalismo mercantil se fortaleceu, adaptando-se à realidade da sociedade, o que acarretou um relaxamento nas obrigações entre devedores e credores, iniciando nova fase do Direito Comercial. Todavia, a invasão dos bárbaros e o fracionamento do território romano levaram o capitalismo mercantil a sofrer grandes perdas, dando origem à fase feudal.

O Direito romano deixou, então, de ser considerado internacional e passou a reger apenas determinadas regiões. Os comerciantes, por meio de organizações de classe, formaram corporações de mercadores, obtendo grande poderio político e conquistando a autonomia para alguns centros comerciais, entre eles Veneza, Florença e Gênova. A organização de uma classe poderosa repetiu-se pela Europa Ocidental, ensejando grandes grupos de comerciantes, como os da Itália e da Alemanha, nas costas do mar do Norte, onde foi constituída a famosa *Hansa*.

Para Rubens Requião, "é nessa fase histórica que começa a se cristalizar o direito comercial, deduzido das regras corporativas e, sobretudo, dos assentos jurisprudenciais das decisões dos cônsules, juízes designados pela corporação, para, em seu âmbito, dirimirem as disputas entre comerciantes".

Como o Direito comum da época não apresentava regras para garantir e regular as relações comerciais, era necessário que os comerciantes, já organizados, criassem entre si um Direito costumeiro, aplicado internamente pelos juízes eleitos em assembleias, conhecidos como "juízo consultor".

Entretanto, em razão de seu sucesso, os juízes que julgavam relações dos comerciantes foram atraindo para si novas demandas, consideradas naturais pela evolução da sociedade, e, assim, passaram a julgar relações de comerciantes e não comerciantes.

Nessa fase, o Direito Comercial era considerado um Direito corporativo, profissional, especial e autônomo em relação ao Direito Civil, uma vez que regulava as relações entre comerciantes, e, por não apresentar fronteira territorial, tornou-se cosmopolita.

Daí em diante, o Poder Judiciário, em razão da demanda entre particulares e comerciantes, resolveu delimitar sua matéria, considerando comércio: a compra e venda de mercadorias para revenda e sucessiva revenda; negócios de moeda por intermédio dos bancos; e as letras de câmbios – atos de comércio.

Origens do Direito Comercial no Brasil

No Brasil colonial, as relações jurídicas regiam-se pela legislação de Portugal, sob forte influência do Direito canônico e do Direito romano, e o comércio era organizado pela Corte imperial. Em 1808, inúmeras leis e alvarás sucederam-se à Lei de Abertura dos Portos, como a lei que determinou a criação da Real Junta de Comércio, Agricultura, Fábricas e Navegação, de modo a estimular as atividades produtivas da nação que florescia. No mesmo ano, por meio do alvará de 12 de outubro, surgiu o Banco do Brasil, tendo como finalidade a emissão de bilhetes pagáveis ao portador, operações de descontos, comissões, depósitos pecuniários, saques de fundos por conta de particulares e do Real Erário, financiando a indústria nacional.

Com a proclamação da independência, convocada a Assembleia Constituinte e Legislativa de 1823, promulgou-se a Lei de 20 de outubro, a qual ordenou a continuidade das leis portuguesas, vigentes desde 25 de abril de 1821. Entre essas leis, Rubens Requião ressalta a importância da Lei da Boa Razão, de 18 de agosto de 1769, que autorizava invocar como complemento nas questões mercantis as normas legais "das nações cristãs, iluminadas e polidas, que estavam resplandecendo na boa e sã jurisprudência. [...] Essa curiosa lei tornava plausível a invocação do direito estrangeiro como subsidiário do direito lusitano e, agora, brasileiro. Por isso, observa J. X. Carvalho de Mendonça, que 'o Código Comercial francês, de 1807, com irradiação intensa pelo mundo inteiro, e, mais tarde, os Códigos Comerciais da Espanha, de 1829, e de Portugal, de 1833, aliás, sem a autoridade do primeiro, passaram a constituir a verdadeira legislação mercantil nacional'" (*idem*, p. 16).

O notório desenvolvimento do comércio no Brasil fez surgir a necessidade da criação de um Direito próprio, voltado a seus interesses. Embora a Real Junta do Comércio, em 1809, tivesse atribuído a Silva Lisboa a organização do Código Comercial, apenas em 1832 foi nomeada, pela Regência, uma comissão de comerciantes, composta por Antônio Paulino Limpo de Abreu, José Antônio Lisboa, Inácio Ratton, Guilherme Midosi e Lourenço Westin, para elaborar um projeto de Código Comercial.

Após longa e morosa tramitação pelas casas do Congresso Nacional, foi sancionada a Lei 556, em 25 de junho de 1850, que promulgou o Código Comercial brasileiro. Baseado no Direito francês, de 1807, no espanhol, de 1829, e no português, de 1833, sua precisão e técnica de elaboração têm sido elogiadas até os dias atuais. Nesse mesmo ano, surgiu o Regulamento 737, o qual, no dizer de Rubens Requião, "representa um monumento soberbo de nossa legislação, na justa apreciação de J. X. Carvalho de Mendonça".

Com o advento do Código Comercial, os Tribunais do Comércio foram modificando-se até sua extinção pela Lei 2.662, de 1875, quando da unificação do processo judicial. Em 1866, o juízo arbitral, que era obrigatório, ganhou caráter facultativo e, em 1882, as sociedades anônimas desvincularam-se do controle estatal, podendo ser constituídas livremente. Em 1908, o Direito Cambiário, por meio do Decreto 2.044, adaptou-se à nova fase do país, dando origem ao instituto da concordata.

CONCEITO DE DIREITO COMERCIAL - Para Cesare Vivante, Direito Comercial é "a parte do Direito privado que tem principalmente por objeto regular as relações jurídicas que surgem do exercício do comércio". Já para Fran Martins (*Curso de Direito Comercial*, p. 15), "é o conjunto de regras jurídicas que regulam as atividades das empresas e dos empresários comerciais, bem como os atos considerados comerciais, mesmo que esses atos não se relacionem com as atividades das empresas".

O Direito Comercial, assim, apresenta características próprias, diferenciando-se dos demais ramos do Direito, sobretudo do Civil, pelos seguintes aspectos:

- **Cosmopolitismo** – Os comerciantes constituem um povo, e a matéria representa um fato universal e sem fronteiras.
- **Individualismo** – O lucro está vinculado ao interesse individual.
- **Onerosidade** – O comerciante tem como objeto principal a obtenção de lucro, pois na atividade mercantil se desconhece a gratuidade.
- **Informalismo** – No Direito Comercial, por ser dinâmico e regular operações em massa, não se justificaria o formalismo presente no Direito Civil. Os contratos mercantis aperfeiçoam-se, a cada momento, imperando a boa-fé.
- **Fragmentalismo** – O Direito Comercial é fragmentado, não apresenta um sistema jurídico completo, mas um complexo de normas.
- **Solidariedade presumida** – A solidariedade era presumida nas operações mercantis, a exemplo dos títulos de créditos para forçar a segurança na circulação dos bens. Todavia, no Direito brasileiro, por força do artigo 265 do Código Civil, o instituto da solidariedade não se presume, resultando ou da lei ou da vontade das partes.

Fontes do Direito Comercial

Fonte do Direito Comercial, segundo Rubens Requião (*op. cit.*, p. 26), "é o modo pelo qual surgem as normas jurídicas de natureza mercantil. Essas normas jurídicas comerciais constituem um direito especial que determina o que seja a matéria comercial e a ela se aplica exclusivamente. Ao lado dessas regras, como pano de fundo, permanecem as regras do direito comum". São elas: Código Comercial; leis comerciais; Código Civil; usos e costumes.

Teoria de Atos de Comércio

A Teoria de Atos de Comércio, adotada pelo Código Comercial brasileiro de 1850, trazia, em seu ordenamento, incertezas e controvérsias; assim como na França, o rol enumerativo não era suficiente para qualificar a atividade do comerciante. No mesmo ano, foi publicado o Regulamento 737, que completava o Código Comercial, considerando mercancia "a compra e venda ou troca de efeitos móveis ou semoventes, para os vender por grosso ou a retalho, na mesma espécie ou manufaturados, ou para alugar seu uso; as operações de câmbio, banco e corretagem; as empresas de fábricas, de comissões, de depósito, de expedição, consignação e transporte de mercadorias, de espetáculos públicos; os seguros, fretamentos, riscos, e quaisquer contratos relativos ao comércio marítimo e à armação de navios".

Atualmente, a Teoria de Atos de Comércio encontra-se superada pelo Código Civil. O Brasil passou a adotar a Teoria da Empresa, consolidando a transição do Direito francês para o Direito italiano.

Antigo comerciante

Considerava-se comerciante a pessoa física ou jurídica que, profissionalmente, exercia atos de intermediação na troca de mercadorias com intuito de lucro. O antigo comerciante exercia a atividade de forma individual, isto é, em nome próprio, ou coletiva, unindo-se a uma ou mais pessoas (sociedade comercial).

Para Carvalho de Mendonça, o Código Comercial brasileiro não deu uma definição precisa de comerciante; contentou-se em declarar as condições necessárias para ser caracterizada ou reconhecida juridicamente essa qualidade, não sendo suficiente a matrícula no órgão do comércio. São reputados comerciantes "os indivíduos que, no gozo da capacidade jurídica, fazem da mercancia profissão habitual; [...] os que praticam habitual e profissionalmente atos de comércio propriamente ditos, por natureza, atos que se relacionam com o ramo da atividade econômica: o comércio; as sociedades comerciais, pessoas jurídicas constituídas especialmente para o exercício do comércio" (Mendonça, J. X. Carvalho, *Tratado de Direito Comercial brasileiro*, p. 25).

Assim como a Teoria de Atos de Comércio, a classificação de comerciante encontra-se revogada pelo Código Civil de 2002.

Atividade empresarial

TEORIA DA EMPRESA - Surgiu na Itália, em 1942, novo regime jurídico para regulamentar as atividades econômicas dos particulares, que alargou a incidência do Direito Comercial, passando às atividades de prestação de serviços. Assim, a Teoria da Empresa representa um alargamento da Teoria de Atos de Comércio.

A evolução do Direito Comercial justifica-se pelo fato de que, pela Teoria de Atos de Comércio, muitas empresas prestadoras de serviços eram tratadas desigualmente em relação aos comerciantes, não podendo beneficiar-se da concordata, tampouco da falência. Todavia, a jurisprudência já vinha entendendo em sentido contrário, bastando que os prestadores de serviços desenvolvessem uma atividade econômica organizada.

O conceito jurídico de empresa vem sendo objeto de grandes discussões entre os doutrinadores, ganhando relevância na Itália e na Alemanha. Para alguns, seria difícil separar o conceito econômico de empresa do conceito jurídico, mesmo porque a legislação é omissa quanto a sua definição. Para aqueles que adotam o conceito econômico, a empresa consiste na organização dos fatores de produção, enquanto, a nosso ver, empresa deve ser entendida como uma atividade econômica organizada, própria do empresário ou da sociedade empresária.

Segundo Ricardo Negrão (*Manual de Direito Comercial e de Empresa*, p. 46), o professor Waldirio Bulgarelli, ao estudar a teoria de Asquini, com notório saber jurídico define a empresa como "atividade econômica organizada de produção e circulação de bens e serviços para o mercado, exercida pelo empresário, em caráter profissional, através de um complexo de bens".

No Brasil, embora não seja pacífico o entendimento da doutrina quanto ao conceito de empresa, este já incorporara a Teoria da Empresa mesmo antes da entrada em vigor do Código Civil de 2002, cuja publicação só veio concluir a transição.

CONCEITO DE EMPRESÁRIO - Dispõe o Código Civil:

> Art. 966 – Considera-se empresário quem exerce profissionalmente atividade econômica organizada para a produção ou a circulação de bens ou serviços.

O conceito de empresário representa uma ampliação do antigo comerciante: no Direito Comercial regido pela Teoria de Atos de Comércio, o comerciante era a pessoa física ou jurídica que exercia atos de intermediação; no novo sistema, inclui-se em sua atividade a produção.

Ensina Fran Martins (*Curso de Direito Comercial*, p. 65): "Com a evolução da importância das empresas no exercício das atividades comerciais, os comerciantes são considerados empresários, isto é, os chefes das empresas (*Código Civil italiano*, de 1942, art. 2.086). Tendo-se em conta que é considerado empresário 'quem exerce profissionalmente atividade econômica organizada para a produção ou circulação de bens ou serviços' (Projeto de Código Civil de 1975, art. 1.033), vê-se que o campo de ação do comerciante foi ampliado com o conceito de empresário, pois, se no direito tradicional o comerciante era simples *intermediário*, no novo direito as atividades da empresa podem ser também de *produção*".

Da definição trazida pelo Código Civil, destaca-se a importância dos seguintes conceitos básicos:

- **Profissionalismo** – O empresário deve exercer sua atividade de forma habitual, não sendo considerado empresário quem a exerce de forma esporádica, aventurando-se no mercado; por sua vez, deverá respeitar o caráter da pessoalidade, ou seja, o empresário não poderá ser empregado; por fim, o empresário é o detentor das informações de seus produtos e dos riscos causados ao consumidor final.
- **Atividade** – O empresário exerce uma atividade, isto é, a própria empresa.
- **Econômica** – Entende-se por econômica a busca do lucro na exploração do empresário de sua empresa.
- **Organizada** – Para o professor Fábio Ulhoa Coelho, pertencem à organização empresarial quatro fatores: o capital, a mão de obra, os insumos e a tecnologia. Assim, afirma o professor que não é empresário quem explora atividade de produção ou circulação de bens ou serviços sem um desses fatores.
- **Produção de bens ou serviços** – Produção de bens é a fabricação de mercadorias; produção de serviços, a prestação destes.
- **Circulação de bens ou serviços** – Representa a intermediação de mercadorias ou de serviços.

Após uma análise simplificada do conceito de empresário, mesmo porque a finalidade desta obra não é a mesma de uma doutrina, mas a de apresentar conceitos básicos e simplificados, na tentativa de transmitir e complementar os ensinamentos já adquiridos pelo leitor, vejamos o disposto no parágrafo único do artigo 966 do Código Civil:

> Não se considera empresário quem exerce profissão intelectual, de natureza científica, literária ou artística, ainda com o concurso de auxiliares ou colaboradores, salvo se o exercício da profissão constituir elemento de empresa.

As atividades exploradas pelos profissionais de natureza científica, literária ou artística continuam sendo consideradas civis e não estão sujeitas às regras do Direito Comercial, a exemplo de um médico que explora sua atividade mesmo que com colaboradores (secretária) – seus clientes vão ao consultório pela individualização do profissional. Entretanto, se esse mesmo médico organiza-se e constitui ali uma clínica especializada em endocrinologia com outros profissionais, será considerado empresário.

TIPOS DE EMPRESÁRIO - Assim como o comerciante, o empresário pode ser pessoa física, chamado **empresário individual**, ou jurídica, denominado **sociedade empresária**. O empresário não deve ser confundido com os sócios. O empresário, como visto, pode ser pessoa física, isto é, o empresário individual, ou pessoa jurídica, a própria sociedade. Portanto, quando duas ou mais pessoas se unem para formar uma sociedade de forma organizada, estarão constituindo uma sociedade empresária e os membros dessa sociedade serão chamados de sócios, investidores ou colaboradores, mas jamais empresários.

CAPACIDADE E CONDIÇÕES PARA SER EMPRESÁRIO - Capacidade é o exercício da personalidade. Miguel Reale (*Lições de Direito*, p. 232) distingue a capacidade de fato e a capacidade de direito. A primeira refere-se "às condições materiais do exercício, enquanto a segunda é concernente à aptidão legal para a prática dos atos". Todo homem é capaz de direitos e obrigações. O Código Civil preceitua as condições para ser empresário:

> Art. 972 – Podem exercer a atividade de empresário os que estiverem em pleno gozo da capacidade civil e não forem legalmente impedidos.

Contudo, o mesmo diploma legal determina:

> Art. 5.º – A menoridade cessa aos dezoito anos completos, quando a pessoa fica habilitada à prática de todos os atos da vida civil. Parágrafo único. Cessará, para os menores, a incapacidade:
> I – pela concessão dos pais, ou de um deles na falta do outro, mediante instrumento público, independentemente de homologação judicial, ou por sentença do juiz, ouvido o tutor, se o menor tiver dezesseis anos completos;
> II – pelo casamento;
> III – pelo exercício de emprego público efetivo;
> IV – pela colação de grau em curso de ensino superior;
> V – pelo estabelecimento civil ou comercial, ou pela existência de relação de emprego, desde que, em função deles, o menor com dezesseis anos completos tenha economia própria.

Portanto, para adquirir capacidade, o limite mínimo é de 18 anos de idade; consequentemente, toda pessoa maior de 18 anos, seja homem ou mulher, brasileira ou estrangeira, poderá ser empresária no Brasil. Todavia, o maior de 16 anos e menor de 18 poderá ser empresário, desde que devidamente emancipado, devendo submeter o instituto da emancipação à inscrição ou averbação no Registro de Empresas Mercantis.

O incapaz poderá continuar a empresa antes exercida por ele enquanto capaz por meio de representante ou devidamente assistido, por seus pais ou pelo autor da herança, mediante autorização judicial, conforme artigo 974, § 1.º do Código Civil.

O juiz procederá à autorização judicial após o exame das circunstâncias e dos riscos da empresa, bem como a conveniência em continuá-la, podendo a referida autorização ser revogada pelo próprio juiz, ouvidos os pais, tutores ou representantes legais do menor ou do interdito, sem prejuízo dos direitos adquiridos por terceiros; ou seja, a autorização para continuar a empresa cedida pelo juiz poderá ser revogada a qualquer momento, respeitando, é claro, o direito adquirido dos terceiros, conforme artigo 974, § 2.º do mesmo Código.

Contudo, se o representante ou assistente forem pessoas legalmente impedidas será nomeado um gerente para gerenciar a empresa do menor. A nomeação do gerente dependerá de aprovação do juiz. Do mesmo modo, será nomeado um gerente para todos os atos para os quais ele achar conveniente, sem prejuízo da responsabilidade do representante ou do assistente, nos termos do artigo 975 e §§ do Código Civil.

Uma vez o menor emancipado (ou devidamente autorizado), serão averbadas no Registro do Comércio as emancipações, autorizações e suas revogações. Ou seja, a emancipação do menor e a autorização do incapaz serão averbadas na Junta Comercial do Estado. Também será averbada a revogação de tais autorizações.

Ademais, o uso da nova firma caberá, conforme o caso, ao gerente ou ao representante do incapaz, ou a este, quando puder ser autorizado (art. 976, parágrafo único, CC).

Por fim, convém mencionar os impedimentos decorrentes da lei para ser empresário. A atividade empresarial não é incompatível com outras atividades, porém, levando em conta o cargo ocupado pelos supostos empresários, as leis comerciais vedam o exercício da atividade empresarial, dentre outros, aos: servidores públicos; militares da ativa; magistrados e cônsules; médicos, em farmácias, drogarias ou laboratórios farmacêuticos; falidos, enquanto não reabilitados; estrangeiros não residentes no país; leiloeiros.

Importante observar que os impedimentos se aplicam apenas à condição de inscrição no Registro do Comércio como pessoa física, isto é, a de empresário individual, não se estendendo a sua participação como quotista ou acionista de sociedades empresárias.

OBRIGAÇÕES DO EMPRESÁRIO - As obrigações do empresário podem ser em nível federal, estadual e municipal, destacando-se:

a) registrar-se na Junta Comercial;
b) manter escrituração regular de seus negócios;
c) levantar demonstrações contábeis periódicas.

Dessa forma, o empresário deverá, antes de iniciar sua atividade, registrar-se no órgão competente a cargo das Juntas Comerciais, adotar os livros obrigatórios, escriturá-los e mantê-los em boa guarda e ordem pelo prazo prescricional, bem como fazer levantamentos contábeis periódicos, que variam de acordo com o tipo societário adotado, sob pena de ser considerado *irregular*.

A sociedade empresária, quando registrada na Junta Comercial, ganha personalidade jurídica. Uma vez personificada, a sociedade torna-se sujeita de direitos e obrigações, ocorrendo a separação patrimonial, isto é, o patrimônio dos sócios não se confunde com o patrimônio social da empresa, e, por fim, haverá a limitação da responsabilidade dos sócios. Assim, se, por exemplo, dois sócios resolvem constituir uma sociedade limitada e levam a registro seu contrato social, os bens pessoais desses sócios não podem ser alcançados pelas obrigações sociais, existindo nítida separação patrimonial.

Por outro lado, o empresário individual também deve registrar seu contrato de firma individual na Junta Comercial, porém não gozará de personalidade jurídica, uma vez que esse tipo de empresário é pessoa física. Sendo ele pessoa física, responderá ilimitadamente e não haverá separação patrimonial. Por exemplo, se determinada pessoa resolve constituir uma empresa em nome próprio, deve saber dos riscos que corre, ou seja, poderá ver seu patrimônio pessoal atingido pelas obrigações contraídas em nome da empresa individual.

Em tal situação, é muito comum o contador perguntar ao futuro empresário se ele é casado. Em caso afirmativo, transfere-se 1% para sua esposa e os 99% restantes para ele. Com isso, constitui-se uma sociedade e, uma vez registrada, gozará de personalidade jurídica, protegendo o patrimônio pessoal dos sócios.

É importante lembrar, contudo, que o Código Civil, em seu artigo 977, faculta aos cônjuges contratar sociedade entre si ou com terceiros, desde que não casados no regime da comunhão universal de bens ou no da separação obrigatória. Ademais, o empresário casado pode, sem necessidade de outorga conjugal, qualquer que seja o regime de bens, alienar os imóveis que integrem o patrimônio da empresa ou gravá-los de ônus real. No caso das sociedades empresárias, a aplicação desse princípio decorre da separação patrimonial entre os bens da sociedade e os bens particulares dos sócios. Já no tocante às firmas individuais, o Código Civil se refere ao patrimônio imobiliário destinado pelo empresário para o exercício de sua empresa; tais bens poderão ser alienados ou gravados sem a necessidade de consentimento do respectivo cônjuge, visto que não são compreendidos no patrimônio conjugal.

Empresa individual de responsabilidade limitada

Como visto, ao constituir uma empresa individual seu titular não gozará de nenhuma proteção patrimonial, já que esse tipo de empresa não possui personalidade jurídica.

Em decorrência disso, a orientação mais comum era a constituição de uma sociedade limitada, geralmente com o cônjuge ou algum familiar. No entanto, por mais afinidade que exista entre os cônjuges ou parentes, sociedade é sempre sociedade.

Durante a vida social é muito comum a existência de conflitos, desafetos e o pior, a confusão entre a vida profissional e a familiar, motivo pelo qual a história tem demonstrado que as sociedades familiares tendem a profissionalizar-se, ou quebrar e desaparecer.

Tendo em vista algumas dessas dificuldades, em 2011 o Congresso Nacional aprovou o Projeto de Lei 4.605, de 2009, o qual alterou os artigos 44, 980-A e 1.033 do Código Civil, criando a figura da **empresa individual de responsabilidade limitada**. O referido projeto foi sancionado pela presidente da República, convertido na Lei 12.441, de 11 de julho de 2011, sendo vetado o § 4.º do projeto inicial.

A esse respeito, temos o art. 44 do CC:

> Art. 44. São pessoas jurídicas de direito privado:
> I – as associações;
> II – as sociedades;
> III – as fundações;
> IV – as organizações religiosas;
> V – os partidos políticos;
> VI – as empresas individuais de responsabilidade limitada.

A empresa individual tradicional é aquela exercida em nome próprio. Não existe nesse tipo de empresa a figura do sócio. Assim, se determinada pessoa pretende constituir uma padaria, ela poderá constituí-la em nome próprio, sem a figura de sócio. Nessa hipótese, temos a figura da empresa individual, cujo termo mais adequado seria a figura do empresário individual, também conhecido como empresário pessoa física.

Não obstante já tenhamos tecido alguns comentários acerca da empresa ou do empresário individual, quando uma pessoa constitui uma empresa individual ela não pode perder de vista que, embora a referida empresa possua Cadastro Nacional de Pessoa Jurídica (CNPJ), sua empresa não gozará de personalidade jurídica, visto tratar-se de pessoa física. Terá CNPJ apenas para fins fiscais, isto é, segundo a legislação do Imposto de Renda, o empresário individual equipara-se à pessoa jurídica para fins de tributação.

Ao se constituir uma empresa individual, seu titular também não pode perder de vista que a responsabilidade desse tipo de empresa é ilimitada e que, por não ser considerada uma sociedade, não haverá separação patrimonial da pessoa jurídica, com o patrimônio dos sócios. Sendo assim, se a empresa individual vir a falir, todo o patrimônio do seu titular responderá pelas obrigações.

A responsabilidade ilimitada da empresa individual sempre foi um problema para seu titular. Infelizmente, se buscarmos os arquivos da Junta Comercial, vislumbraremos a constituição de inúmeras empresas individuais, mesmo diante da responsabilidade ilimitada.

Já **empresa individual de responsabilidade limitada** é aquela constituída por uma única pessoa, titular da totalidade do seu capital social. Assim como na empresa individual tradicional não existe a figura do sócio. No entanto, esse tipo de empresa gozará de personalidade jurídica, diferenciando-se da empresa individual tradicional.

Para que uma pessoa constitua uma empresa individual de responsabilidade limitada, ela deve atender os mesmos requisitos da empresa individual tradicional: deve ser constituída por uma pessoa capaz e não legalmente impedida.

Além disso, o Código Civil exige:

I – o capital social mínimo é de 100 (cem) vezes o maior salário mínimo vigente no País;
II – o referido capital deve ser integralizado à vista, ou seja, no ato da sua constituição;
III – seu titular não deve figurar em outra empresa dessa modalidade.

Nesse sentido, preceitua o art. 980-A do CC:

Da empresa individual de responsabilidade limitada

Art. 980-A – A empresa individual de responsabilidade limitada será constituída por uma única pessoa titular da totalidade do capital social, devidamente integralizado, que não será inferior a 100 (cem) vezes o maior salário-mínimo vigente no país.
§ 1.º – O nome empresarial deverá ser formado pela inclusão da expressão “EIRELI” após a firma ou a denominação social da empresa individual de responsabilidade limitada.
§ 2.º – A pessoa natural que constituir empresa individual de responsabilidade limitada somente poderá figurar em uma única empresa dessa modalidade.
§ 3.º – A empresa individual de responsabilidade limitada também poderá resultar da concentração das quotas de outra modalidade societária num único sócio, independentemente das razões que motivaram tal concentração. (Incluído pela Lei 12.441/11)
§ 4.º – (Vetado).

§ 5.º – Poderá ser atribuída à empresa individual de responsabilidade limitada constituída para a prestação de serviços de qualquer natureza a remuneração decorrente da cessão de direitos patrimoniais de autor ou de imagem, nome, marca ou voz de que seja detentor o titular da pessoa jurídica, vinculados à atividade profissional.
§ 6.º – Aplicam-se à empresa individual de responsabilidade limitada, no que couber, as regras previstas para as sociedades limitadas.

Da responsabilidade da empresa individual

De acordo com o Código Civil, somente o patrimônio social da empresa responderá pelas dívidas da empresa individual de responsabilidade limitada, não se confundindo em qualquer situação com o patrimônio da pessoa natural que a constitui, conforme descrito em sua declaração anual de bens entregues ao órgão competente (§ 4.º).

Infelizmente, o referido dispositivo foi vetado pela presidente da República com base em um parecer do Ministério do Trabalho, que entendeu que o dispositivo em comento pode prejudicar a aplicação da Teoria da Desconsideração da Personalidade Jurídica.

Até então, nos termos do projeto aprovado pelo Congresso, isto é, da alteração legislativa, a empresa individual equiparou-se às demais sociedades de responsabilidade limitada, isto é, o patrimônio social não se confunde com o patrimônio pessoal dos sócios, hipótese em que a responsabilidade será limitada.

Com relação ao capital social, lembre-se apenas do Código Civil de 2002, em seu artigo 1.055, que diz:

> § 1.º – Pela exata estimação de bens conferidos ao capital social respondem solidariamente todos os sócios, até o prazo de cinco anos da data do registro da sociedade.

Sabemos que, no Brasil, diferentemente de outros países, o capital social de uma empresa nem sempre corresponde com sua realidade, e que, em se tratando de sociedade limitada, o Código Civil não exige nenhum comprovante da sua integralização.

A ausência de uma regulamentação mais específica sobre o capital social de uma sociedade limitada não é bem vista pela doutrina especializada em Direito Comercial, mesmo porque esse tipo de sociedade pode ser usado para prejudicar credores e terceiros, que muitas vezes, graças à imprecisão do capital social, ficam no prejuízo.

Claro, sabemos também que, em alguns casos, podemos aplicar o artigo 50 do Código Civil, o qual prevê a Teoria da Desconsideração da Personalidade Jurídica, que visa a buscar o patrimônio pessoal do sócio que se esconde atrás da sociedade. Vejam o que diz o referido artigo:

> Art. 50 – Em caso de abuso da personalidade jurídica, caracterizado pelo desvio de finalidade, ou pela confusão patrimonial, pode o juiz decidir, a requerimento da parte ou do Ministério Público quando lhe couber intervir no processo, que os efeitos de certas e determinadas relações de obrigações sejam estendidos aos bens particulares dos administradores ou sócios da pessoa jurídica.

Estamos convencidos, ademais, que, mesmo diante da Teoria da Desconsideração da Personalidade Jurídica, a imprecisão e falta de regulamentação sobre o capital social tem gerado sérios problemas para a atividade empresarial, em especial a tomada de crédito nas instituições financeiras que, em razão do risco, cobram juros elevados. Sabemos também que o fator "risco" não é o único influenciador da taxa de juros no Brasil.

Seja como for, citamos o artigo 1.055 do Código Civil para demonstrar que o legislador ordinário, embora superficialmente, tentou preservar o interesse de credores e terceiros naquilo que diz respeito ao capital social de uma sociedade limitada. Vale dizer: haverá responsabilidade solidária entre os sócios, pelo prazo de cinco anos, pelo valor estimado dos bens conferidos ao capital social.

Valemo-nos da sociedade limitada para comentar a empresa individual de responsabilidade limitada em razão do artigo 980-A:

> § 6.º – Aplicam-se à empresa individual de responsabilidade limitada, no que couber, as regras previstas para as sociedades limitadas.

Em razão do veto da presidente da República, no entanto, fica difícil de visualizar a responsabilidade da empresa individual. Dessa forma, podemos então concluir que o acima exposto há de ser aplicado na empresa individual?

Em que pese o notório saber jurídico dos membros do Ministério do Trabalho, não vislumbramos razão que justifique seu parecer, mesmo porque, a Teoria da Desconsideração da Personalidade Jurídica, em especial naquilo que se refere à Justiça do Trabalho, vem sendo aplicada, no Brasil, com o intuito de liquidar as sociedades de responsabilidades limitadas, responsabilizando seus sócios, administradores ou não, dissidentes ou não, por dívidas trabalhistas das sociedades das quais fazem ou faziam parte.

Utilizamos a expressão "Liquidação das Sociedades de Responsabilidade Limitadas", uma vez que estamos convencidos, que, nesse sub-ramo do Direito, a referida teoria extrapola sua finalidade legal e é aplicada de forma desrrazoada, acarretando consequências sérias na atividade empresarial. Melhor seria sua aplicação segundo o entendimento do Superior Tribunal de Justiça, embora não seja a Justiça do Trabalho a ele subordinada.

Nome empresarial

A empresa individual de responsabilidade limitada poderá adotar firma ou denominação, acrescida da empresa **"EIRELI"**, conforme § 1.º do art. 980-A:

> § 1.º – O nome empresarial deverá ser formado pela inclusão da expressão "EIRELI" após a firma ou a denominação social da empresa individual de responsabilidade limitada.

Nomenclatura "empresa"

Infelizmente, podemos notar que o legislador ordinário não foi muito feliz ao utilizar-se da palavra **"empresa"** para designar o "empresário individual". Para nós, embora a palavra "empresa" apresente vários significados; o que melhor corresponde ao Direito Comercial é sua utilização como "atividade empresarial". Portanto, seria muito melhor que o legislador ordinário empregasse a expressão "empresário individual de responsabilidade limitada" em vez de "empresa individual de responsabilidade limitada".

Por fim, além de no Registro Civil, serão arquivados e averbados, no Registro Público de Empresas Mercantis, os pactos e declarações antenupciais do empresário, o título de doação, herança ou legado de bens clausulados de incomunicabilidade ou inalienabilidade. O descumprimento das obrigações acarretará sanções administrativas e até penais, impedindo-o de impetrar recuperação, contrair empréstimos bancários, participar de contratos administrativos, etc.

Registro de empresa

ÓRGÃOS DE REGISTRO DE EMPRESAS - A Lei 8.934, de 1994, dispõe sobre o Registro Público de Empresas Mercantis e Atividades Afins, composto pelo Departamento Nacional do Registro do Comércio (DNRC) e pela Junta Comercial.

Conexo ao Ministério do Desenvolvimento, Indústria e Comércio Exterior, o DNRC tem por finalidade (art. 4.º, Lei 8.934/94):

> I – supervisionar e coordenar, no plano técnico, os órgãos incumbidos da execução dos serviços de Registro Público de Empresas Mercantis;
> II – estabelecer e consolidar, com exclusividade, as normas e diretrizes gerais do Registro Público de Empresas Mercantis e Atividades Afins;
> III – solucionar dúvidas ocorrentes na interpretação das leis, regulamentos e demais normas relacionadas com o registro de empresas mercantis, baixando instruções para esse fim;
> IV – prestar orientação às Juntas Comerciais, com vistas à solução de consultas e à observância das normas legais e regulamentares do Registro Público de Empresas Mercantis e Atividades Afins;
> V – exercer ampla fiscalização jurídica sobre os órgãos incumbidos do Registro Público de Empresas Mercantis e Atividades Afins, representando para os devidos fins as autoridades administrativas contra abusos e infrações das respectivas normas, e requerendo tudo o que se afigurar necessário ao cumprimento dessas normas;
> VI – estabelecer normas procedimentais de arquivamento de atos de firmas mercantis individuais e sociedades mercantis de qualquer natureza;
> VII – promover ou providenciar, supletivamente, as medidas tendentes a suprir ou corrigir as ausências, falhas ou deficiências dos serviços de Registro Público de Empresas Mercantis e Atividades Afins;
> VIII – prestar colaboração técnica e financeira às Juntas Comerciais para a melhoria dos serviços pertinentes ao Registro Público de Empresas Mercantis e Atividades Afins;
> IX – organizar e manter atualizado o cadastro nacional das empresas mercantis em funcionamento no país, com a cooperação das Juntas Comerciais;
> X – instruir, examinar e encaminhar os processos e recursos a serem decididos pelo ministro de Estado da Indústria, do Comércio e do Turismo, inclusive os pedidos de autorização para nacionalização ou instalação de filial, agência, sucursal ou estabelecimento no país, por sociedade estrangeira, sem prejuízo da competência de outros órgãos federais;
> XI – promover e efetuar estudos, reuniões e publicações sobre assuntos pertinentes ao Registro Público de Empresas Mercantis e Atividades Afins.

Das finalidades atribuídas ao DNRC, pode-se concluir que esse órgão não desempenha função executiva, fixando apenas diretrizes básicas para a prática de atos registrários a cargo da Junta Comercial; portanto, nenhum empresário terá seus atos levados a ele.

Haverá uma Junta Comercial em cada unidade federativa, com sede na capital e jurisdição na área da circunscrição territorial respectiva, subordinada, administrativamente, ao governo da unidade federativa e, tecnicamente, ao DNRC, tendo por incumbência (art. 8.º, Lei 8.934/94):

> I – executar os serviços previstos no art. 32 desta Lei;
> II – elaborar a tabela de preços de seus serviços, observadas as normas legais pertinentes;
> III – processar a habilitação e a nomeação dos tradutores públicos e intérpretes comerciais;
> IV – elaborar os respectivos regimentos internos e suas alterações, bem como as resoluções de caráter administrativo necessárias ao fiel cumprimento das normas legais, regulamentares e regimentais;
> V – expedir carteiras de exercício profissional de pessoas legalmente inscritas no Registro Público de Empresas Mercantis e Atividades Afins;
> VI – o assentamento dos usos e práticas mercantis.

ATOS DO REGISTRO DE EMPRESAS - De acordo com o artigo 32 da Lei 8.934/94, três são os atos de registro de empresas:

- **Matrícula e seu cancelamento** – Compreende os leiloeiros, tradutores públicos e intérpretes comerciais, trapicheiros e administradores de armazéns-gerais.
- **Arquivamento** – Refere-se aos documentos de constituição, alteração, dissolução e extinção das sociedades empresárias, cooperativas e firmas individuais, atos relativos a consórcio e grupo de sociedade anônima, sociedades estrangeiras, microempresas e demais documentos que possam interessar ao empresário ou à sociedade empresária.
- **Autenticação** – Relaciona-se aos instrumentos de escrituração, dentre eles livros contábeis, fichas, balanços, demonstrações financeiras, etc.

FALTA DE REGISTRO - SOCIEDADE IRREGULAR - Dispõe o Código Civil:

> Art. 1.150 – O empresário e a sociedade empresária vinculam-se ao Registro Público de Empresas Mercantis a cargo das Juntas Comerciais, e a sociedade simples, ao Registro Civil de Pessoas Jurídicas, o qual deverá obedecer às normas fixadas para aquele registro, se a sociedade simples adotar um dos tipos de sociedade empresária.

Assim, o empresário ou a sociedade empresária que deixar de inscrever seus atos constitutivos no órgão competente sofrerá inúmeras sanções na esfera administrativa, destacando-se, entre elas, a responsabilidade ilimitada dos sócios pelas obrigações da sociedade. Dessa forma, nota-se que o arquivamento do contrato social da pessoa jurídica (limitada) ou do estatuto (sociedade anônima) é condição para a limitação da responsabilidade dos sócios, podendo ser direta ou subsidiária, conforme a função adotada pelos sócios nos negócios da sociedade. Os sócios que representam a sociedade responderão diretamente, e os demais, subsidiariamente, como determina o Código Civil:

> Art. 990 – Todos os sócios respondem solidária e ilimitadamente pelas obrigações sociais, excluído do benefício de ordem, previsto no art. 1.024, aquele que contratou pela sociedade.

Art. 1.024 – Os bens particulares dos sócios não podem ser executados por dívidas da sociedade, senão depois de executados os bens sociais.

No mais, a sociedade empresária irregular não tem legitimidade ativa para requerer falência de outra sociedade empresária, não podendo, ainda, impetrar recuperação, seja judicial ou extrajudicial. Além das sanções de natureza fiscal, a falta de registro implica a ausência da inscrição no Cadastro Nacional de Pessoas Jurídicas do Ministério da Fazenda e dos demais órgãos estaduais e municipais.

ESCRITURAÇÃO DOS LIVROS - O empresário e a sociedade empresária deverão adotar um sistema de contabilidade, mecanizado ou não, com base na escrituração uniforme de seus livros, em correspondência com a documentação respectiva, devendo levantar anualmente o balanço patrimonial e o de resultado (art. 1.179, CC).

A determinação no artigo 1.179, § 2.º, do Código Civil refere-se ao empresário (antiga firma individual) e ao empresário rural, desde que de pequeno porte; assim, a dispensa da escrituração nos moldes do Código fica restrita ao pequeno empresário, não atingindo a microempresa e a empresa de pequeno porte, prevalecendo, nesse caso, as Leis 8.864/94 e 9.317/96, não revogadas pelo Código Civil, como afirma Rubens Requião (*op. cit.*, p. 161):

> "Há exceção para o pequeno empresário, que ficará dispensado das obrigações enunciadas (art. 1.179, § 2.º). A microempresa e a empresa de pequeno porte, cuja organização está regida por leis especiais (Leis 8.864/94 e 9.317/96), estão dispensadas de elaborar escrituração comercial, substituída por livro-caixa e livro de inventário, além da guarda de documentos que correspondem ao movimento registrado nos livros citados. A regra do art. 1.179, § 2.º, pela sistemática do Código Civil, está dirigida ao *empresário*, definido nos arts. 966 e 968 (ou seja, à antiga firma individual ou empresário individual) e ao *empresário rural*. E o empresário deve ser de pequeno porte, cujos contornos o Código não determina. A dispensa de escrituração, nos termos do Código, fica restrita ao pequeno empresário. Não alcança a microempresa e a empresa de pequeno porte, mas estas têm regras próprias, regidas por leis especiais, não revogadas pelo Código Civil".

ESPÉCIES DE LIVROS - Os livros contábeis classificam-se como obrigatórios ou facultativos.

LIVROS OBRIGATÓRIOS - O Código Civil prevê:

Art. 1.180 – Além dos demais livros exigidos por lei, é indispensável o diário, que pode ser substituído por fichas no caso de escrituração mecanizada ou eletrônica.
Parágrafo único. A adoção de fichas não dispensa o uso de livro apropriado para o lançamento do balanço patrimonial e do de resultado econômico.

A escrituração deverá ser feita em idioma e moeda corrente nacionais e em forma contábil, com ordem cronológica de dia, mês e ano, sem intervalos em branco, entrelinhas, borrões, rasuras, emendas ou transportes às margens, podendo-se utilizar códigos de números ou abreviaturas que constem de livro próprio (art. 1.183, CC).

O livro diário será lançado de forma individualizada, de sorte que as operações do empresário se tornem claras, dia a dia, por escrita direta ou reprodução, admitindo-se a escrituração resumida. Nos lançamentos deverão ser incluídos o balanço patrimonial e o de resultado econômico, assinados por técnico em ciências contábeis e pelo empresário ou sociedade empresária, por intermédio de seu administrador (art. 1.184, CC).

A doutrina denomina o livro diário de livro obrigatório comum, pois a lei exige a obrigatoriedade de sua adoção pelo empresário independentemente do porte econômico de sua empresa. Outro livro obrigatório é o registro de duplicatas (art. 19, Lei 5.474/68), que, apesar de obrigatório, é chamado pela doutrina de especial, uma vez que somente os empresários que emitirem duplicatas serão obrigados a adotá-lo. Por sua vez, as sociedades anônimas devem manter, além dos livros obrigatórios a qualquer empresário, o livro de registro e transferência de ações nominativas, de registro e transferência de partes beneficiárias nominativas, de registro de atas e de seus órgãos societários (art. 100, LSA), e as limitadas, ao realizarem assembleias, estarão obrigadas a escriturar o livro de atas da assembleia (art. 1.075, § 1.º, CC) e o livro de pareceres do conselho fiscal (art. 1.069, II, CC), quando instalado. Portanto, os livros obrigatórios podem ser comuns ou especiais, variando conforme a atividade desenvolvida pelo empresário e o porte social adotado.

LIVROS FACULTATIVOS OU AUXILIARES – Criados no decorrer das atividades do empresário, possuem apenas função gerencial, destacando-se o livro-caixa e a conta-corrente.

LIVROS OBRIGATÓRIOS DO MICROEMPRESÁRIO E DO EMPRESÁRIO DE PEQUENO PORTE – Os microempresários e empresários de pequeno porte são regidos por lei especial (Lei 9.841/99), considerando microempresário o que tiver receita bruta anual igual ou inferior a R$ 433.755,14, e empresário de pequeno porte, receita bruta anual superior a R$ 433.755,14 e igual ou inferior a R$ 2.133.222,00.

Com relação à escrituração dos livros, o artigo 10 da referida lei trouxe de forma bastante genérica a adoção de procedimentos simplificados, não isentando essas empresas de suas obrigações referentes à escrituração comercial. Contudo, o novo Código Civil estabelece que o pequeno empresário está dispensado de qualquer escrituração contábil. Por outro lado, não define o que vem a ser pequeno empresário, devendo este ser remetido à lei ordinária.

Em 1996, foi editado, por intermédio da Lei 9.317/96, o Simples Federal (Sistema Integrado de Pagamento de Impostos e Contribuições das Microempresas e Empresas de Pequeno Porte). O microempresário e o empresário de pequeno porte que optarem por esse sistema estarão dispensados de adotar o livro diário. No entanto, deverão adotar dois livros específicos: o caixa (com registro de toda a sua movimentação financeira, inclusive a bancária) e o registro de inventário (inventariar o estoque a cada ano).

Em 14 de dezembro de 2006, foi instituído, por meio de Lei Complementar, o Simples Nacional, também conhecido como Super Simples, cuja finalidade é simplificar a carga tributária para os microempresários, empresários de pequeno porte e para as sociedades simples.

De acordo com a nova Lei, o microempresário, empresário de pequeno porte e a sociedade simples, quando enquadrados neste novo regime, pagarão um único tributo – Simples – que irá abarcar a carga tributária federal, estadual e municipal, diferentemente do Simples antigo, que abarcava apenas a carga tributária federal.

Para fins de opção do Simples Nacional, consideram-se microempresas ou empresas de pequeno porte a sociedade empresária, a sociedade simples e o empresário devidamente registrados no Registro de Empresas Mercantis ou no Registro Civil de Pessoas Jurídicas, conforme o caso, desde que:

a) no caso das microempresas, o empresário, a pessoa jurídica, ou a ela equiparada, aufira, em cada ano-calendário, receita bruta igual ou inferior a R$ 360.000,00 (trezentos e sessenta mil reais);
b) no caso das empresas de pequeno porte, o empresário, a pessoa jurídica, ou a ela equiparada, aufira, em cada ano-calendário, receita bruta superior a R$ 360.000,00 (trezentos e sessenta mil reais) e igual ou inferior a R$ 3.600.000,00 (três milhões e seiscentos mil reais), conforme artigo 3.º da LC 123/06, alterado pela LC 139/11.

O enquadramento no novo regime segue praticamente o mesmo do regime anterior, ou seja, para enquadramento no Simples Nacional será considerada a receita bruta do ME ou EPP. Assim, considera-se receita bruta o produto da venda de bens e serviços nas operações de conta própria, o preço dos serviços prestados e o resultado nas operações em conta alheia, não incluídas as vendas canceladas e os descontos incondicionais concedidos.

Com relação às obrigações fiscais acessórias, temos a seguinte situação:

1. As microempresas e empresas de pequeno porte optantes do Simples Nacional apresentarão, anualmente, à Secretaria da Receita Federal declaração única e simplificada de informações socioeconômicas e fiscais, que deverão ser disponibilizadas aos órgãos de fiscalização tributária e previdenciária, observados prazo e modelo aprovados pelo Comitê Gestor (art. 25, LC 123/06). A exigência de declaração única acima mencionada não desobriga a prestação de informações relativas a terceiros.
2. As microempresas e empresas de pequeno porte que optarem pelo Super Simples ficam obrigadas a:
   a) emitir documento fiscal de venda ou de prestação de serviços, de acordo com instruções expedidas pelo Comitê Gestor;
   b) manter em boa ordem e guarda os documentos que fundamentaram a apuração dos impostos e contribuições devidos e o cumprimento das obrigações acessórias a que se refere o artigo 25 desta Lei Complementar, enquanto não decorrido o prazo decadencial e não prescritas eventuais ações que lhes sejam pertinentes (art. 26, LC 123/06).
   c) manter o livro-caixa em que será escriturada sua movimentação financeira e bancária.
   d) entrega de declaração eletrônica que deva conter os dados referentes aos serviços prestados ou tomados de terceiros, na conformidade do que dispuser o Comitê Gestor.
3. Já os empreendedores individuais com receita bruta acumulada no ano anterior de até R$ 60.000,00 (sessenta mil reais):
   a) poderão optar por fornecer nota fiscal avulsa obtida nas Secretarias de Fazenda ou Finanças dos Estados, do Distrito Federal ou dos municípios;
   b) farão a comprovação da receita bruta mediante apresentação do registro de vendas, independentemente de documento fiscal de venda ou de prestação de serviço, ou escrituração simplificada das receitas, conforme instruções expedidas pelo Comitê Gestor;
   c) ficam dispensados da emissão do documento fiscal previsto no inciso I do *caput* deste artigo caso requeiram nota fiscal gratuita na Secretaria

de Fazenda municipal ou adotem formulário de escrituração simplificada das receitas nos municípios que não utilizem o sistema de nota fiscal gratuita, conforme instruções expedidas pelo Comitê Gestor;

d) ficam obrigados à emissão de documento fiscal nas vendas e nas prestações de serviços realizadas pelo MEI para destinatário cadastrado no Cadastro Nacional da Pessoa Jurídica (CNPJ), ficando dispensado desta emissão para o consumidor final.

Microempreeendedor individual (MEI)

Considera-se MEI o empresário individual que tenha auferido receita bruta, no ano-calendário anterior, de até R$ 60.000,00 (sessenta mil reais), optante pelo Simples Nacional. No caso de início de atividades, o referido limite será de R$ 5.000,00 (cinco mil reais) multiplicados pelo número de meses compreendidos entre o início da atividade e o final do respectivo ano-calendário, consideradas as frações de meses como um mês inteiro.

Ainda segundo a LC 123/06, as demais microempresas e as empresas de pequeno porte, além das obrigações acima comentadas, deverão, ainda, adotar o livro-caixa, no qual será escriturada sua movimentação financeira e bancária, sem prejuízo de outras obrigações acessórias a serem estabelecidas pelo Comitê Gestor, com características nacionalmente uniformes, vedado o estabelecimento de regras unilaterais pelas unidades políticas partícipes do sistema (art. 26, § 2.º, LC 123/06).

Ademais, segundo a Resolução 10, de 28 de junho de 2007, do Comitê Gestor do Simples Nacional, além do livro-caixa o microempresário e o empresário de pequeno porte optantes por este regime deverão adotar o livro de Registro de Inventário, sem prejuízo dos livros fiscais, a saber:

I – livro de Registro de Entradas, modelo 1 ou 1-A, para escrituração das notas fiscais relativas à entrada de mercadorias ou bens, bem como serviços de transporte e de comunicação, praticados sob qualquer condição, quando for contribuinte do ICMS;

II – livro de Registro dos Serviços Prestados – ISS;

III – livro de Registro de Serviços Tomados – ISS;

IV – livro de Registro de Entrada e Saída de Selo de Controle – IPI.

Algumas atividades possuem livros específicos, por exemplo, as gráficas, a comercialização de combustíveis e intermediação de compra e venda de veículos.

Outras obrigações são impostas às microempresas e empresas de pequeno porte, ou seja: ficam sujeitas à entrega de declaração eletrônica que deve conter os dados referentes aos serviços prestados ou tomados de terceiros, conforme o que dispuser o Comitê Gestor e, por fim, poderão, opcionalmente, adotar contabilidade simplificada para os registros e controles das operações realizadas, conforme regulamentação do Comitê Gestor (art. 27, LC 123/06).

EXIBIÇÃO E FORÇA PROBATÓRIA DOS LIVROS - Os livros comerciais gozam de sigilo, ou seja, as informações ali registradas não podem ser apresentadas a qualquer pessoa (art. 1.190, CC), mas somente àquelas autorizadas por lei (por exemplo, por determinação judicial) ou às autoridades fiscais, desde que vinculadas a sua competência. A exibição total dos livros apenas será admitida quando necessária para resolver questões relativas à sucessão, comunhão ou sociedade, administração ou gestão e falência, nos termos dos artigos 1.191 e 1.193 do Código Civil.

> Art. 1.191 – O juiz só poderá autorizar a exibição integral dos livros e papéis de escrituração quando necessária para resolver questões relativas à sucessão, comunhão ou sociedade, administração ou gestão à conta de outrem, ou em caso de falência.
> § 1.º – O juiz ou tribunal que conhecer de medida cautelar ou de ação pode, a requerimento ou de ofício, ordenar que os livros de qualquer das partes, ou de ambas, sejam examinados na presença do empresário ou da sociedade empresária a que pertencem, ou de pessoas por estes nomeadas, para deles se extrair o que interessar à questão.
> § 2.º – Achando-se os livros em outra jurisdição, nela se fará o exame, perante o respectivo juiz.
> Art. 1.193 – As restrições estabelecidas neste capítulo ao exame da escrituração, em parte ou por inteiro, não se aplicam às autoridades fazendárias, no exercício do pagamento de impostos, nos termos das respectivas leis especiais.

O Código Tributário Nacional (CTN) estabelece:

> Art. 195 – Para efeitos da legislação tributária, não têm aplicação quaisquer disposições legais excludentes ou limitativas do direito de examinar mercadorias, livros, arquivos, documentos, papéis e efeitos comerciais ou fiscais dos comerciantes industriais ou produtores, ou da obrigação destes de exibi-los.

Desse modo, a Fazenda Pública possui competência para examinar os livros e documentos fiscais a qualquer tempo, não se limitando apenas ao pagamento de impostos.

Por sua vez, os livros mercantis têm certa força probatória em juízo (arts. 378 a 380, CPC), podendo provar a favor do empresário ou mesmo contra; todavia, é lícito ao empresário demonstrar, por todos os meios permitidos em Direito, que os lançamentos não correspondem à verdade dos fatos. Os livros comerciais, para terem força probatória em juízo, deverão respeitar certos requisitos exigidos por lei, como a regularidade na escrituração.

A falta de escrituração dos livros implica para o empresário algumas sanções de ordem civil e penal. A primeira, em relação à prova da veracidade dos fatos alegados pela outra parte em litígio; na segunda, incorrendo em crime falimentar.

Segundo Fábio Ulhoa Coelho (*Curso de Direito Comercial*, p. 91), "devem ser distinguidas duas ordens de consequências da falta de escrituração dos livros: de um lado, as sancionadoras; de outro, as motivadoras. As primeiras importam a penalização do empresário, inclusive pela imputação de responsabilidade penal; as outras apenas negam o acesso do empresário a um benefício de que poderia usufruir caso tivesse cumprido a obrigação. São duas as consequências sancionadoras: na órbita civil, a eventual presunção de veracidade dos fatos alegados pela parte adversa, em medida judicial de exibição dos livros; na órbita penal, a tipificação de crime falimentar. São três, por sua vez, as motivadoras: inacessibilidade à antiga concordata, ineficácia probatória e impossibilidade parcial de verificação de conta".

Seja como for, uma vez não escriturados os livros, o empresário estará impedido de se utilizar da força probante em juízo.

Demonstrações contábeis periódicas

O Código Civil prevê três obrigações ao empresário: a de registrar-se na Junta Comercial; a de manter a regularidade de seus livros e, finalmente, a de fazer demonstrações contábeis. As duas primeiras já foram objeto de estudo.

Estudaremos agora a última. Tratando-se de sociedade limitada, deverão ser elaborados um levantamento do balanço geral do ativo e passivo e a demonstração de resultado, observadas as técnicas de contabilidade (art. 1.188, CC). Isto é, há de ser levantado um balanço apurando o ativo (bens, dinheiro e créditos) e o passivo (todas as obrigações), bem como a demonstração de resultado (lucros e perdas). Esses balanços serão apurados no decorrer da atividade da empresa e lançados pela pessoa encarregada (contador) no livro diário ou por meio do sistema de fichas de lançamento, no livro de balancetes e balanços, de acordo com as mesmas formalidades extrínsecas exigidas para aquele.

Se, por outro lado, tratar-se de sociedade anônima, a matéria tem de ser mais detalhada. O balanço patrimonial deve demonstrar contas de ativo e passivo, como o circulante, o realizável a longo prazo, o permanente, etc. Segundo a Lei das Sociedades Anônimas, a sociedade empresária anônima deve ainda adotar mais três demonstrações contábeis: lucro ou prejuízo acumulados, resultado de exercício e origens e aplicações de recursos.

Em regra, as demonstrações contábeis devem ser elaboradas anualmente, salvo as sociedades que preveem distribuições de dividendos semestrais (art. 204, LSA) e as instituições financeiras (art. 31, Lei 4.595/64). Se o empresário não cumprir suas obrigações, sofrerá inúmeras consequências, dentre elas: terá dificuldade de contrair créditos nos bancos; não poderá participar de licitação; não poderá impetrar a antiga concordata; os administradores da sociedade limitada ou anônima responderão, com os demais sócios, por eventuais prejuízos causados pela ausência desses documentos; o empresário poderá incorrer em crime falimentar.

Finalmente, há os balanços patrimoniais especial e de determinação. Segundo Fábio Ulhoa Coelho, "são instrumentos contábeis que a sociedade empresária providencia, quando necessária a mensuração do seu patrimônio durante o exercício. Como visto, a obrigação legal impõe aos empresários o levantamento do balanço patrimonial ao término de um determinado período (anual, em regra; semestral, excepcionalmente). É o balanço ordinário ou periódico".

Estabelecimento empresarial

CONCEITO - Estabelecimento empresarial é a reunião organizada dos bens corpóreos e incorpóreos para o exercício da empresa por empresário ou por sociedade empresária.

> Art. 1.142, CC – Considera-se estabelecimento todo complexo de bens organizado, para o exercício da empresa, por empresário, ou por sociedade empresária.

J. X. Carvalho de Mendonça (*op. cit.*, p. 16) explica que "o estabelecimento comercial designa o complexo de meios idôneos materiais e imateriais, pelos quais o comerciante explora determinada espécie de comércio; é o organismo econômico aparelhado para o exercício do comércio. Caracteriza-se ele pela função técnica, tomando, ordinariamente, a designação de acordo com seu objeto: um banco, uma fábrica, uma agência, etc.".

O estabelecimento empresarial compreende os bens indispensáveis para o exercício da atividade pelo empresário, como mercadorias, maquinários, veículos, marcas, patentes, tecnologia, entre outros, todos fazendo parte da empresa. Isso significa que não há como iniciar uma atividade sem a organização do estabelecimento empresarial, tampouco sem um investimento do empresário. Assim, segundo Fábio Ulhoa Coelho, ao organizar o estabelecimento, o empresário atribui a esses bens um *plus* denominado "sobrevalor", ou seja, os bens não são mais avaliados individualmente, mas como um todo, diferenciando-se do valor unitário de mercado. O sobrevalor agregado pelo empresário no exercício da empresa ganha proteção jurídica, ensejando a ação renovatória de locação, a qual será estudada em momento oportuno.

Assim, estabelecimento empresarial é "o conjunto de bens reunidos pelo empresário para a exploração de sua atividade econômica. A proteção jurídica do estabelecimento empresarial visa à preservação do investimento realizado na organização da empresa" (Coelho, Fábio Ulhoa, *Curso de Direito Comercial*, p. 97).

O sobrevalor agregado ao estabelecimento empresarial é conhecido como "fundos de comércio" ou "aviamento". Assim, para J. X. Carvalho de Mendonça, o aviamento, a insígnia, o material, as mercadorias, as marcas de indústria e de comércio, a patente e quaisquer direitos que completem a organização são elementos principais do estabelecimento empresarial.

A grande maioria da doutrina especializada em Direito Comercial tem entendido que estabelecimento empresarial e fundo de comércio seriam sinônimos. No entanto, em que pese o notório saber jurídico da referida doutrina, razão não lhes assiste, senão vejamos.

De acordo com o Código Civil de 2002, o estabelecimento empresarial consiste num complexo de bens organizados pelo empresário ou pela sociedade empresária para o exercício da empresa.

O fundo de comércio com ele não se confunde. Na verdade, o fundo de comércio, quando muito, deve ser compreendido com um elemento incorpóreo do estabelecimento empresarial, agregando, a este, um "sobrevalor". Isso significa dizer que nem todo estabelecimento empresarial terá fundo de comércio, a exemplo de um estabelecimento empresarial recém-constituído.

O fundo de comércio nasce quando o empresário ou a sociedade empresária exploram, no mesmo local, o mesmo ramo de atividade, ao longo dos anos. Isso porque aquele local, sede da empresa, passa a ser uma referência para seus clientes e consumidores. Todos daquele bairro ou daquela região passam a conhecer o empresário ou a sociedade empresária. Seu estabelecimento, portanto, passa a valer mais. Sua venda alcançará um valor muito superior à venda de um estabelecimento empresarial recém-constituído, mesmo que entre eles não haja diferenças quanto aos bens materiais ou corpóreos. A esse valor superior atribuímos o nome de **"sobrevalor"**.

Nosso entendimento encontra guarida na Lei de Locação ao elencar os elementos necessários para a propositura da **ação renovatória de aluguel**. Entre os requisitos, diz a lei que o locatário deverá exercer a **mesma atividade por, no mínimo, 3 (três) anos**. Ora, o exercício da mesma atividade por, no mínimo, três anos, faz nascer o **fundo de comércio**, o que justifica seu direito de permanecer no local e de usufruir do referido fundo. Eis aqui a justificativa para a propositura da ação renovatória.

Por derradeiro, não podemos perder de vista que o fundo de comércio está atrelado à **"clientela"**, mas que com ela não se confunde. Como visto, o fundo de comércio é alcançado pelo exercício repetitivo da mesma atividade, no mesmo local, ao longo dos anos, de modo a formar a clientela do empresário ou da sociedade empresária. O referido **"sobrevalor"** será calculado levando em consideração, dentre inúmeros fatores, o faturamento do empresário ou da sociedade empresária, o que, na prática, decorre da própria clientela.

Lembre-se, o trespasse consiste na venda do estabelecimento empresarial, enquanto conjunto de bens corpóreos e incorpóreos. O fundo de comércio é um bem incorpóreo que, ao ser agregado ao estabelecimento, atribui a ele um sobrevalor. A clientela não pode ser negociada ou transacionada, uma vez que, no Brasil, não existe **"direito de clientela"**, senão, quando muito, **"repressão à concorrência desleal"**.

Natureza do estabelecimento empresarial

São inúmeras as teorias que tentam explicar a natureza do estabelecimento empresarial. Dentre elas, destaca-se que o estabelecimento:

- **Não é sujeito de direito** – Isso significa que não goza de personalidade jurídica; o sujeito de direito é a própria sociedade e não o estabelecimento.
- **É uma coisa** – Portanto, o estabelecimento empresarial também se diferencia da empresa.
- **Integra o patrimônio da sociedade empresária para o desenvolvimento da atividade econômica** – Não há separação do patrimônio social.

Elementos do estabelecimento empresarial

O estabelecimento empresarial é composto por:

- **Bens corpóreos** – Mercadorias, móveis e utensílios, veículos, maquinários e todos os demais bens necessários para o exercício da empresa.
- **Bens incorpóreos** – Patente de invenção e de modelo de utilidade, registro de marca e desenho industrial, nome empresarial, etc.

Ponto e locação empresarial

Antes de se estabelecer, o empresário deve fazer um levantamento do mercado a ser enfrentado, do local apropriado para instalar-se, pois de nada adiantaria constituir uma empresa que não correspondesse ao comércio da região. Por exemplo, na cidade de São Paulo, a Av. Brigadeiro Faria Lima concentra grandes centros empresariais, e a Av. Paulista é conhecida como centro financeiro, constituindo um mercado atrativo para instituições financeiras.

O local onde o empresário se estabelece é denominado ponto. Em razão de sua importância, costuma a lei garantir ao empresário sua permanência no local, pois nova localização poderia acarretar redução ou prejuízo em seu faturamento. Claro que, se o empresário for proprietário do imóvel, sua permanência está assegurada pelo direito de propriedade; todavia, quando for locatário, a garantia decorrerá do contrato de locação não residencial, desde que observadas algumas condições, conforme o artigo 51 da Lei 8.245/91 (Lei de Locação):

> Art. 51 – Nas locações de imóveis destinados ao comércio, o locatário terá direito a renovação do contrato, por igual prazo, desde que, cumulativamente:
> I – o contrato a renovar tenha sido celebrado por escrito e com prazo determinado;
> II – o prazo mínimo do contrato a renovar ou a soma dos prazos ininterruptos dos contratos escritos seja de cinco anos;
> III – o locatário esteja explorando seu comércio, no mesmo ramo, pelo prazo mínimo e ininterrupto de três anos.

O locatário garante o direito de continuar explorando sua atividade no imóvel por meio da propositura de ação renovatória, desde que:

a) tenha firmado um ou vários contratos por escrito com prazo determinado, pelo período mínimo de cinco anos;

b) esteja exercendo sua atividade por no mínimo três anos;
c) ofereça nova proposta de aluguel;
d) tenha cumprido fielmente o contrato anterior.

O exercício da mesma atividade por no mínimo três anos justifica-se pelo fato de o empresário ter conseguido formar e firmar sua clientela, ensejando a proteção ao "ponto", pois sua retirada representaria perda ou redução em seu faturamento, desprezando todos os investimentos por ele realizados (sobrevalor).

O locatário empresário, sociedade empresária ou sociedade simples deverá propor ação renovatória nos seis primeiros meses do último período anual de vigência da locação, sob pena de decadência, possibilitando ao locador a retomada do imóvel mediante notificação ao locatário com 30 dias de antecedência. Cabe ressaltar que a petição inicial deverá atender aos requisitos dos artigos 282 e 283 do Código de Processo Civil (CPC), bem como ser instruída com:

a) prova de preenchimento dos requisitos dos incisos I, II e III do artigo 51 da Lei de Locação;
b) prova do exato cumprimento do contrato em curso;
c) prova da quitação dos impostos e taxas que incidiram sobre o imóvel e cujo pagamento lhe incumbia;
d) indicação clara e precisa das condições oferecidas para a renovação da locação;
e) indicação do fiador, quando houver;
f) aceitação do fiador dos encargos;
g) prova, quando for o caso, de ser cessionário ou sucessor, em virtude de título oponível ao proprietário.

No entanto, o locador não estará obrigado a renovar o contrato de locação se (art. 52, LL):

> I – por determinação do Poder Público, tiver que realizar no imóvel obras que importarem na sua radical transformação; ou para fazer modificações de tal natureza que aumente o valor do negócio ou da propriedade;
> II – o imóvel vier a ser utilizado por ele próprio ou para transferência de fundo de comércio existente há mais de um ano, sendo detentor da maioria do capital o locador, seu cônjuge, ascendente ou descendente.

INDENIZAÇÃO DO PONTO – A ação renovatória proposta pelo empresário, mesmo atendidos todos os requisitos, poderá ser julgada improcedente em razão do acolhimento pelo juiz da exceção de retomada arguida pelo locador. Trata-se do direito de propriedade garantido pela Constituição Federal. Assim, para compensar o fundo de comércio criado pelo locatário no exercício da atividade empresarial, é devida indenização pela perda do ponto.

Realmente, imagine-se um empresário que tenha locado determinado imóvel para exercer sua atividade ganhando credibilidade de seus clientes. Em seguida, outro empresário constitui no mesmo local atividade afim, aproveitando-se das características do antigo locatário. Configura-se, assim, enriquecimento indevido, repugnado pelo Direito brasileiro. Dessa forma, para que não se caracterize enriquecimento indevido, a Lei de Locação prevê a indenização pela perda do ponto.

Entretanto, a indenização em favor do locatário não será devida em qualquer situação. O locador deverá pagar a referida indenização ao locatário apenas em razão da exceção à retomada. A indenização, por sua vez, deve cobrir os danos emergentes de mora e os lucros cessantes, nos termos do artigo 52, § 3.º, da Lei de Locação.

O locador não estará obrigado a renovar o contrato se:

[...]

§ 3.º – O locatário terá direito a indenização para ressarcimento dos prejuízos e dos lucros cessantes que tiver que arcar com a mudança, perda do lugar e desvalorização do fundo de comércio, se a renovação não ocorrer em razão de proposta de terceiro, em melhores condições, ou se o locador, no prazo de três meses da entrega do imóvel, não der o destino alegado ou não indicar as obras determinadas pelo Poder Público ou que declarou pretender realizar.

LOCAÇÃO DE *SHOPPING CENTER* – A doutrina não é pacífica quanto à natureza do contrato de locação de *shopping center*. Alguns doutrinadores, como Orlando Gomes, consideram-no um contrato atípico misto. Maria Helena Diniz afirma que o locatário de *shopping center* não paga uma quantia fixa a título de aluguel, como ocorre nas locações comuns, e sim entrega ao empreendedor uma parcela mensal de seu faturamento, tendo deveres não contemplados pela lei de locação. Portanto, segundo a autora, o contrato de locação de *shopping center* não seria uma locação, uma vez que o locatário possui encargos que extrapolam a locação comercial.

Rubens Requião, por sua vez, citando Gladston Mamede, sustenta que não se trata de um contrato atípico misto, mas da conjugação de vários contratos, entre os quais o de locação. Na verdade, inúmeros e respeitados doutrinadores questionam a natureza do contrato de locação. Contudo, adota-se, aqui, a posição de Fábio Ulhoa Coelho, que considera o contrato entre o empreendedor e o lojista um contrato de locação, embora revestido de certas particularidades.

Assim, nas relações entre lojista e empreendedor de *shopping center*, prevalecerão as condições livremente pactuadas no contrato de locação. Entretanto, o empreendedor não poderá cobrar do lojista locatário as seguintes despesas:

a) obras de reformas ou acréscimos que interessem à estrutura integral do imóvel;
b) pintura das fachadas, empenas, poços de aeração e iluminação, bem como das esquadrias;
c) indenizações trabalhistas e previdenciárias pela dispensa de empregados, ocorridas em data anterior ao início da locação;
d) obras ou substituições de equipamentos que impliquem modificação do projeto original;
e) obras de paisagismo.

Conforme determina o artigo 52, § 2.º, da Lei de Locação, poderá ser intentada ação renovatória de locação de *shopping center*. O empreendedor terá o direito de valer-se da exceção à retomada quando a renovação do contrato causar prejuízo ao empreendimento, mas não quando o imóvel for requerido para uso próprio ou para transferência de fundo de comércio existente há mais de um ano, sendo detentor da maioria do capital o locador, seu cônjuge, ascendente ou descendente.

ALIENAÇÃO DO ESTABELECIMENTO EMPRESARIAL – O estabelecimento empresarial pode ser alienado pelo empresário. As partes firmam um contrato de compra e venda de estabelecimento denominado **trespasse**, que não deve ser confundido com cessão de quotas. No trespasse, opera-se a mudança de titularidade do estabelecimento empresarial, ao passo que na cessão de quotas transfere-se apenas a participação do sócio na sociedade.

De acordo com o artigo 1.148 do novo Código Civil, salvo disposição em contrário, o trespasse importa a sub-rogação do adquirente nos contratos firmados para a exploração do estabelecimento empresarial, desde que não tenham caráter pessoal, podendo os terceiros rescindir o contrato em 90 dias, a contar da publicação da transferência, se ocorrer justa causa, ressalvada, nesse caso, a responsabilidade do alienante. Na verdade, o trespasse não implica resolução do contrato. Os contratos se sub-rogam na pessoa do adquirente, salvo se tiverem caráter pessoal.

Por outro lado, a cessão dos créditos referentes ao estabelecimento produzirá efeito em relação aos respectivos devedores desde o momento da publicação da transferência, mas o devedor ficará exonerado se de boa-fé pagar ao cedente.

A esse respeito, a lição de Ricardo Fiuza (*Novo Código Civil comentado*, p. 1.027): "Dentre os bens materiais integrantes do estabelecimento comercial, a transferência implica também a cessão de todos os créditos contabilizados no ativo da empresa. A partir da publicação do ato de arquivamento de transferência na Junta Comercial, ocorrerá a produção dos efeitos jurídicos com relação aos créditos do estabelecimento perante terceiros, cabendo aos devedores da empresa, a partir desse momento, efetuar os pagamentos das dívidas vencidas e vincendas perante o adquirente, que se equipara ao cessionário dos créditos. Se o devedor, de boa-fé, pagar a dívida ao alienante do estabelecimento, ficará exonerado da obrigação, cabendo, então, ao adquirente proceder à cobrança contra o cedente".

RESPONSABILIDADE CIVIL - Segundo Fábio Ulhoa Coelho, antes da entrada em vigor do Código Civil de 2002, as obrigações contraídas pelo empresário não integravam o estabelecimento empresarial, de modo que o adquirente não era considerado sucessor do alienante, exceto nas obrigações trabalhistas, tributárias ou decorrentes de previsão expressa do contrato de compra e venda. Atualmente, o adquirente passa a ser sucessor do alienante em caráter solidário pelas obrigações contraídas, conforme o disposto no artigo 1.146 do novo Código:

> Art. 1.146 – O adquirente do estabelecimento responde pelo pagamento dos débitos anteriores à transferência, desde que regularmente contabilizados, continuando o devedor primitivo solidariamente obrigado pelo prazo de um ano, a partir, quanto aos créditos vencidos, da publicação, e quanto aos outros, da data do vencimento.

Se ao alienante não restarem bens suficientes para pagar o passivo, a eficácia da alienação do estabelecimento dependerá do pagamento de todos os credores ou de seu consentimento, expresso ou tácito, no prazo de 30 dias, contado da notificação (art. 1.145, CC). A inobservância pelas partes poderá ensejar a decretação de sua falência, tornando-se ineficaz a alienação perante a massa falida.

Vale dizer que o alienante pagará as obrigações contraídas à época da transação ou deverá notificar todos os credores para que, em 30 dias, se manifestem a respeito, sob pena de estar tacitamente autorizada a respectiva alienação. Ademais, o contrato que tenha por objeto a alienação, o usufruto ou o arrendamento do estabelecimento só surtirá efeitos perante terceiros depois de averbado no Registro de Empresas Mercantis e publicado em órgão oficial (art. 1.144, CC).

Importante lembrar a mudança trazida pela nova Lei de Falências (Lei 11.101/05). Como visto anteriormente, o adquirente de um estabelecimento empresarial passa a ser responsável pelas obrigações civis, desde que devidamente contabilizadas.

Com o advento da nova Lei de Falências, a responsabilidade civil, tributária e trabalhista ganha nova fase. De acordo com seu artigo 141, o adquirente de estabelecimento empresarial não será sucessor das obrigações anteriores à transação. Assim, o objeto da alienação estará livre de qualquer ônus e não haverá sucessão do arrematante nas obrigações do devedor, mesmo as de natureza tributária, as derivadas da legislação do trabalho e as decorrentes de acidentes de trabalho.

Portanto, havendo aquisição conjunta ou separada de ativos, inclusive de empresas ou filiais, promovida sobre as modalidades de alienação (leilão, propostas ou pregão) em processo de falência, o adquirente não se sub-roga nas obrigações do alienante. Vale dizer, o adquirente assumirá uma empresa livre e desembaraçada de quaisquer ônus.

A mudança introduzida pela nova Lei de Falências veio em boa hora. Nenhum empresário se interessaria em adquirir um estabelecimento empresarial de uma sociedade falida, uma vez que poderia se responsabilizar por seu passivo. A questão da sucessão dificultava a transação. Agora, esse problema encontra-se superado. Qualquer adquirente de unidades produtivas, mesmo que isoladas, estará livre dos ônus civis, tributários e trabalhistas.

Contudo, existem situações na lei em que, mesmo em caso de aquisição conjunta ou separada de ativos, sob o regime da nova lei, haverá responsabilidade pelas obrigações anteriores à transação. Assim, o disposto no inciso II do *caput* do artigo 141 não se aplica quando o arrematante for:

a) sócio da sociedade falida ou sociedade controlada pelo falido;
b) parente, em linha reta ou colateral até o quarto grau, consanguíneo ou afim, do falido ou de sócio da sociedade falida; ou
c) identificado como agente do falido com o objetivo de fraudar a sucessão.

Em qualquer um desses casos, o arrematante terá plena responsabilidade pelas obrigações. Os credores poderão demandar contra o arrematante/adquirente. Trata-se de exceção à responsabilização, a qual consiste em evitar fraudes.

RESPONSABILIDADE TRIBUTÁRIA - O artigo 133 do CTN prevê a responsabilidade tributária do adquirente de estabelecimento empresarial, industrial ou profissional. No entanto, para que se caracterize a responsabilidade por sucessão, é necessário que o adquirente prossiga na exploração da mesma atividade, ainda que sob nova razão social ou firma individual, ou seja, se ele aproveitar o "fundo de comércio", será responsável pelos tributos devidos até a data da alienação.

> Art. 133, CTN – A pessoa natural ou jurídica de direito privado que adquirir de outra, por qualquer título, fundo de comércio ou estabelecimento comercial, industrial ou profissional, e continuar a respectiva exploração, sob a mesma ou outra razão social ou sob firma ou nome individual, responde pelos tributos, relativos ao fundo ou estabelecimento adquirido, devidos a data do ato:
> I – integralmente, se o alienante cessar a exploração do comércio, indústria ou atividade;
> II – subsidiariamente com o alienante, se este prosseguir na exploração ou iniciar dentro de 6 (seis) meses, a contar da data da alienação, nova atividade no mesmo ou em outro ramo de comércio, indústria ou profissão.

Segundo Luciano Amaro (*Direito Tributário brasileiro*, p. 324), "o dispositivo busca evitar que, na venda de estabelecimento, o alienante se livre do patrimônio que poderia dar respaldo a suas obrigações tributárias. Se o alienante continua em atividade, ou a reinicia, presume-se que mantenha a capacidade de pagar suas obrigações tributárias. Caso, apesar disso, não a mantenha, e na medida em que não a mantenha, opera-se a responsabilidade subsidiária do adquirente pelos tributos gerados pela exploração do estabelecimento sob gestão do alienante".

A Lei Complementar 118/05 acrescentou três parágrafos ao aludido artigo 133:

> § 1.º – O disposto no *caput* deste artigo não se aplica na hipótese de alienação judicial:
> I – em processo de falência;
> II – de filial ou unidade produtiva isolada, em processo de recuperação judicial.
> § 2.º – Não se aplica o disposto no § 1.º deste artigo quando o adquirente for:
> I – sócio da sociedade falida ou em recuperação judicial, ou sociedade controlada pelo devedor falido ou em recuperação judicial;
> II – parente, em linha reta ou colateral até o 4.º (quarto) grau, consanguíneo ou afim, do devedor falido ou em recuperação judicial ou de qualquer de seus sócios; ou
> III – identificado como agente do falido ou do devedor em recuperação judicial com o objetivo de fraudar a sucessão tributária.
> § 3.º – Em processo de falência, o produto da alienação judicial de empresa, filial ou unidade produtiva isolada permanecerá em conta de depósito à disposição do juízo de falência pelo prazo de 1 (um) ano, contado da data de alienação, somente podendo ser utilizado para o pagamento de créditos extraconcursais ou de créditos que preferem ao tributo.

Assim, de acordo com a nova lei, o adquirente em uma alienação judicial em processo de falência não responderá pelos tributos devidos pela empresa falida, assim como não haverá responsabilidade tributária para o adquirente de filial ou de unidade produtiva isolada em processo de recuperação judicial. A esse respeito, ensina Luciano Amaro (*op. cit.*, p. 325): "Desse modo, o adquirente de bens, numa alienação judicial em processo de falência, não responde, nem subsidiariamente, por tributos devidos pela empresa falida; no mesmo sentido, no processo de recuperação judicial, a venda de filial ou de unidade produtiva isolada também não acarreta responsabilidade tributária para o comprador. Essas disposições, ao excluir a regra de sucessão tributária nas hipóteses assinaladas, buscam afastar o receio de potenciais compradores de assumir passivos fiscais elevados e desconhecidos, receio esse que aviltava o preço dos ativos das empresas falidas ou concordatárias e os tornava praticamente invendáveis".

Por outro lado, ocorrerá responsabilidade por sucessão nas hipóteses previstas no artigo 133, § 2.º, incisos I a III (*veja acima*), ou seja, quando o adquirente tiver relação com o devedor falido ou em processo de recuperação judicial.

RESPONSABILIDADE PELAS OBRIGAÇÕES TRABALHISTAS – Cumpre ressaltar que a alienação do estabelecimento empresarial não prejudica os contratos de trabalho, podendo o empregado demandar contra o antigo proprietário do estabelecimento ou seu sucessor. Portanto, a responsabilidade pelas obrigações trabalhistas no caso de trespasse é solidária, ou seja, o comprador de estabelecimento empresarial assume todo o passivo trabalhista, respondendo, o vendedor, solidariamente pelo prazo prescricional, pelas obrigações trabalhistas contraídas até a data do trespasse.

Após o trespasse, as futuras obrigações trabalhistas serão de responsabilidade exclusiva do comprador do estabelecimento empresarial.

A esse respeito, preceituam os arts. 10 e 448 da CLT:

> Art. 10, CLT – Qualquer alteração na estrutura jurídica da empresa não afetará os direitos adquiridos por seus empregados.
> Art. 448, CLT – A mudança na propriedade ou na estrutura jurídica da empresa não afetará os contratos de trabalho dos respectivos empregados.

Nesse mesmo sentido, tem caminhado a jurisprudência do Tribunal Superior do Trabalho:

> **Ementa** – Agravo de instrumento. Sucessão de empresas. Responsabilidade solidária da segunda reclamada. Violação dos artigos 10 e 448 da CLT. Reexame de fatos e provas. Súmula 126. Não provimento. Data de julgamento: 5/5/10, relator ministro: Guilherme Augusto Caputo Bastos, 7.ª Turma, data de publicação: *DEJT* 14/5/10.

No entanto, em decorrência da alteração legislativa introduzida pela Lei de Falências, o objeto da alienação em falência estará livre de qualquer ônus e não haverá sucessão do arrematante nas obrigações do devedor, até mesmo as derivadas da legislação do trabalho e as decorrentes de acidentes do trabalho.

A esse respeito, achamos oportuno transcrever algumas jurisprudências acerca da não sucessão trabalhista, tendo vista a especialidade desse sub-ramo do Direito. Assim, segundo o Tribunal Superior do Trabalho:

> **Ementa** – Recurso de revista. Sucessão trabalhista. Empresa submetida a processo de recuperação judicial. Ilegitimidade passiva. Alienação de bens. Arrematação judicial. Lei 11.101/05. Nos termos do artigo 60 da Lei 11.101/05, não haverá sucessão do arrematante quando da alienação da unidade produtiva de empresa em processo de recuperação judicial (...). Relator ministro: Alberto Luiz Bresciani de Fontan Pereira, 3.ª Turma, data de publicação: *DEJT* 14/5/10.
>
> Competência da Justiça do Trabalho. Empresa em recuperação judicial. Colegiado de origem não adotou tese explícita acerca da competência material desta Justiça especializada para apreciar e julgar as reclamações trabalhistas ajuizadas contra empresa em recuperação judicial, operando-se a preclusão na matéria. Aplicação da Súmula 297/TST e da OJ 62/SDI-I/TST.
>
> Ilegitimidade passiva. Sucessão trabalhista. Empresa submetida a processo de recuperação judicial. Alienação de unidade produtiva. Arrematação judicial. Lei 11.101/05. <u>A partir da declaração de constitucionalidade do artigo 60, parágrafo único, da Lei 11.101/05, no julgamento da ADI 3.934-2/DF, pelo Supremo Tribunal Federal</u>, assentou-se nesta Corte o entendimento de que o objeto da alienação efetuada em plano de recuperação judicial estará livre de quaisquer ônus, não se configurando a sucessão empresarial do arrematante, e isentando o comprador das dívidas e obrigações contraídas pelo devedor. Precedentes. Recurso de revista conhecido e provido, no tema. Data de julgamento: 22/10/12, relator ministro: Hugo Carlos Scheuermann, 1.ª Turma, data de publicação: *DEJT* 16/11/12. (grifo nosso)

O adquirente da sociedade falida não é obrigado a contratar todos os empregados que trabalhavam na sociedade anterior, mesmo porque um dos motivos da falência poderia ter sido o alto custo com a mão de obra operária. A continuação da atividade empresarial pressupõe, às vezes, cortes de pessoal e substituição de mão de obra por outra mais qualificada.

Assim, quando os empregados do falido forem convidados a permanecer trabalhando no mesmo estabelecimento empresarial pelo novo empresário, a lei determina que não haverá responsabilidade do adquirente por sucessão. Trata-se de novo vínculo. A esse respeito, preceitua o § 2.º do artigo 141 da nova Lei de Falências:

> Empregados do devedor contratados pelo arrematante serão mantidos mediante novos contratos de trabalho e o arrematante não responde por obrigações decorrentes do contrato anterior.

Sendo novo vínculo, as obrigações do antigo empregador não podem ser cobradas do novo empregador (adquirente). Dessa forma, o salário poderá ser menor que o anteriormente contratado e não haverá limites a serem respeitados pelo novo empregador.

NÃO RESTABELECIMENTO - Em virtude da possível alienação do estabelecimento empresarial, o alienante, salvo disposição em contrário, não poderá estabelecer-se com ramo idêntico ao transacionado com o adquirente pelo período de cinco anos, contado da data da transação, conforme estabelece o inusitado artigo 1.147 do Código Civil:

> Art. 1.147 – Não havendo autorização expressa, o alienante do estabelecimento não pode fazer concorrência ao adquirente, nos cinco anos subsequentes à transferência.
> Parágrafo único. No caso de arrendamento ou usufruto do estabelecimento, a proibição prevista neste artigo persistirá durante o prazo do contrato.

O impedimento trazido pelo novo Código traduz-se na eventual possibilidade de o alienante, ao estabelecer-se com ramo idêntico ao transacionado, conseguir desviar a antiga clientela a seu favor, prejudicando sobremaneira o adquirente, que, ao efetuar a compra do estabelecimento empresarial, também se aproveita do fundo de comércio. Assim, caso o alienante desrespeite o prazo estipulado em contrato ou no Código Civil, será enquadrado nos crimes de enriquecimento ilícito e de prática de concorrência desleal.

Nome empresarial

Conceito – Entende-se por nome empresarial a identificação do sujeito para o exercício da empresa (art. 1.155, CC). O nome empresarial não se confunde com a marca, pois esta representa um sinal de identificação dos produtos ou serviços da empresa perante o público consumidor.

Espécies – O nome empresarial compreende três alcunhas:

- **Firma** – Corresponde ao empresário individual (antigo comerciante individual) ou ao empresário individual de responsabilidade limitada (nova empresa individual), isto é, que trabalha de forma isolada.
- **Firma social** – É o nome da pessoa jurídica (sociedade).
- **Denominação** – É constituída por nome fantasia.

Por exemplo: se Ricardo da Silva deseja constituir um "bar", deverá adotar como nome empresarial seu nome civil por extenso – "Ricardo da Silva" – ou de forma abreviada – "R. Silva" –, acompanhado ou não do ramo de sua atividade – "R. Silva Bar". Se ele constituir uma sociedade de responsabilidade limitada com João Batista, a firma social será composta pelo nome deles, por extenso – "Ricardo da Silva & João Batista Ltda." – ou abreviado – "R. Silva & J. Batista Ltda."; havendo mais de dois sócios, o nome de um ou mais sócios poderá ser substituído pela expressão "e Companhia" ou sua abreviatura, sendo facultado designar o ramo da atividade – "R. Silva & Cia. Bar". É importante salientar que o **último sobrenome não pode ser abreviado, nem excluído qualquer dos componentes do nome.**

Em se tratando da **nova empresa individual de responsabilidade,** o nome empresarial deve ser acrescido da expressão **"EIRELI"**, após a **firma OU denominação.**

> Art. 980-A
> (...)
> § 1.º – O nome empresarial deverá ser formado pela inclusão da expressão "EIRELI" após a firma ou a denominação social da empresa individual de responsabilidade limitada.
> (...)

A denominação de uma sociedade limitada, por sua vez, corresponde a qualquer expressão de linguagem, podendo ou não fazer referência ao nome dos sócios – "R. Silva & J. Batista Ltda." ou "Casual Bar Ltda."; se a sociedade for constituída de forma anônima, o nome empresarial será denominação, utilizando-se de uma expressão fantasia – "Casual Bar S/A".

Segundo os ensinamentos de Rubens Requião, "a firma pode ser **empresarial** ou **social**. A firma empresarial é a do empresário que comercia isolado, ou, como diz Garrigues, 'o signo diferenciado do elemento pessoa da empresa (documento)'; firma social ou razão social é o da pessoa jurídica, assim considerada a sociedade comercial regular" (*op. cit.*, p. 225). O autor ainda faz menção de que as sociedades empresárias que consideram a qualidade dos sócios (sociedade de pessoas) compõem sua razão social com base no patrimônio dos sócios que forem responsáveis ilimitadamente pelas obrigações sociais (*op. cit.*, p. 226), em conformidade com o artigo 1.157 do Código Civil, que estabelece:

> Art. 1.157 – A sociedade em que houver sócios de responsabilidade ilimitada operará sob firma, na qual somente os nomes daqueles poderão figurar, bastando para formá-la aditar ao nome de um deles a expressão "e companhia" ou sua abreviatura.
> Parágrafo único. Ficam solidária e ilimitadamente responsáveis pelas obrigações contraídas sob a firma social aqueles que, por seus nomes, figurarem na firma da sociedade de que trata este artigo.

Já a sociedade limitada poderá adotar firma ou denominação; a firma deverá ser composta pelo nome de um ou mais sócios, pessoas físicas, e a denominação designar o objeto da sociedade, permitindo-se nela figurar o nome de um ou mais sócios. O termo "Limitada", nesse tipo societário, limitará a responsabilidade de cada sócio à integralização do capital social. Dessa forma, caso a sociedade se constitua de forma limitada e o contrato social seja omisso quanto ao termo "Limitada", acarretará a responsabilidade solidária e ilimitada dos administradores que empregarem a firma ou a denominação social (art. 1.158, CC).

A sociedade em cooperativa adotará denominação composta pelo termo "Cooperativa", e a sociedade anônima, pela expressão "Sociedade Anônima" ou sua abreviatura (arts. 1.159 e 1.160, CC). A sociedade em comandita por ações pode, em lugar de firma social, adotar denominação designativa do objeto social, acrescida da expressão "Comandita por Ações" (art. 1.161, CC).

FORMAÇÃO DO NOME EMPRESARIAL - O nome empresarial deverá distinguir-se de qualquer outro inscrito no Registro de Empresas Mercantis a cargo das Juntas Comerciais. Todavia, se a firma colidir com nome idêntico a outro já registrado, poderá o empresário acrescentar designação que o distinga (art. 1.163, CC). O nome empresarial deverá atender a dois princípios: a **veracidade** e a **novidade**.

- **Veracidade** – Para Rubens Requião (*op. cit.*, p. 227), a veracidade "impõe que a firma seja constituída sob o patronímico do empresário individual e, quando firma social, sob o de sócios que a compõem. Se o empresário modifica o nome, como a mulher quando casa e adota o nome de família do marido, deve alterar a sua firma. O empresário individual, dessa forma, deve necessariamente adotar o seu nome civil, podendo abreviá-lo ou acrescê-lo de um elemento distintivo ou característico".
  Dessa forma, pela veracidade o empresário fica impedido de veicular informação falsa a que se refere. Por essa razão, o nome do sócio que vier a falecer, for excluído ou se retirar não pode figurar na firma social (art. 1.165, CC).
- **Novidade** – Pelo princípio da novidade, o empresário fica impedido de adotar nome igual ou semelhante ao de outro empresário anteriormente registrado.

Observe-se, oportunamente, que a inscrição do empresário, ou dos atos constitutivos da sociedade empresária, no registro próprio assegura o uso exclusivo do nome nos limites da jurisdição da Junta Comercial, ou seja, nos respectivos limites do Estado, não se estendendo a todo o território nacional, salvo se registrado na forma da lei especial (art. 1.166, CC).

Propriedade industrial

DIREITO INDUSTRIAL - Desde os tempos mais remotos, alguns empresários investiam em pesquisas para o aprimoramento de seus serviços e, em contrapartida, exigiam do governo certa exclusividade, formando grandes monopólios. A Inglaterra, antes da primeira Revolução Industrial, foi pioneira na proteção ao direito industrial.

No Brasil, o direito industrial teve início no século XIX, quando a Corte portuguesa reconheceu o direito de exclusividade ao inventor. Após a independência, foram editadas as primeiras legislações sobre invenções e sobre marcas (1875).

Atualmente, o direito industrial encontra-se previsto na Lei de Propriedade Industrial (LPI – Lei 9.279/96), assegurando aos empresários os direitos e obrigações relativos à propriedade industrial (art. 1.º, LPI), assim como na Constituição Federal, em seu artigo 5.º:

> XXIX – A lei assegurará aos autores de inventos industriais privilégio temporário para sua utilização, bem como proteção às criações industriais, à propriedade das marcas, aos nomes de empresas e outros signos distintivos, tendo em vista o interesse social e o desenvolvimento tecnológico e econômico do país.

INSTITUTO NACIONAL DA PROPRIEDADE INDUSTRIAL - O Instituto Nacional da Propriedade Industrial (Inpi), autarquia federal sediada no Estado do Rio de Janeiro, é o órgão encarregado de aplicar a legislação atinente à propriedade industrial no Brasil, processando e examinando os pedidos e as concessões de patentes e registros.

BENS DA PROPRIEDADE INDUSTRIAL - Compreendem os bens da propriedade industrial: a **invenção**, o **modelo de utilidade**, o **desenho industrial** e a **marca** (art. 2.º, LPI).

Segundo o referido artigo, a proteção dos direitos relativos à propriedade industrial, considerado seu interesse social e o desenvolvimento tecnológico e econômico do país, efetua-se mediante:

I – concessão de patentes de invenção e de modelo de utilidade;
II – concessão de registro de desenho industrial;
III – concessão de registro de marca;
IV – repressão às falsas indicações geográficas e
V – repressão à concorrência desleal.

A doutrina não é pacífica acerca da natureza jurídica dos direitos de propriedade. Alguns doutrinadores sustentam a tese de que se trata de um direito pessoal; outros entendem tratar-se de bem imaterial, de caráter patrimonial. Por fim, uma terceira corrente considera a propriedade industrial sob 2 (dois) ângulos: elementos pessoais e patrimoniais. No Brasil, a LPI os considera **bens móveis**, assegurando a seu autor a **patente das invenções e dos modelos de utilidade e o registro dos desenhos industriais e das marcas** (art. 5.º, LPI).

TITULARIDADE - Será assegurado ao autor de invenção ou modelo de utilidade o direito de obter a patente que lhe garanta a propriedade, sendo que, salvo disposição em contrário, presume-se o requerente legitimado a obter a patente (art. 6.º, LPI).

Patente

Patente é o documento que garante ao autor o direito de propriedade industrial sobre uma **invenção** ou um **modelo de utilidade**. Pode ser requerida em nome próprio, pelos herdeiros ou sucessores do autor, pelo cessionário ou por aquele a quem a lei ou o contrato de trabalho ou de prestação de serviço determinar que pertença a titularidade. Quando se tratar de invenção ou de modelo de utilidade realizado conjuntamente por duas ou mais pessoas, a patente poderá ser requerida por todas ou qualquer delas, mediante nomeação e qualificação das demais, para ressalva dos respectivos direitos, podendo, o inventor nomeado e qualificado, requerer a não divulgação de sua nomeação.

Por outro lado, se dois ou mais autores tiverem realizado a mesma invenção ou modelo de utilidade, de forma independente, o direito a patente será assegurado àquele que provar o depósito mais antigo, independentemente das datas de sua invenção ou criação (art. 7.º, LPI).

Invenção é a criação de coisa nova, não compreendida no "estado da técnica" suscetível de aplicação industrial. Já o **modelo de utilidade** consiste em um objeto de uso prático, ou parte deste, suscetível de aplicação industrial, que apresente nova forma ou disposição, por um ato inventivo, que resulte em melhoria funcional em seu uso ou em sua fabricação (art. 9.º, LPI). Dispõe a LPI:

> Art. 11. A invenção e o modelo de utilidade são considerados novos quando não compreendidos no estado de técnica.
> § 1.º – O estado da técnica é constituído por tudo aquilo tornado acessível ao público antes da data de depósito do pedido de patente, por descrição escrita ou oral, por uso ou qualquer outro meio, no Brasil ou no exterior, ressalvado o disposto nos arts. 12, 16 e 17.

Entretanto, não será considerado estado da técnica a divulgação de invenção ou modelo de utilidade, quando ocorrida durante os 12 (doze) meses que precederem a data de depósito ou a da prioridade do pedido de patente, quando promovida pelo inventor, pelo Instituto Nacional da Propriedade Industrial – Inpi –, por intermédio de suas publicações oficiais, ou por terceiros, com base em informações obtidas direta ou indiretamente do inventor ou em decorrência de atos por este realizados (art. 12, LPI).

Não são considerados invenção nem modelo de utilidade (art. 10, LPI):

a) descobertas, teorias científicas e métodos matemáticos;
b) concepções puramente abstratas;
c) esquemas, planos, princípios ou métodos comerciais, contábeis, financeiros, educativos, publicitários, de sorteio e de fiscalização;
d) obras literárias, arquitetônicas, artísticas e científicas ou qualquer criação estética;
e) programas de computador;
f) apresentação de informações;
g) regras de jogo;
h) técnicas e métodos operatórios ou cirúrgicos, terapêuticos ou diagnósticos para aplicação no corpo humano ou animal;
i) seres vivos no todo ou parte deles.

REQUISITOS PARA A CONCESSÃO DE PATENTE:

- **Novidade** – A invenção será considerada nova quando não compreendida no estado da técnica (art. 11, LPI), ou seja, para atender ao requisito da novidade, deverá ser desconhecida por todos, no Brasil ou no mundo, especialmente pelos especialistas da área.
- **Atividade inventiva** – A invenção será dotada de atividade inventiva sempre que, para um especialista no assunto, não decorra de maneira evidente ou óbvia do estado da técnica (art. 13, LPI).
- **Industriabilidade** – De nada adiantaria a patente de uma invenção que não pudesse ser fabricada ou produzida pela falta de conhecimentos técnicos. É necessário que a invenção atenda ao requisito da industriabilidade, isto é, seja passível de industrialização (art. 15, LPI).

Os mesmos requisitos para a concessão de patente da invenção são aplicados ao modelo de utilidade, com a ressalva de que ele deve ser dotado de ato inventivo, isto é, sempre que, para um técnico no assunto, não decorra de maneira comum ou vulgar do estado da técnica (art. 14, LPI).

DESIMPEDIMENTO - Cabe ao autor verificar os impedimentos da lei para a concessão da patente, ou seja, não basta o preenchimento dos requisitos de patenteabilidade; é necessário, ainda, que a **invenção** ou **modelo de utilidade** esteja em harmonia com a ordem pública. São impedimentos (art. 18, LPI): o que for contrário à moral, aos bons costumes, à segurança, à ordem e à saúde pública; substâncias, matérias, misturas, elementos ou produtos de qualquer espécie, bem como a modificação de suas propriedades físico-químicas e os respectivos processos de obtenção ou modificação, quando resultantes de transformação do núcleo atômico; o todo ou parte dos seres vivos, exceto os microrganismos transgênicos.

PRIORIDADE - O Brasil faz parte do acordo internacional da União de Paris. De acordo com essa Convenção, quem apresentar pedido de patente de invenção ou modelo de utilidade, ou depositar pedido de desenho industrial ou marca em qualquer país integrante desse acordo terá, durante certo prazo, o direito de prioridade nos demais países da União.

Para as invenções e os modelos de utilidade o prazo é de 12 (doze) meses, ao passo que para desenhos industriais e marcas o prazo será de 6 (seis) meses, contados da data do primeiro pedido.

De acordo com o artigo 16, o pedido de patente depositado em país que mantenha acordo com o Brasil, ou em organização internacional, que produza efeitos de depósito nacional será assegurado direito de prioridade, nos prazos estabelecidos no acordo, não sendo o depósito invalidado nem prejudicado por fatos ocorridos nesses prazos. A reivindicação de prioridade será feita no ato do depósito, podendo ser suplementada dentro de 60 (sessenta) dias por outras prioridades anteriores à data do depósito no Brasil. Tal reivindicação será comprada por documento hábil contendo a origem, número, data, título, relatório descritivo e, se for o caso, reivindicações e desenhos, acompanhados de tradução simples de depósito ou documento equivalente, descrevendo os dados identificadores do pedido.

Ricardo Negrão explica com clareza o que vem a ser direito de prioridade (*Manual de Direito Comercial e Empresa*, p. 115):

> "Ao requerer o depósito de uma invenção ou de um modelo de utilidade, o titular que já tenha realizado o depósito no exterior pode solicitar o reconhecimento da prioridade sobre os pedidos já realizados no território nacional, desde que comprove sua anterioridade por documento expedido pelo organismo de origem no exterior. A proteção internacional somente é possível em razão do acordo unionista, do qual o Brasil é signatário: o depósito realizado em país integrante possibilita que seu autor o faça em todos os demais, entendendo-se que, no prazo de doze meses, as solicitações sejam consideradas concomitantes àquela data original. Qualquer outro pedido realizado no intervalo entre o primeiro depósito no exterior, por parte de terceiro reivindicante, não retira a prioridade do pedido aqui realizado, mesmo se posterior ao desse terceiro.
>
> O art. 16 da Lei 9.279/96, que trata da prioridade no Brasil, não define o prazo entre o primeiro depósito no exterior e o realizado no país, para efeito de proteção, fazendo, no entanto, remissão ao previsto na Convenção da União de Paris, adotada no Brasil por força do Decreto 75.572, de 8 de abril de 1975. Pela integração de ambas as normas jurídicas, tem-se que o prazo para o exercício desse direito é de doze meses para as patentes (inventos e modelos de utilidade) e de seis meses para as demais proteções (desenhos, modelos e marcas)".

E conclui:

> "o depósito anterior, ocorrido no exterior, deve ter sido realizado em espaço máximo de um ano da data do pedido feito em território nacional, segundo assinado pelo Brasil pela Convenção de Paris. A reivindicação será feita no ato de depósito no Brasil, podendo ser contemplada em até sessenta dias, e a comprovação da anterioridade pode ser feita na mesma data de seu pedido de depósito, ou em até cento e oitenta dias contados da data desse depósito no Brasil".

PEDIDO DE PATENTE - Atendidos os requisitos de novidade, atividade inventiva, industriabilidade e desimpedimento, o autor requererá ao Inpi sua concessão, observando as seguintes etapas do pedido:

1. **Depósito** – Meio pelo qual o Inpi, ao receber o pedido de patente, terá condições de examinar a titularidade do inventor ou do depositante, dando início à contagem dos prazos de validade da patente. O pedido deverá ser instruído por (art. 19, LPI): requerimento; relatório descritivo; reivindica-

ções; desenhos, quando necessários; resumo; e comprovante do pagamento da retribuição relativa ao depósito. Depois de apresentado, o pedido será preliminarmente examinado e, se devidamente instruído, protocolizado, considerando a data de depósito a de sua apresentação.

2. **Publicação** – Ato pelo qual ocorre a publicidade dos fatos detalhados e das reivindicações do pedido de patente, assegurando a todos os interessados o direito de conhecimento e oposição ao pedido. O pedido de patente será mantido em sigilo durante 18 meses, contados da data de depósito (art. 30, LPI). Esgotado o prazo, inicia-se a publicação, dando prosseguimento às demais formalidades, salvo se houver interesse à defesa nacional (art. 75, LPI).
3. **Exame** – Etapa na qual o Inpi verificará as condições de patenteabilidade, não podendo ser iniciada antes de decorridos 60 dias da publicação do pedido. O pedido de exame poderá ser requerido pelo depositante ou qualquer interessado em 36 meses, contados da data do depósito, sob pena de arquivamento do pedido (art. 33, LPI). Requerido o exame, deverão ser apresentados, no prazo de 60 dias, sempre que solicitados pelo Inpi (art. 35, LPI): objeções, buscas de anterioridade e resultados de exame para concessão de pedido correspondente em outros países, quando houver reivindicações de prioridade; documentos necessários à regularização do processo e exame do pedido; tradução simples no caso de pedido internacional depositado no Brasil. Se o parecer do Inpi for desfavorável à patenteabilidade ou ao enquadramento, poderá o depositante manifestar-se no prazo de 90 dias, sob pena de arquivamento definitivo do pedido (art. 36, LPI).
4. **Decisão** – Concluído o exame, será proferida a decisão; se deferida, será expedida a carta patente (art. 37, LPI).

CONCESSÃO DA PATENTE - A patente será concedida depois de deferido o pedido e comprovado o pagamento da retribuição correspondente, expedindo-se a respectiva carta-patente (art. 38, LPI).

O pagamento da referida retribuição e respectiva comprovação deverão ser efetuados no prazo de 60 (sessenta) dias contados do deferimento, podendo, ainda ser paga e comprovada dentro de 30 (trinta) dias após o prazo acima citado, independentemente de notificação, mediante o pagamento de retribuição específica, sob pena de arquivamento definitivo do pedido.

A carta de patente deverá apresentar o número, o título e a natureza respectivos, o nome do inventor, sua qualificação e domicílio do titular, prazo de vigência, relatório descritivo, as reivindicações e os desenhos, bem como os dados relativos à prioridade (art. 39, LPI).

VIGÊNCIA DA PATENTE - A patente de **invenção** terá validade de 20 anos, e a de **modelo de utilidade**, de 15 anos, contados da data do depósito, não podendo o prazo de vigência ser inferior, respectivamente, a dez anos e a sete anos, a contar da data da concessão (art. 40, LPI).

PROTEÇÃO CONFERIDA PELA PATENTE - O grau de extensão da proteção conferida pela patente será determinado pelo teor das reivindicações, sendo certo que a patente confere ao seu titular o direito de impedir terceiro, sem seu consentimento, de produzir, usar, colocar à venda, vender ou importar com estes propósitos: produto objeto de patente ou processo ou produto obtido diretamente por processo patenteado. Por fim, é assegurado ainda ao titular da patente o direito de impedir que terceiros contribuam para que outros pratiquem tais atos (arts. 41 e 42).

Em alguns casos, a proteção conferida ao titular da patente não se aplica. Assim, o infringente desses direitos não praticará ato ilícito. Tal previsão encontra-se expressa no art. 43 da LPI:

> I – aos atos praticados por terceiros não autorizados, em caráter privado e sem finalidade comercial, desde que não acarretem prejuízo ao interesse econômico do titular da patente;
> II – aos atos praticados por terceiros não autorizados, com finalidade experimental, relacionados a estudos ou pesquisas científicas ou tecnológicas;
> III – à preparação de medicamentos de acordo com prescrição médica para casos individuais, executada por profissional habilitado, bem como ao medicamento assim preparado;
> IV – a produto fabricado de acordo com patente de processo ou de produto que tiver sido colocado no mercado interno diretamente pelo titular da patente ou com seu consentimento;
> V – a terceiros que, no caso de patentes relacionadas com matéria viva, utilizem, sem finalidade econômica, o produto patenteado como fonte inicial de variação ou propagação para obter outros produtos;
> VI – a terceiros que, no caso de patentes relacionadas com matéria viva, utilizem, ponham em circulação ou comercializem um produto patenteado que haja sido introduzido licitamente no comércio pelo detentor da patente ou por detentor de licença, desde que o produto patenteado não seja utilizado para multiplicação ou propagação comercial da matéria viva em causa;
> VII – aos atos praticados por terceiros não autorizados, relacionados à invenção protegida por patente, destinados exclusivamente à produção de informações, dados e resultados de testes, visando à obtenção do registro de comercialização, no Brasil ou em outro país, para a exploração do produto objeto da patente, após a expiração dos prazos estipulados no art. 40 da LPI.

USO INDEVIDO DA PATENTE - De acordo com o art. 44 da LPI, ao titular da patente é assegurado o direito à indenização pela utilização indevida de seu objeto, inclusive em relação a utilização ocorrida entre a data da publicação do pedido e a da concessão da patente.

Caso o terceiro infrator tenha obtido conhecimento do conteúdo do pedido depositado, anteriormente à publicação, contar-se-á o período da exploração indevida para efeito da indenização desde a data de início da exploração e quando o objeto do pedido de patente abarcar material biológico, o direito à indenização será conferido quando o material biológico se torna de conhecimento de todos.

NULIDADE DA PATENTE - A patente será nula quando contrariar as disposições contidas na LPI (arts. 46 a 49). A ação de nulidade poderá ser proposta a qualquer tempo da vigência da patente, pelo Inpi ou por qualquer pessoa interessada, sendo a referida ação ajuizada na Justiça Federal e o Inpi, quando não for o autor, intervirá no feito (arts. 56 e 57, LPI).

Lembre-se, no fim, de que a nulidade também poderá ser declarada em processo administrativo, caso o registro viole os requisitos previstos na LPI (arts. 50 a 55).

LICENÇA DE USO - O direito de exclusividade conferido pela patente pode ser transferido a terceiros – contratos de licença de uso, os quais deverão ser averbados no Inpi para produzir efeitos perante terceiros (arts. 61 a 67, LPI). Trata-se de licença voluntária.

Por outro lado, algumas patentes representam relevante interesse social e, portanto, serão licenciadas compulsoriamente. É o que determina os arts. 68 e 70 da LPI:

> Art. 68. O titular ficará sujeito a ter a patente licenciada compulsoriamente se exercer os direitos dela decorrentes de forma abusiva, ou por meio dela praticar abuso de poder econômico, comprovado nos termos da lei, por decisão administrativa ou judicial.
> § 1°. Ensejam, igualmente, licença compulsória:
> I – a exploração do objeto da patente no território brasileiro por falta de fabricação ou fabricação incompleta do produto, ou, ainda, a falta de uso integral do processo patenteado, ressalvados os casos de inviabilidade econômica, quando será admitida a importação; ou
> II – a comercialização que não satisfazer às necessidades do mercado.
> § 2.° A licença só poderá ser requerida por pessoa com legítimo interesse e que tenha capacidade técnica e econômica para realizar a exploração eficiente do objeto da patente, que deverá destinar-se, predominantemente, ao mercado interno, extinguindo-se nesse caso a excepcionalidade prevista no inciso I do parágrafo anterior.
> § 3.° No caso de a licença compulsória ser concedida em razão de abuso de poder econômico, ao licenciado, que propõe fabricação local, será garantido um prazo, limitado ao estabelecido no art. 74, para proceder à importação do objeto da licença, desde que tenha sido colocado no mercado diretamente pelo titular ou com seu consentimento;
> § 4.° No caso de importação para exploração de patente e no caso da importação prevista no parágrafo anterior, será igualmente admitida a importação por terceiros de produto fabricado de acordo com patente de processo ou de produto, desde que tenha sido colocado no mercado diretamente pelo titular ou com seu consentimento.

A licença ainda será compulsória, quando cumulativamente se verificarem as seguintes hipóteses:

I – ficar caracterizada situação de dependência de uma patente em relação a outra;

II – o objeto da patente dependente constituir substancial progresso técnico em relação à patente anterior e

III – o titular não realizar acordo com o titular da patente para exploração da patente anterior (art. 70, LPI).

Por fim, será concedida a licença compulsória nos casos de emergência nacional ou interesse público, declarados pelo Poder Executivo Federal, desde que o titular da patente ou seu licenciado não atenda a essa necessidade. A licença nesses casos será realizada de ofício, em caráter temporário e não exclusiva, sem prejuízo dos direitos do respectivo titular (art. 71, LPI).

DA INVENÇÃO E DO MODELO DE UTILIDADE REALIZADO POR EMPREGADO OU POR PRESTADOR DE SERVIÇO - Às vezes o objeto patenteável decorre de um contrato de trabalho. Nessa hipótese, temos 3 (três) situações: a primeira verificada pelo art. 88 da LPI, "a invenção e o modelo de utilidade pertencem exclusivamente ao empregador quando decorrerem de contrato de trabalho cuja execução ocorra no Brasil e que tenha por objeto a pesquisa ou a atividade inventiva, ou resulte esta da natureza dos serviços para os quais foi o empregado contratado". Assim, ao empregado cabe o recebimento de salário e ao empregador o direito à patente.

A segunda hipótese encontra-se prevista no art. 90: "pertencerá exclusivamente ao empregado a invenção ou o modelo de utilidade por ele desenvolvido, desde que desvinculado do contrato de trabalho e não decorrente da utilização de recursos, meios, dados materiais, instalações ou equipamentos do empregador". Vale dizer, a patente caberá ao empregado se for desenvolvida sem vinculação ao contrato de trabalho e sem a utilização dos meios de produção fornecidos pelo empregador.

E, por fim, a terceira e última hipótese prevista no art. 91: "a propriedade de invenção ou de modelo de utilidade será comum, em partes iguais, quando resultar da contribuição pessoal do empregado e de recursos, dados, meios, materiais, instalações ou equipamentos do empregador, ressalvada expressa disposição contratual em contrário". Vale dizer, salvo disposição contratual em contrário, a patente será comum entre o empregado e o empregador, ou seja, pertencerá ao empregado e ao empregador.

Cumpre ressaltar que é garantido ao empregador o direito exclusivo de licença de exploração e ao empregado a justa remuneração.

Ademais, aplicam-se no que couber as normas acima expostas aos prestadores de serviços, autônomos e estagiários.

EXTINÇÃO DA PATENTE - Decorrido o prazo de validade da patente pelo decurso do tempo ou pelas hipóteses elencadas no art. 78 da Lei da Propriedade Industrial, o objeto cairá em domínio público, podendo qualquer interessado dela se utilizar. Prescreve o referido artigo:

> Art. 78 – A patente extingue-se:
> I – pela expiração do prazo de vigência;
> II – pela renúncia de seu titular, ressalvado o direito de terceiros;
> III – pela caducidade;
> IV – pela falta de pagamento da retribuição anual, nos prazos previstos no § 2.º do art. 84 e no art. 87; e
> V – pela inobservância do disposto no art. 217;
> Parágrafo único. Extinta a patente, o seu objeto cai em domínio público.

Registro

Registro é o documento que assegura ao autor o direito de propriedade industrial sobre um **desenho industrial** ou **marca**. Pode ser requerido em nome próprio, pelos herdeiros ou sucessores do autor, pelo cessionário ou por aquele a quem a lei ou o contrato de trabalho ou de prestação de serviço determinar que pertença a titularidade.

DESENHO INDUSTRIAL

Considera-se desenho industrial (*design*) a forma plástica ornamental de um objeto ou o conjunto de linhas e cores que possa ser aplicado a um produto, proporcionando resultado visual novo e original em sua configuração externa e que possa servir de tipo de fabricação industrial (art. 95, LPI).

Requisitos para o registro:

- **Novidade** – O desenho industrial será considerado novo quando não compreendido no estado da técnica (art. 96, LPI).
- **Originalidade** – O desenho industrial será original quando dele resultar uma configuração visual distintiva em relação a outros objetos; no entanto, o resultado visual original poderá decorrer da combinação de elementos conhecidos (art. 97, LPI).

DESIMPEDIMENTO – Não basta que o desenho industrial atenda aos requisitos da novidade e originalidade; deverá, *a priori*, respeitar a ordem pública. São impedimentos (arts. 98 e 100, LPI): obra de caráter puramente artístico; o que for contrário à moral e aos bons costumes, ofenda a honra ou imagem de pessoas ou atente contra a liberdade de consciência, crença, culto religioso ou ideia e sentimentos dignos de respeito e veneração; forma comum ou vulgar do objeto ou, ainda, aquela determinada essencialmente por considerações técnicas ou funcionais.

PRIORIDADE – De acordo com o art. 99 da LPI, aplicam-se ao pedido de registro, naquilo que for compatível, as disposições contidas no art. 16 já comentado, exceto com relação ao prazo de registrabilidade, que será de 90 (noventa) dias.

PEDIDO DE REGISTRO – O pedido de registro do **desenho industrial** ocorrerá pela livre concessão, isto é, feito o depósito e sua publicação, o Inpi expedirá o certificado, dispensando o prévio exame dos requisitos de novidade e originalidade (arts. 102 a 106, LPI).

O pedido de registro deverá conter os elementos descritos no art. 101 da LPI, ou seja, o requerimento, o relatório descritivo, se for o caso, as reivindicações, também se for o caso, desenhos e fotografias, o campo de aplicação do objeto e o comprovante do pagamento da retribuição relativa ao depósito, todos apresentados em língua portuguesa.

PROTEÇÃO CONFERIDA PELO REGISTRO DO DESENHO INDUSTRIAL – Como visto, a propriedade do desenho industrial adquire-se com o registro no Inpi. Com relação ao registro do desenho industrial, aplica-se, no que couber, as disposições do art. 42 e dos incisos I, II e IV do art. 43, ambos já comentados (art. 109, LPI).

NULIDADE DO REGISTRO DO DESENHO INDUSTRIAL – O registro será nulo quando contrariar as disposições contidas na LPI (art. 112). A nulidade do registro produzirá efeitos desde a data do depósito do pedido e no caso de inobservância do disposto no art. 94 (titularidade), o autor poderá, alternativamente, reivindicar a adjudicação do registro. Lembre-se, ao final, de que a nulidade também poderá ser declarada em processo administrativo, caso o registro viole os requisitos previstos na LPI (arts. 113 a 117). Com relação à ação de nulidade, aplicar-se-á o disposto nos arts. 56 e 57 (*veja o tópico "Nulidade da patente"*).

VIGÊNCIA DO REGISTRO DO DESENHO INDUSTRIAL – Concedido o registro do **Desenho Industrial**, sua validade perdurará pelo prazo de dez anos, contados da data do depósito perante o Inpi, prorrogáveis por três períodos sucessivos de cinco anos cada um.

EXTINÇÃO DO REGISTRO DO DESENHO INDUSTRIAL – O registro extingue-se (art. 119, LPI):

I – pela expiração do prazo de vigência;
II – pela renúncia de seu titular, ressalvado o direito de terceiros;
III – pela falta de pagamento da retribuição prevista nos arts. 108 e 120 da LPI e
IV – pela inobservância do disposto no art. 217.

MARCA

Marca é o sinal distintivo, visualmente perceptível, de um **produto** ou **serviço**, ou seja, que diferencia um produto ou serviço de outro idêntico, semelhante ou afim, mas de origem diversa (arts. 122 e 123, "I", LPI). A marca poderá ser ainda de **certificação** ou **coletiva**.

- **Marca de certificação** (art. 123, II, LPI) – É utilizada para atestar a conformidade de um produto ou serviço com determinadas normas ou especificações técnicas, notadamente quanto à qualidade, natureza, material utilizado e metodologia empregada, ou seja, atende aos padrões de qualidade (ex.: certificação ISO 9002).
- **Marca coletiva** (art. 123, III, LPI) – É usada para identificar produtos ou serviços advindos de membros de determinada entidade (ex.: "empresa amiga da criança").

Requisitos para o registro:

- **Novidade relativa** – O registro da marca difere dos demais porque a novidade exigida por lei não é absoluta, podendo ser relativa, desde que a marca se apresente nova dentro da classe que o requerente deseja registrá-la.
- **Não colidência com marca notória** – Marca notória é aquela conhecida em seu ramo de atividade, gozando de proteção, mesmo que não registrada no Brasil, em virtude da Convenção da União de Paris para Proteção da Propriedade Industrial (art. 126, LPI).

DESIMPEDIMENTO - Uma vez verificados os requisitos para o registro da marca, deverá o autor ater-se aos seguintes impedimentos (art. 124, LPI):

- brasão, armas, medalha, bandeira, emblema, distintivo ou monumento oficiais, públicos, nacionais, estrangeiros ou internacionais, bem como a respectiva designação, figura ou intimação;
- letra, algarismo e data, isoladamente, salvo quando revestidos de suficiente forma distintiva;
- expressão, figura, desenho ou qualquer outro sinal contrário à moral e aos bons costumes ou que ofenda a honra ou imagem de pessoas ou atente contra a liberdade de consciência, crença, culto religioso ou ideia e sentimento dignos de respeito e veneração;
- designação ou sigla de entidade ou órgão público, quando não requerido o registro pela própria entidade ou órgão público;
- reprodução ou intimação de elemento característico ou diferenciador de título de estabelecimento ou nome de empresa de terceiros, suscetível de causar confusão ou associação com esses sinais distintivos;
- sinal de caráter genérico, necessário, comum, vulgar ou simplesmente descritivo, quando tiver relação com o produto ou serviço a distinguir, ou aquele empregado comumente para designar uma característica do produto ou serviço, quanto à natureza, nacionalidade, peso, valor, qualidade e época de produção ou de prestação do serviço, salvo quando revestidos de suficiente forma distintiva;
- sinal ou expressão empregada apenas como meio de propaganda;
- cores e suas denominações, salvo se dispostas ou combinadas de modo peculiar e distintivo;
- indicação geográfica, sua imitação suscetível de causar confusão ou sinal que possa falsamente induzir indicação geográfica;
- sinal que induza a falsa indicação quanto à origem, procedência, natureza, qualidade ou utilidade do produto ou serviço a que a marca se destina;

- reprodução ou intimação de cunho oficial, regularmente adotada para garantia de padrão de qualquer gênero ou natureza;
- reprodução ou imitação de sinal que tenha sido registrado como marca coletiva ou de certificação por terceiros;
- nome, prêmio ou símbolo esportivo, artístico, cultural, social, político, econômico ou técnico, oficial ou oficialmente reconhecido;
- reprodução ou imitação de título, apólice, moeda e cédula da União, dos Estados, do Distrito Federal, dos Territórios, dos Municípios e do país;
- nome civil ou assinatura;
- pseudônimo ou apelido notoriamente conhecidos, salvo autorização do titular;
- obra literária, artística ou científica, assim como os títulos que estejam protegidos pelo direito autoral e sejam suscetíveis de causar confusão ou associação, salvo com consentimento do autor ou titular;
- termo técnico usado na indústria, na ciência e na arte, desde que tenha relação com produto ou serviço a distinguir;
- marca alheia para identificar produto semelhante ou afim com a finalidade de causar confusão ou associação com outra marca registrada;
- dualidade de marcas de um só titular para o mesmo produto ou serviço, exceto no caso de marcas dessa natureza;
- forma necessária, comum ou vulgar do produto ou de acondicionamento, ou, ainda, aquela que não possa ser dissociada de efeito técnico;
- objeto que estiver protegido por registro de desenho industrial de titularidade de terceiro;
- sinal que imite ou reproduza, no todo ou em parte, marca que o requerente evidentemente não poderia desconhecer em razão de sua atividade, cujo titular seja sediado ou domiciliado em território nacional ou em país com o qual o Brasil mantenha acordo.

PRIORIDADE - Como já mencionado, o Brasil faz parte do acordo internacional da União de Paris, assegurando o direito de prioridade nos demais países da União. Assim, de acordo com o art. 127 da LPI, ao pedido de registro de marca depositado em país em que mantenha acordo com o Brasil ou em organização internacional, que produza efeito de depósito nacional, será garantido o direito de prioridade, nos prazos estabelecidos no acordo, ou seja, de 6 (seis) meses, contados da data do primeiro pedido.

PEDIDO DE REGISTRO - A **marca**, por sua vez, passará pelo exame das formalidades exigidas para sua concessão na fase preliminar e, estando o pedido devidamente instruído com o requerimento e etiquetas, quando for o caso, e comprovado o pagamento da retribuição, ele será depositado. O pedido que não atender formalmente às instruções, mas contiver dados suficientes relativos ao depositante, sinal marcário e classe, poderá ser entregue, mediante recibo, ao Inpi, que abrirá prazo de cinco dias para o cumprimento das exigências faltantes, sob pena de arquivamento (art. 157, LPI).

Protocolizado o pedido, será publicado para apresentação de eventual oposição em 60 dias. Decorrido o prazo de oposição ou de manifestação, se interposta, será feito o exame (o pedido atende aos requisitos da novidade relativa, não colidência e desimpedimento), podendo ser formuladas novas exigências, que deverão ser respondidas também no prazo de 60 dias, sob pena de arquivamento definitivo do pedido. Concluído o exame, o Inpi proferirá a decisão, deferindo ou indeferindo o pedido de registro.

DIREITOS SOBRE A MARCA - A propriedade da marca adquire-se com o registro no Inpi e garante ao seu detentor o uso exclusivo em todo o território nacional (art. 129, LPI). Assim, uma vez registrada temos os seguintes direitos: exclusividade; cessão do registro ou mesmo do pedido; licenciamento de seu uso; zelar pela sua integridade material ou reputação.

Por outro lado, o titular da marca não poderá impedir empresários de utilizar sinais distintivos que lhe são próprios, juntamente com a marca do produto, na sua promoção e comercialização, nem tampouco impedir que fabricantes de acessórios utilizem a marca para indicar a destinação do produto, desde que obedecidas as práticas de concorrência. Também não poderá impedir a livre circulação de produto colocado no mercado interno por si ou por outrem com seu consentimento, bem como a citação da marca em discurso, obra científica ou literária ou qualquer outra publicação, desde que sem conotação comercial e sem prejuízo para seu caráter distintivo.

CESSÃO DE USO - Assim como ocorre em relação aos demais bens de propriedade industrial, o direito decorrente de registro de marca é transferível a terceiros e em razão de sucessão. Assim, o pedido de registro e o registro poderão ser cedidos, desde que o cessionário atenda os requisitos legais. A cessão deverá compreender todos os registros ou pedidos, em nome do cedente, de marcas iguais ou semelhantes, relativas a produto ou serviço idêntico, semelhante ou afim, sob pena de cancelamento dos registros ou arquivamento dos pedidos não cedidos (arts. 134 e 135, LPI).

Dessa forma, a transferência ocorre em relação ao registro já concedido ou até mesmo ao pedido depositado e obriga seu titular a cedê-los, sob pena de cancelamento dos registros ou arquivamento dos pedidos, sempre *ex officio*.

Com relação ao contrato de cessão, este será anotado no Inpi, constando a qualificação completa do novo titular do registro ou pedido de depósito.

LICENÇA DE USO - O titular de registro ou o depositante de pedido de registro poderá celebrar contrato de licença para uso da marca em caráter exclusivo ou não, sem prejuízo do direito do licitante exercer seu controle sobre as especificações, a natureza e a qualidade dos respectivos produtos ou serviços.

Geralmente, a licença para o uso da marca é firmado pelo contrato de franquia. Contrato de franquia, segundo o art. 2º da Lei 8.955/94, é "o sistema pelo qual um franqueador cede ao franqueado o direito de uso de marca ou patente, associado ao direito de distribuição exclusiva ou semiexclusiva de produtos ou serviços e, eventualmente, também ao direito de uso de tecnologia de implantação e administração de negócio ou sistema operacional desenvolvidos ou detidos pelo franqueador, mediante remuneração direta ou indireta, sem que, no entanto, fique caracterizado vínculo empregatício".

O contrato de licença de uso para produzir efeitos perante terceiros deverá ser registrado no Inpi. A averbação produzirá efeitos em relação a terceiros desde a data de sua publicação, sendo que para efeito de validade de prova de uso, o contrato de licença não precisará estar averbado no referido órgão, ou seja, perante o Inpi.

NULIDADE DO REGISTRO - Assim como ocorre nos demais bens de propriedade industrial, será nulo o registro da marca que não apresente as condições contidas na LPI. A nulidade poderá ser total ou parcial, sendo condição para a nulidade parcial o fato de a parte subsistente poder ser considerada registrável (art. 165, LPI).

A nulidade será objeto da ação de nulidade que pode ser proposta pelo Inpi ou por qualquer pessoa interessada, podendo ser combinada com medida liminar para fins de suspender os efeitos do registro e do uso da marca. Para o regular processamento do feito a ação deve ser proposta perante a Justiça Federal e o Inpi, quando não for o autor, intervirá no feito (arts. 173 a 175, LPI).

Lembre-se, no fim, de que a nulidade também poderá ser declarada em processo administrativo, caso o registro viole os requisitos previstos na LPI (arts. 168 a 172).

VIGÊNCIA DO REGISTRO - A **marca** vigorará pelo prazo de dez anos, contado da data da concessão do registro, prorrogável por períodos iguais e sucessivos, sendo a única modalidade de direito industrial prorrogável por prazo indeterminado.

EXTINÇÃO DO REGISTRO - Além dos casos de arquivamento pelo não cumprimento dos requisitos contidos na LPI, a lei especifica algumas formas de extinção do direito de uso exclusivo da marca. De acordo com a LPI, aplicam-se as mesmas observações já comentadas referentes a patente. Assim, sem prejuízo das demais ocorre a extinção do registro pela: não prorrogação do registro; renúncia; extinção da pessoa jurídica titular de marca coletiva ou de certificação; concessão de registro em desacordo com a LPI; caducidade; inobservância do art. 217 (detentor de registro não residente no país que não constitui procurador nem mantém procurador qualificado).

EM RESUMO

TEORIA GERAL DO DIREITO COMERCIAL

Direito Comercial

Conceito: "É a parte do Direito privado que tem principalmente por objeto regular as relações jurídicas que surgem do exercício do comércio" (Vivante).

Fontes: Código Comercial; leis comerciais; Código Civil; usos e costumes.

Empresário

Conceito: "Considera-se empresário quem exerce profissionalmente uma atividade econômica organizada para a produção ou a circulação de bens ou serviços" (art. 966, CC).

Características: profissionalismo; atividade econômica organizada; produção ou circulação de bens ou serviços.

Tipos de empresário: individual – exerce a empresa em nome próprio; **coletivo** – sociedade empresária.

Principais obrigações do empresário: registrar-se na Junta Comercial; manter a escrituração regular de seus negócios; levantar demonstrações periódicas.

Órgãos de registro: Departamento Nacional de Registro do Comércio (DNRC); Junta Comercial do Estado.

Atos da Junta Comercial: matrícula: leiloeiros, corretores, trapicheiros, etc; autenticação: livros e documentos; registro: atos constitutivos, alterações, cancelamentos, etc.

Livros do empresário: obrigatórios: comum (diário); especial (duplicatas, etc.). Facultativos: livro-caixa e conta-corrente.

Estabelecimento empresarial: bens corpóreos: mercadorias, móveis, utensílios, etc; bens incorpóreos: patente de invenção, marca, nome, etc.

Propriedade industrial

Instituto Nacional de Propriedade Industrial (Inpi) – Autarquia federal cuja função é processar e examinar pedidos e concessões de patentes e registros.

Patente – Invenção e modelo de utilidade.

Registro – Marca e desenho industrial.

PRESTE ATENÇÃO

1. **Teoria da Empresa** – De acordo com o novo Código Civil, o Direito brasileiro adota a Teoria da Empresa. Considera-se empresa a atividade econômica organizada.
2. **Empresário** – O empresário é a pessoa que exerce atividade econômica profissional organizada para a produção ou a circulação de bens ou serviços. Pode ser pessoa física (empresário individual) ou pessoa jurídica (sociedade empresária).
3. **Obrigações do empresário** – O empresário deverá registrar seus atos constitutivos na Junta Comercial, autenticar seus livros devidamente escriturados e fazer demonstrações financeiras.
4. **Livros** – Os livros do empresário podem ser obrigatórios e facultativos. Os obrigatórios devem ser escriturados e autenticados pela Junta Comercial, possuindo força probatória em juízo. Já os livros facultativos são utilizados para auxiliar a vida cotidiana do empresário.
5. **Estabelecimento empresarial** – É todo o complexo de bens organizado, para o exercício da empresa, por empresário ou por sociedade empresária.
6. **Trespasse** – Trespasse ou passe do ponto é a alienação do estabelecimento empresarial. Acarreta responsabilidade solidária entre o adquirente e o cedente das dívidas devidamente contabilizadas pelo prazo de um ano, contado, quanto às vencidas, desde a publicação e, quanto às vincendas, do vencimento.

2

O EMPRESÁRIO E AS RELAÇÕES DE CONSUMO

Introdução

A proteção à relação de consumo remonta à Antiguidade. Há quem afirme que existiam princípios protetores do consumidor já no Código de Hamurábi. A preocupação com os direitos do consumidor também se estendia pela Índia e pela Grécia antiga.

Segundo José Geraldo Brito Filomeno (*Manual de direitos do consumidor*, p. 4),

> "no que diz respeito ao movimento consumerista, porém, já com plena consciência dos interesses a serem defendidos e definição de estratégias para protegê-los, pode-se detectar nos chamados 'movimentos dos frigoríficos de Chicago' já o despertar daquela consciência. Entretanto, embora coevos, os movimentos trabalhistas e consumeristas acabaram por cindir-se, mais precisamente pela criação da denominada 'Consumer's League', em 1891, tendo evoluído posteriormente para o que hoje é a poderosa e temida 'Consumer's Union' dos Estados Unidos. A referida entidade, dentre outras atividades de conscientização dos consumidores, promoção de ações judiciais, etc., chega a adquirir quase todos os produtos que são lançados no mercado norte-americano para análise e, em seguida, por intermédio de sua revista, *Consumer's Report*, aponta as vantagens e desvantagens do produto dissecado".

Nesse sentido, o Instituto Brasileiro de Defesa do Consumidor (Idec) e o Instituto Nacional de Metrologia, Normalização e Qualidade Industrial (Inmetro) têm desenvolvido atividades de análise de produtos lançados para o consumidor.

No Brasil, o direito do consumidor encontra-se previsto no artigo 5.º, inciso XXXII, da Constituição Federal, que diz que "o Estado promoverá, na forma da lei, a defesa do consumidor", e regulado pela Lei 8.078/90 (Código de Defesa do Consumidor – CDC).

Antes do CDC, as relações entre particulares eram regidas pelo Código Civil, e as relações entre comerciantes, pelo Código Comercial; com o advento do Código de Defesa do Consumidor, as relações entre comerciante (fornecedor) e consumidor final passaram a ser regidas por esse estatuto (teoria da tricotomia). Desde 2002, com a promulgação do novo Código Civil, as relações são regidas basicamente de duas formas: pelo Código Civil, nas relações entre empresários, e pelo Código de Defesa do Consumidor, nas relações de consumo (teoria da dicotomia).

Consumidor e fornecedor

De acordo com o artigo 2.º do CDC, **consumidor** é toda pessoa física ou jurídica que adquire ou utiliza produto ou serviço como destinatário final. Equipara-se a consumidor a coletividade de pessoas, ainda que indetermináveis, que tenha intervindo nas relações de consumo.

Segundo José Geraldo Brito Filomeno, "entendemos que consumidor, abstraídas todas as conotações de ordem filosófica, tão somente econômica, psicológica ou sociológica, e concentrando-nos basicamente na acepção jurídica, vem a ser qualquer pessoa física que, isolada ou coletivamente, contrate para consumo final, em benefício próprio ou de outrem, a aquisição ou a locação de bens, bem como a prestação de serviços".

Nesse mesmo sentido os comentários trazidos pelos elaboradores do anteprojeto do CDC (*Código Brasileiro de Defesa do Consumidor comentado*, p. 31): "Abstraídas todas as conotações de ordem filosófica, psicológica e outras, entendemos por consumidor qualquer pessoa física ou jurídica que, isolada ou coletivamente, contrate para consumo final, em benefício próprio ou de outrem, a aquisição ou a locação de bens, bem como a prestação de um serviço".

Fornecedor é toda pessoa física ou jurídica, pública ou privada, nacional ou estrangeira, bem como os entes despersonalizados, que desenvolvem atividades de produção, montagem, criação, construção, transformação, importação, exportação, distribuição ou comercialização de produtos ou prestação de serviços (art. 3.º).

Atenção: os artigos citados neste capítulo são do Código de Defesa do Consumidor (CDC), salvo indicação em contrário.

Ainda segundo José Geraldo Brito Filomeno (*op. cit.*, p. 43), "fornecedor é qualquer pessoa física, ou seja, qualquer um que, a título singular, mediante desempenho de atividade mercantil ou civil e de forma habitual, ofereça no mercado produtos ou serviços, e a jurídica, da mesma forma, mas em associação mercantil ou civil e de forma habitual".

Produto e serviço

A relação regida pelo CDC tem por objeto o produto e o serviço.

Produto é qualquer bem, móvel ou imóvel, material ou imaterial. Segundo a doutrina, o CDC deveria ter usado o termo "bens", e não "produtos", uma vez que o primeiro é muito mais abrangente do que o segundo. Dessa forma, para efeitos práticos, isto é, para fins do CDC, o leitor deve entender que o objeto da relação refere-se a bens, e não apenas a produtos. Para José Geraldo Brito Filomeno, "bem é qualquer objeto de interesse em dada relação de consumo e destinado a satisfazer uma necessidade do adquirente, como destinatário final".

Serviço, por sua vez, é qualquer atividade fornecida no mercado de consumo, mediante remuneração, inclusive as de natureza bancária, financeira, de crédito e securitária, salvo as decorrentes das relações de caráter trabalhista.

De acordo com Nelson Nery Júnior, os serviços bancários caracterizam-se como relação de consumo: por serem remunerados; por serem oferecidos de modo amplo e geral, despersonalizado; por serem vulneráveis os tomadores de tais serviços, na nomenclatura própria do CDC; pela habitualidade e pelo profissionalismo.

Política Nacional das Relações de Consumo

A Política Nacional das Relações de Consumo tem por objetivo o atendimento das necessidades dos consumidores, o respeito a sua dignidade, saúde e segurança, a proteção de seus interesses econômicos, a melhoria de sua qualidade de vida, bem como a transparência e harmonia das relações de consumo, atendidos os seguintes princípios:

a) reconhecimento da vulnerabilidade do consumidor no mercado de consumo – o Código visa a estabelecer um equilíbrio entre o mais fraco e o mais forte;

b) ação governamental no sentido de proteger efetivamente o consumidor: por iniciativa direta; por incentivos à criação e desenvolvimento de associações representativas; pela garantia dos produtos e serviços com padrões adequados de qualidade, segurança, durabilidade e desempenho, etc.

Para a execução da Política Nacional das Relações de Consumo, contará o Poder Público com os instrumentos previstos no artigo 5.º, como Promotorias de Justiça de Defesa do Consumidor, no âmbito do Ministério Público, o Procon, etc.

Direitos básicos do consumidor

O legislador procurou proteger o mais fraco (consumidor) contra o mais forte (fornecedor), arrolando no artigo 6.º os principais direitos do consumidor. São eles:

a) a proteção da vida, saúde e segurança contra riscos provocados por práticas no fornecimento de produtos e serviços considerados perigosos ou nocivos;
b) a educação e divulgação sobre o consumo adequado dos produtos e serviços, asseguradas a liberdade de escolha e a igualdade nas contratações;
c) a informação adequada e clara sobre os diferentes produtos e serviços, com especificação correta de quantidade, características, composição, qualidade e preço, bem como sobre os riscos que apresentem;
d) a proteção contra a publicidade enganosa e abusiva, métodos comerciais coercitivos ou desleais, bem como contra práticas e cláusulas abusivas ou impostas no fornecimento de produto e serviço;
e) a modificação das cláusulas contratuais que estabeleçam prestações desproporcionais ou sua revisão em razão de fatos supervenientes que as tornem excessivamente onerosas;
f) a efetiva prevenção e reparação de danos patrimoniais e morais, individuais, coletivos e difusos;
g) o acesso aos órgãos judiciários e administrativos, com vistas à prevenção ou reparação de danos patrimoniais e morais, individuais, coletivos ou difusos, assegurada a proteção jurídica, administrativa e técnica aos necessitados;
h) a facilitação da defesa de seus direitos, inclusive com a inversão do ônus da prova, a seu favor, no processo civil, quando, a critério do juiz, for verossímil a alegação ou quando for ele hipossuficiente, segundo as regras ordinárias de experiência;
i) a adequada e eficaz prestação dos serviços públicos em geral.

Os direitos previstos no CDC não excluem outros decorrentes de tratados ou convenções internacionais de que o Brasil seja signatário, da legislação ordinária, de regulamentos expedidos pelas autoridades administrativas competentes, bem como os que derivem dos princípios gerais do direito, analogia, costumes e equidade. Na verdade, o Código de Defesa do Consumidor convive com os demais ramos do Direito, como o Direito Civil, Teoria Geral dos Contratos, etc. O que se pretendeu fazer foi uma sistematização dos direitos dos consumidores.

Qualidade de produtos e serviços, prevenção e reparação dos danos

PROTEÇÃO À SAÚDE E SEGURANÇA - Os produtos e serviços colocados no mercado de consumo não podem acarretar riscos à saúde ou à segurança dos consumidores, exceto aqueles considerados normais e previsíveis em decorrência de sua natureza e fruição, obrigando-se os fornecedores, em qualquer hipótese, a dar as informações necessárias e adequadas a seu respeito (art. 8.º). A proteção à saúde e à segurança dos consumidores encontra-se tutelada nos artigos 8.º a 25.

Assim, em princípio, os produtos e serviços que põem em risco a saúde ou a segurança dos consumidores não serão permitidos. De acordo com o parágrafo único do artigo 8.º, o fabricante deve prestar as informações a que se refere o produto por meio de impressos apropriados, os quais devem acompanhar o produto. Tratando-se de produtos e serviços potencialmente nocivos ou perigosos à saúde ou segurança, o fornecedor deve informar, de forma ostensiva e adequada, a nocividade ou periculosidade do produto ou do serviço, como no caso de bebidas alcoólicas, fumo, etc. Por fim, o fornecedor não pode colocar no mercado de consumo produto ou serviço que sabe ou deveria saber apresentar alto grau de nocividade ou periculosidade à saúde ou à segurança.

RESPONSABILIDADE PELO FATO DO PRODUTO E DO SERVIÇO – A responsabilidade pelo fato do produto ou do serviço decorre de um vício de qualidade, ou seja, de um defeito. Segundo Zelmo Denari, um produto ou serviço é defeituoso "quando não corresponde à legítima expectativa do consumidor a respeito de sua utilização ou fruição, vale dizer, quando a desconformidade do produto ou serviço compromete sua prestabilidade ou servibilidade. Nessa hipótese, podemos aludir a um *vício ou defeito de adequação* do produto ou serviço".

O CDC distingue dois modelos de responsabilidade: por vícios de qualidade ou quantidade dos produtos ou serviços e por danos aos consumidores causados por acidentes de consumo; o artigo 12 cuida desse último modelo.

O produto é defeituoso quando não oferece a segurança que dele legitimamente se espera, levando em consideração as circunstâncias relevantes, entre as quais sua apresentação, o uso e os riscos que razoavelmente dele se esperam e a época em que foi colocado em circulação. Para Zelmo Denari, "a responsabilidade por danos decorre da propagação do vício de qualidade, alcançando o consumidor e inclusive terceiros, vítimas do evento (cf. art. 17), e supõe a ocorrência de três pressupostos: a) defeito do produto; b) *eventus damni*; e c) relação de causalidade entre o defeito e o evento danoso".

De acordo com o artigo 12, o fornecedor é obrigado a indenizar o consumidor por vício de qualidade. Contudo, há situações em que o produto não apresenta vício de qualidade, mas foi fornecido com informações imprecisas sobre sua utilização e seus riscos. Se isso ocorrer e causar dano ao consumidor, caberá ao fornecedor o dever de indenizar. Portanto, o consumidor tem direito a indenização pelo vício de qualidade ou pela falta de informação sobre o produto.

O fornecedor de serviços também responde pela reparação dos danos causados aos consumidores por vícios relativos à prestação dos serviços, bem como por informações insuficientes ou inadequadas sobre sua fruição e riscos. O serviço é considerado defeituoso quando não oferece a segurança que o consumidor dele pode esperar, levando em consideração as circunstâncias relevantes, entre as quais o modo de seu funcionamento, o resultado e os riscos que razoavelmente dele se esperam e a época em que foi fornecido.

A responsabilidade do fabricante, do produtor, do construtor e do importador (art. 12) será do tipo objetiva, isto é, independentemente de existência de culpa. O comerciante, por sua vez, será responsabilizado se o fabricante, o construtor ou o importador não puderem ser identificados, se o produto estiver sem identificação clara de seu fabricante, produtor, construtor ou importador, e ainda quando não conservar adequadamente os produtos perecíveis (art. 13). A responsabilidade do comerciante é, portanto, subsidiária, pois os obrigados principais são aqueles elencados no artigo 12, ou seja, o fabricante, o produtor, o construtor e o importador.

RESPONSABILIDADE POR VÍCIO DO PRODUTO E DO SERVIÇO - Os fornecedores de produtos de consumo duráveis ou não duráveis respondem solidariamente pelos vícios de qualidade ou quantidade que os tornem impróprios ou inadequados ao consumo a que se destinam ou lhes diminuam o valor, assim como por aqueles decorrentes da disparidade com as indicações constantes do recipiente, da embalagem, rotulagem ou mensagem publicitária, respeitadas as variações decorrentes de sua natureza, podendo o consumidor exigir a substituição das partes viciadas (art. 18). O consumidor poderá exercitar sua pretensão contra todos os fornecedores, contra alguns ou mesmo contra um apenas. Trata-se de responsabilidade solidária.

Não sendo sanável o vício no prazo máximo de 30 dias, pode o consumidor exigir alternativamente e a sua escolha: a substituição do produto por outro da mesma espécie, em perfeitas condições de uso; a restituição imediata da quantia paga, monetariamente atualizada, sem prejuízo de eventuais perdas e danos; o abatimento proporcional do preço.

O consumidor tem direito à garantia. Assim, as partes poderão convencionar a redução ou ampliação, observado o disposto no § 1.º do artigo 18, não podendo ser inferior a sete dias nem superior a 180 dias. Nos termos do artigo 50, a garantia contratual é complementar à legal e será conferida mediante termo escrito. O termo de garantia deve esclarecer de maneira adequada em que consiste a mesma garantia, a forma, o prazo e o lugar em que pode ser exercitada e o ônus a cargo do consumidor, devendo-lhe ser entregue uma via do termo.

Ademais, os fornecedores respondem solidariamente pelos vícios de quantidade do produto sempre que, respeitadas as variações decorrentes de sua natureza, seu conteúdo líquido for inferior às indicações constantes do recipiente, da embalagem, rotulagem ou de mensagem publicitária, podendo o consumidor exigir, alternativamente e a sua escolha: o abatimento proporcional do preço; complementação do peso ou da medida; a substituição do produto por outro da mesma espécie, marca ou do mesmo modelo, sem os aludidos vícios; a restituição imediata da quantia paga, monetariamente atualizada, sem prejuízo de eventuais perdas e danos.

Da mesma forma, o fornecedor de serviços responde pelos vícios de qualidade que os tornem impróprios ao consumo ou lhes diminuam o valor, podendo o consumidor exigir, alternativamente e a sua escolha: a reexecução dos serviços, sem custo adicional e quando cabível; a restituição imediata da quantia paga, monetariamente atualizada, sem prejuízo de eventuais perdas e danos; o abatimento proporcional do preço.

DECADÊNCIA E PRESCRIÇÃO - De acordo com o artigo 26, o direito de reclamar pelos vícios aparentes ou ocultos caduca em: 30 dias, tratando-se de fornecimento de serviço e de produtos não duráveis; 90 dias, tratando-se de fornecimento de serviço e de produtos duráveis.

No caso de vícios aparentes, o prazo decadencial inicia-se com a entrega da coisa ou com o término da execução dos serviços; tratando-se de vícios ocultos, desde a constatação, ou seja, do momento em que ficar evidenciado o defeito. Por outro lado, a decadência suspende-se com a reclamação comprovada formulada pelo consumidor perante o fornecedor até a resposta negativa correspondente e com a instauração de inquérito civil, até seu encerramento.

O artigo 27, por sua vez, preceitua a prescrição em cinco anos para a reparação de danos causados por fato do produto ou do serviço. Trata-se de prazo extintivo, na verdade, contado da data do conhecimento do dano e de sua autoria.

DESCONSIDERAÇÃO DA PERSONALIDADE JURÍDICA – O juiz poderá desconsiderar a personalidade jurídica da sociedade quando em detrimento do consumidor houver abuso de direito, excesso de poder, infração da lei, fato ou ato ilícito ou violação do estatuto ou contrato social. A desconsideração também será efetivada quando houver falência, estado de insolvência, encerramento ou inatividade da pessoa jurídica provocada por má administração (art. 28).

PRÁTICAS COMERCIAIS – As práticas comerciais encontram-se previstas nos artigos 29 a 45, sendo vedado ao fornecedor de produtos ou serviços, dentre outras práticas abusivas:

a) condicionar o fornecimento de produto ou de serviço ao fornecimento de outro produto ou serviço, bem como, sem justa causa, a limites quantitativos;
b) recusar atendimento às demandas dos consumidores, na exata medida de suas disponibilidades de estoque, e, ainda, de conformidade com os usos e costumes;
c) enviar ou entregar ao consumidor, sem solicitação prévia, qualquer produto ou fornecer qualquer serviço;
d) prevalecer-se da fraqueza ou ignorância do consumidor, tendo em vista sua idade, saúde, conhecimento ou condição social, para impingir-lhe seus produtos ou serviços;
e) exigir do consumidor vantagem manifestamente excessiva;
f) executar serviços sem a prévia elaboração de orçamento e autorização expressa do consumidor, ressalvadas as decorrentes de práticas anteriores entre as partes;
g) repassar informação depreciativa, referente a ato praticado pelo consumidor no exercício de seus direitos;
h) colocar, no mercado de consumo, qualquer produto ou serviço em desacordo com as normas expedidas pelos órgãos oficiais competentes ou, se normas específicas não existirem, pela Associação Brasileira de Normas Técnicas ou outra entidade credenciada pelo Conselho Nacional de Metrologia, Normatização e Qualidade Industrial (Conmetro);
i) recusar a venda de bens ou a prestação de serviços diretamente a quem se disponha a adquiri-los mediante pronto pagamento, ressalvados os casos de intermediação regulados em leis especiais;
j) elevar sem justa causa o preço de produtos ou serviços;
k) aplicar fórmula ou índice de reajuste diverso do legal ou contratualmente estabelecido;
l) deixar de estipular prazo para o cumprimento de sua obrigação ou deixar a fixação de seu termo inicial a seu exclusivo critério.

Proteção contratual

Segundo Nelson Nery Júnior, "objeto de regulamentação pelo Código de Defesa do Consumidor é a *relação de consumo*, assim entendida a relação jurídica existente entre fornecedor e consumidor tendo como objeto a aquisição de produtos ou a utilização de serviços pelo consumidor. As relações jurídicas privadas em geral (civis e comerciais) continuam a ser regidas pelos Código Civil, Código Comercial e legislação extravagante". Assim, a relação contratual, *grosso modo*, poderá ser civil, quando realizada entre dois empresários, ou consumerista, quando realizada entre um fornecedor e um consumidor final, seja ele pessoa física ou jurídica. O CDC cuida dessa última relação.

O artigo 46 determina que os contratos que regulam as relações de consumo não obrigarão os consumidores se não lhes for dada a oportunidade de tomar conhecimento prévio de seu conteúdo ou se os respectivos instrumentos forem redigidos de modo a dificultar a compreensão de seu sentido e alcance. Esse dispositivo consagra o conhecimento prévio do consumidor sobre o conteúdo do contrato. Assim, as cláusulas contratuais devem ser redigidas de forma direta para facilitar sobremodo sua compreensão. Com relação às cláusulas contratuais, preceitua o artigo 47 que estas serão interpretadas de maneira mais favorável ao consumidor final.

A esse respeito, a lição de Nelson Nery Júnior: "Os princípios da teoria da interpretação contratual aplicam-se aos contratos de consumo, com a ressalva do maior favor ao consumidor, por ser a parte débil da relação de consumo. Podemos extrair os seguintes princípios específicos da interpretação dos contratos de consumo: a interpretação é sempre mais favorável ao consumidor; deve-se atender mais à intenção das partes do que à literalidade da manifestação de vontade (art. 112, Código Civil); a *cláusula geral de boa-fé* reputa-se ínsita em toda relação jurídica de consumo, ainda que não conste expressamente do instrumento do contrato (arts. 4.º, *caput* e III, e 51, IV, do CDC); havendo cláusula negociada individualmente, prevalecerá sobre as cláusulas estipuladas unilateralmente pelo fornecedor; nos contratos de adesão as cláusulas ambíguas ou contraditórias se fazem *contra stipulatorem*, em favor do aderente (consumidor); sempre que possível, interpreta-se o contrato de consumo de modo a fazer com que suas cláusulas tenham aplicação, extraindo-se delas um máximo de utilidade (*princípio da conservação*)".

Nota-se que o CDC visa a proteger o consumidor final e, em caso de cláusula abusiva, esta será nula de pleno direito (art. 51). Mais uma vez nos socorremos da lição de Nelson Nery Júnior, ao mencionar que as cláusulas abusivas não se confundem com o abuso de direito. Para ele, cláusula abusiva "é aquela que é notoriamente desfavorável à parte mais fraca na relação contratual, que, no caso de nossa análise, é o consumidor final, aliás, por expressa definição do art. 4.º, I, do CDC". Segundo o autor, a existência de cláusula abusiva torna inválida a relação contratual pela quebra de equilíbrio entre as partes.

As cláusulas abusivas não se restringem apenas ao contrato de adesão; elas abrangem qualquer relação de consumo, escrita ou verbal. Contrato de adesão é aquele cujas cláusulas tenham sido aprovadas pela autoridade competente ou estabelecidas unilateralmente pelo fornecedor de produtos ou serviços, sem que o consumidor possa discutir ou modificar substancialmente seu conteúdo (art. 54). Nos contratos de adesão admite-se cláusula resolutória, desde que alternativa, cabendo a escolha ao consumidor. Ressalte-se que na estipulação de resolução alternativa deverão ser respeitados os princípios fundamentais do CDC.

Sanções administrativas

A União, os Estados e o Distrito Federal, em caráter concorrente e em suas respectivas áreas de atuação administrativa, baixarão normas relativas à produção, industrialização, distribuição e consumo de produtos e serviços (art. 55). Podem, ainda, fiscalizar e controlar a produção, a industrialização, a distribuição, a publicidade de produtos e serviços e o mercado de consumo, no interesse da preservação da vida, da saúde e da segurança, da informação e do bem-estar do consumidor, baixando as normas que se fizerem necessárias. Os órgãos federais, estaduais, do Distrito Federal e municipais com atribuições para fiscalizar e controlar o mercado de consumo manterão comissões permanentes para a revisão e atualização das normas.

Aqueles que desrespeitarem as normas previstas no CDC ficarão sujeitos às sanções previstas no artigo 56. Segundo Zelmo Denari, "o Código distingue, basicamente, três modalidades de sanções administrativas:

- **sanções pecuniárias** – representadas pelas multas (item I) aplicadas em razão do inadimplemento dos deveres de consumo;
- **sanções objetivas** – são aquelas que envolvem bens ou serviços colocados no mercado de consumo e compreendem a apreensão (item II), inutilização (item III), cassação do registro (item IV), proibição de fabricação (item V) ou suspensão do fornecimento de produtos ou serviços (item VI);
- **sanções subjetivas** – referidas à atividade empresarial ou estatal dos fornecedores de bens ou serviços, compreendem a suspensão temporária da atividade (item VII), cassação de licença do estabelecimento ou de atividade (item IX), interdição total ou parcial de estabelecimento, obra ou atividade (item X), intervenção administrativa (item XI), inclusive a imposição de contrapropaganda (item XII)".

A pena será graduada de acordo com a gravidade da infração, a vantagem auferida e a condição econômica do fornecedor (art. 57) e aplicada mediante processo administrativo (arts. 57, 58 e 59), assegurado o princípio da ampla defesa, garantido pela Constituição Federal. Além dos âmbitos administrativo e civil de defesa do consumidor, o CDC tutela as sanções no âmbito penal, de modo a assegurar sua efetividade (arts. 61 a 80), bem como a forma da defesa dos interesses e direitos dos consumidores e das vítimas, que poderá ser exercida em juízo individual ou coletivamente (art. 81 e ss.).

Nas ações coletivas a sentença fará coisa julgada:

a) *erga omnes*, exceto se o pedido for julgado improcedente por insuficiência de provas, hipótese em que qualquer legitimado poderá intentar outra ação, com idêntico fundamento, valendo-se de nova prova, na hipótese do inciso I do parágrafo único do artigo 81;
b) *ultra partes*, mas limitadamente ao grupo, categoria ou classe, salvo improcedência por insuficiência de provas, nos termos do item anterior, quando se tratar da hipótese prevista no inciso II do parágrafo único do artigo 81;
c) *erga omnes* apenas no caso de procedência do pedido para beneficiar todas as vítimas e seus sucessores, na hipótese do inciso III do parágrafo único do artigo 81.

Os efeitos da coisa julgada prevista nos incisos I e II não prejudicarão interesses e direitos individuais dos integrantes da coletividade, do grupo, categoria ou classe e, na hipótese prevista no inciso III, em caso de improcedência do pedido, os interessados que não tiverem intervindo no processo como litisconsortes poderão propor ação de indenização a título individual.

A esse respeito, colhemos os ensinamentos de Ada Pellegrini Grinover:

> O regime da coisa julgada oferece peculiaridades nas ações coletivas. E isso porque, de um lado, a própria configuração das ações ideológicas – em que o bem a ser tutelado pertence a uma coletividade – exige, pelo menos até certo ponto, a extensão da coisa julgada *ultra partes*, mas, de outro lado, a limitação da coisa julgada às partes é princípio inerente ao contraditório e à defesa, na medida em que o terceiro, juridicamente prejudicado, deve poder opor-se à sentença desfavorável preferida *inter alios*, exatamente porque não participou da relação jurídico-processual.

Mas aqui é preciso distinguir. Em primeiro lugar, diversas são as peculiaridades da coisa julgada em relação aos interesses coletivos e aos difusos. Nos primeiros, a autoridade da sentença pode ficar restrita aos componentes do grupo, perfeitamente identificáveis, e o portador dos interesses, legitimado à ação, age naturalmente dentro de limites mais circunscritos. É mais fácil, então, utilizar certas técnicas tradicionais, pelas quais os cotitulares são processualmente substituídos ou representados pela pessoa ou ente legitimado: é o que ocorre, até tradicionalmente, na declaração de nulidade das assembleias societárias, ou para a responsabilização dos direitos pelos atos nocivos ao patrimônio social; no condomínio, para qualquer condômino aja contra outro, em mora nas contribuições; na família, para a tutela dos interesses comuns (interdição, anulação do casamento). Situações semelhantes ocorrem quando o sindicato é legitimado à ação coletiva trabalhista ou, para certas associações profissionais, quando se trata de interesses difusos, a dimensão do problema se torna mais vasta, na medida em que a possibilidade prática de se determinarem os titulares dos interesses torna mais ampla a extensão da coisa julgada, operando efetivamente *erga omnes*.

Maiores cautelas ainda devem ser tomadas quanto às ações que deem tratamento coletivo a direitos individuais homogêneos. Aqui, o julgado negativo, que se opusesse a quem não foi parte na causa, poderá ferir mais fundo as situações jurídicas substanciais tuteladas pelo direito.

Segundo Ada Pellegrini, eram essas as dificuldades quando o legislador resolveu enfrentar a coisa julgada.

Em Resumo

O Empresário e as Relações de Consumo

Consumidor e fornecedor – Consumidor é toda pessoa física ou jurídica que adquire ou utiliza produto ou serviço como destinatário final. Equipara-se a consumidor a coletividade de pessoas, ainda que indetermináveis, que tenha intervindo nas relações de consumo. Já o fornecedor é toda pessoa física ou jurídica, pública ou privada, nacional ou estrangeira, bem como os entes despersonalizados, que desenvolvem atividades de produção, montagem, criação, construção, transformação, importação, exportação, distribuição ou comercialização de produtos ou prestação de serviços.

Política Nacional das Relações de Consumo – A Política Nacional das Relações de Consumo tem por objetivo o atendimento das necessidades dos consumidores, o respeito a sua dignidade, saúde e segurança, a proteção de seus interesses econômicos, a melhoria de sua qualidade de vida, bem como a transparência e harmonia das relações de consumo, atendidos os princípios do CDC.

Direitos básicos do consumidor – O legislador do CDC procurou proteger o mais fraco (consumidor) contra o mais forte (fornecedor), arrolando em seu artigo 6.º os principais direitos do consumidor.

Qualidade de produtos e serviços, prevenção e reparação dos danos

- **Proteção à saúde e segurança** – Os produtos e serviços colocados no mercado de consumo não podem acarretar riscos à saúde ou à segurança dos consumidores, exceto aqueles considerados normais e previsíveis em decorrência de sua natureza e fruição, obrigando-se os fornecedores, em qualquer hipótese, a dar as informações necessárias e adequadas a seu respeito (art. 8.º, CDC). A proteção à saúde e à segurança dos consumidores encontra-se tutelada nos artigos 8.º a 25 do CDC.
- **Responsabilidade pelo fato do produto e do serviço** – A responsabilidade pelo fato do produto ou do serviço decorre de um vício de qualidade, ou seja, de um defeito. O CDC distingue dois modelos de responsabilidade: por vícios de qualidade ou quantidade dos produtos ou serviços e por danos aos consumidores causados por acidentes de consumo.

- **Responsabilidade por vício do produto e do serviço** – Os fornecedores de produtos de consumo duráveis ou não duráveis respondem solidariamente pelos vícios de qualidade ou quantidade. Trata-se de responsabilidade solidária. Não sendo sanável o vício no prazo máximo de 30 dias, pode o consumidor exigir, alternativamente e a sua escolha, a substituição do produto, a restituição da quantia paga ou o abatimento do preço.
- **Decadência e prescrição** – De acordo com o artigo 26, o direito de reclamar pelos vícios aparentes ou ocultos caduca em: 30 dias, tratando-se de fornecimento de serviço e de produtos não duráveis; 90 dias, tratando-se de fornecimento de serviço e de produtos duráveis.
- **Desconsideração da personalidade jurídica** – O juiz poderá desconsiderar a personalidade jurídica da sociedade, quando em detrimento do consumidor houver abuso de direito, excesso de poder, infração da lei, fato ou ato ilícito ou violação do estatuto ou contrato social.

Proteção contratual – Os contratos que regulam as relações de consumo não obrigarão os consumidores se não lhes for dada a oportunidade de tomar conhecimento prévio de seu conteúdo ou se os respectivos instrumentos forem redigidos de modo a dificultar a compreensão de seu sentido e alcance. O artigo 46 do CDC consagra o conhecimento prévio do consumidor sobre o conteúdo do contrato.

Preste Atenção

1. **Código de Defesa do Consumidor** – O CDC regula as relações entre o empresário e o consumidor final.
2. **Produto ou serviço defeituoso** – É aquele que apresenta uma impropriedade passível de causar dano ao consumidor. Existem três tipos de defeito: concepção, execução e comercialização. Será defeito quando causar danos e vício se não os causar.
3. **Responsabilidade do fabricante, produtor, construtor e importador** – O fabricante, produtor, construtor e importador respondem pelos danos causados por fornecimento defeituoso de produtos. A responsabilidade é objetiva, independentemente de culpa.
4. **Responsabilidade do comerciante (empresário)** – Segundo Fábio Ulhoa Coelho, o comerciante é chamado de "fornecedor aparente" e sua responsabilidade é objetiva quando o fornecedor real ou presumido não puder ser identificado pelo consumidor. A responsabilidade é subjetiva quando conservou indevidamente produtos perecíveis.
5. **Responsabilidade do prestador de serviço** – A responsabilidade do prestador de serviço é objetiva.
6. **Responsabilidade dos profissionais liberais** – O profissional liberal (advogado, médico, dentista, entre outros) responde subjetivamente pelos defeitos na prestação de serviços, salvo se sua atividade for desenvolvida com características de empresa. Nessa hipótese, responderá independentemente de culpa.
7. **Decadência** – O prazo para o consumidor reclamar seus direitos (fornecimento viciado) será de 30 dias para produtos ou serviços não duráveis e 90 dias para os duráveis. Se aparente ou de fácil constatação, conta-se da entrega da coisa ou do término da execução do serviço (produto ou serviço); se oculto, da manifestação.

3

DIREITO SOCIETÁRIO

Introdução

Surgidas na Antiguidade entre os romanos, as sociedades tinham natureza civil, pois não havia, naquela época, direito especial para os comerciantes. A administração das sociedades era dividida entre os sócios, cada um deles com uma função.

No Brasil, a expansão do comércio fez com que novas atividades começassem a ser exploradas, envolvendo grande volume de capitais e capacitações. Os comerciantes individuais foram obrigados a organizar-se entre si, unindo esforços e riquezas, iniciando nova fase do Direito Comercial. Nasceram as primeiras sociedades comerciais, sob a égide do Código Comercial de 1850.

As sociedades são consideradas pessoas jurídicas com personalidade própria e distinta da de seus sócios, portanto com direitos e obrigações. As pessoas jurídicas, por sua vez, podem ser de **direito público interno** ou **externo** ou de **direito privado** (art. 40, CC). Dentre as pessoas jurídicas de direito privado estão as associações, as sociedades, as fundações, as organizações religiosas, os partidos políticos e as empresas individuais de responsabilidade limitada (art. 44, CC).

No Brasil, por influência do Direito francês (Teoria de Atos de Comércio), as sociedades eram classificadas como **comerciais** ou **civis**, e seu diferencial era o objeto social e não o fito lucrativo, como tem sido sustentado por parte da doutrina. No entanto, com o advento do Código Civil de 2002, que consolidou a transição para a Teoria da Empresa, elas passaram a ser classificadas como **simples** ou **empresárias**, as quais serão estudadas neste capítulo.

> Art. 982, CC – Salvo as exceções expressas, considera-se empresária a sociedade que tem por objeto o exercício da atividade própria de empresário sujeito a registro (art. 967); e simples, as demais.
> Parágrafo único. Independentemente de seu objeto, considera-se empresária a sociedade por ações; e simples, a cooperativa.

Para que a sociedade adquira personalidade jurídica, é necessária a inscrição, no registro próprio e na forma da lei, de seus atos constitutivos (art. 985, CC), ficando a cargo das Juntas Comerciais o registro da sociedade empresária, e dos Cartórios de Pessoas Jurídicas, o da sociedade simples (art. 1.150, CC).

Sócios

Vimos no capítulo anterior que o empresário não deve ser confundido com a figura do sócio. Vimos, ademais, que para ser empresário a pessoa deverá ser capaz e não legalmente impedida. Por fim, vimos que o incapaz poderá ser autorizado pelo juiz a continuar a empresa exercida por ele enquanto capaz ou recebida em herança, mas não poderá constituir nova empresa enquanto não adquirir capacidade civil plena, ou não atingir a idade mínima necessária para sua emancipação.

Os sócios, portanto, são os componentes de uma sociedade, pertencem ao seu quadro societário. Geralmente recebe o nome de sócio investidor quando simples quotista, e de sócio colaborador quando, não obstante invista na sociedade, ocupe um cargo, como é o caso do sócio administrador.

Para que uma pessoa possa ser sócia, ela também deverá ser capaz e não legalmente impedida, assim como o empresário individual. Existem, porém, algumas diferenças marcantes entre as duas figuras. Isso porque o incapaz **poderá constituir uma nova sociedade e não apenas dar continuidade a uma empresa já existente** como é o caso do empresário individual, desde que preencha os requisitos previstos na Lei 12.399/11, que alterou o § 3.º do artigo 974 do CC.

Assim, de acordo com a referida Lei, o registro público de empresas mercantis, a cargo das Juntas Comerciais, deverá registrar contratos ou alterações contratuais de sociedade que envolva **sócio incapaz**, desde que atendidos, de forma conjunta, os seguintes pressupostos:

I – o sócio incapaz não pode exercer a administração da sociedade;

II – o capital social deve ser totalmente integralizado;

III – o sócio relativamente incapaz deve ser assistido e o absolutamente incapaz deve ser representado por seus representantes legais.

A segunda diferença marcante entre os sócios e o empresário individual diz respeito aos impedimentos. Os impedimentos para ser empresário individual decorrentes de cargos ocupados por certas pessoas, como juízes, promotores, delegados, militares da ativa e funcionários públicos, entre outras, aplicam-se apenas à figura de sócio colaborador e não ao sócio investidor. Por fim, os sócios, em regra, não se sujeitam à falência, ao passo que o empresário individual sim.

Seguindo a sistemática adotada pelo novo Código Civil, as sociedades são divididas em sociedades não personificadas e sociedades personificadas.

Sociedades não personificadas

O Código Civil reconhece como sociedades não personificadas a sociedade em comum e a sociedade em conta de participação.

SOCIEDADE EM COMUM, IRREGULAR OU DE FATO - Para Fran Martins, sociedade de fato seria a sociedade não registrada, e sociedade irregular, aquela que, embora tenha sido constituída com observância de todas as formalidades legais, deixou no decorrer de sua vida social de cumprir as obrigações a que se encontrava sujeita. Ainda segundo o autor, alguns doutrinadores costumavam fazer diferença entre a sociedade de fato e a sociedade irregular. A primeira funciona sem qualquer documento, e a segunda, embora possua contrato, deixou de arquivá-lo no Registro Público de Empresas Mercantis. Oportuno citar as lições desse renomado autor (*Curso de Direito Comercial*, p. 175):

> Também partilhamos dessa opinião (*Curso*, 4. ed., n. 230), mas um estudo mais demorado nos levou a pensar de maneira diversa. Para nós, quer a sociedade tenha os atos constitutivos escritos e não arquivados, que resulte apenas de atividade comercial em comum, com ânimo societário, teremos uma sociedade de fato e não uma sociedade irregular. Esta será a sociedade que se organiza legalmente, arquiva os seus atos constitutivos no Registro Público das Empresas Mercantis e Atividades Afins, mas, posteriormente, pratica atos que desnaturam o tipo social (por exemplo: uma sociedade em comandita simples por prazo determinado ultrapassa esse prazo sem renovar o contrato social; continua nesse caso a socie-

dade a funcionar irregularmente, perdendo os sócios que limitaram sua responsabilidade, ou seja, os sócios comanditários, esse benefício, tornando-se ilimitadamente responsáveis); ou que funciona sem cumprir as obrigações impostas por lei (não possui livros obrigatórios, não levanta balanço anual). Já a sociedade de fato não chegou a possuir personalidade jurídica, por não ter arquivado seus documentos constitutivos no Registro Público das Empresas Mercantis e Atividades Afins. A circunstância de terem algumas sociedades chegado a lavrar um contrato especificando objeto, capital, atribuições e responsabilidade dos sócios, etc. serve apenas de elemento de prova entre os sócios, nenhum reflexo tendo em relação aos terceiros que são aqueles que contratam com a sociedade. O Projeto de Código Civil parece apoiar esse nosso ponto de vista (arts. 1.023 e ss.).

Já para Carvalho de Mendonça, sociedade irregular é aquela que não cumpre todas as formalidades legais de sua constituição. A sociedade de fato, por sua vez, é a sociedade considerada nula em virtude de vícios que a atingem. Oportuno citar a lição desse ilustre e também renomado autor (*Tratado de Direito Comercial Brasileiro*, p. 131):

Denomina-se irregular, como o vocábulo o indica, aquelas sociedades que funcionam durante certo tempo sem o cumprimento das solenidades legais da constituição e publicidade... Profunda é, entretanto, a diferença que se deve fazer, em nosso Direito, entre a sociedade *irregular* e a *de fato*. A primeira ficou acima definida. A segunda é aquela que, afetada por vícios que a inquinam de nulidade, são fulminadas com o decreto de morte. A sociedade, apesar disso, funcionou, viveu, contratou, tomou lugar no mundo dos negócios. Não se pode negar nem destruir fatos consumados. Há mister, portanto, atender à natureza das coisas e, de conformidade com esta, ajustar as contas do que se fez durante a comunhão. Eis por que se diz de fato essa sociedade, isto é, uma sociedade que, apesar de degenerada, viveu, enquanto admitida.

Por fim, Waldemar Ferreira considera a sociedade de fato aquela contratada oralmente e irregular a que possui contrato escrito, mas não registrado no órgão competente.

Nota-se que alguns doutrinadores distinguem a sociedade irregular da de fato, adotando critérios diferentes. Contudo, essa distinção não tem nenhuma relevância. As expressões devem ser utilizadas como sinônimas. Esse é o entendimento de Fábio Ulhoa Coelho.

A discussão perde ainda mais relevância diante do novo Código Civil, uma vez que este passa a denominá-las de sociedade em comum. Assim, sociedade em comum é a sociedade que não tem seus atos constitutivos inscritos no registro competente, seja nas Juntas Comerciais ou nos Cartórios de Pessoas Jurídicas (art. 986, CC).

A ausência de registro dos atos constitutivos não implica negar sua existência. No entanto, os sócios, nas relações entre si ou com terceiros, só podem provar sua existência por escrito, e os terceiros, por todos os meios de provas admitidos em Direito.

Na sociedade em comum, os bens e dívidas sociais constituem patrimônio especial, do qual os sócios são titulares em comum, ainda que irregular. Os bens sociais representam a garantia pelos atos de gestão praticados por qualquer um dos sócios, salvo cláusula limitativa de poderes, a qual somente terá eficácia se apresentada a terceiros. Quanto às obrigações sociais, dispõe o Código Civil:

> Art. 990 – Todos os sócios respondem solidária e ilimitadamente pelas obrigações sociais, excluído do benefício de ordem, previsto no art. 1.024, aquele que contratou pela sociedade.

Portanto, na sociedade em comum, os sócios responderão de forma solidária entre si e subsidiariamente perante terceiros, exceto o sócio que contratar em nome da sociedade. Assim, o sócio que contratar em nome da sociedade será pessoalmente responsável pelas obrigações sociais.

SOCIEDADE EM CONTA DE PARTICIPAÇÃO - Alguns doutrinadores consideram a conta de participação apenas um contrato de investimento. Já o Código Civil lhe atribui a condição de sociedade, embora não personificada.

Nesse tipo societário, há duas categorias de sócios:

- **Ostensivo** – Contrata em nome da sociedade, tendo responsabilidade solidária e ilimitada pelas obrigações sociais.
- **Participante** – Não contrata em nome da sociedade, de forma que não possui responsabilidade pelas obrigações sociais, porém fica limitado aos investimentos empregados na sociedade pelo sócio ostensivo, nos termos do contrato social.

Dispõe o Código Civil:

> Art. 991 – Na sociedade em conta de participação, a atividade constitutiva do objeto social é exercida unicamente pelo sócio ostensivo, em seu nome individual e sob sua própria e exclusiva responsabilidade, participando os demais dos resultados correspondentes.
> Parágrafo único. Obriga-se perante terceiro tão somente o sócio ostensivo; e, exclusivamente perante este, o sócio participante, nos termos do contrato social.

Para efeitos legais, a sociedade em conta de participação não possui personalidade jurídica; sua constituição independe de qualquer formalidade e pode provar-se por todos os meios admitidos em Direito (art. 992, CC). O contrato social produz efeito somente entre os sócios, e a eventual inscrição de seu instrumento no registro competente não lhe confere personalidade jurídica (art. 993, CC).

A contribuição do sócio participante e a do ostensivo constituem patrimônio especial, objeto da conta de participação relativa aos negócios sociais. A especialização patrimonial somente produz efeitos em relação aos sócios.

Caso o sócio ostensivo venha a falir, ocorrerá a dissolução da sociedade, bem como a liquidação da respectiva conta, cujo saldo constituirá crédito quirografário. Se a falência atingir o sócio participante, o contrato social ficará sujeito às normas que regulam os contratos bilaterais.

Sociedades personificadas

Com a superação da Teoria de Atos de Comércio, o Direito brasileiro passou a adotar duas classificações societárias: as sociedades simples e as sociedades empresárias.

Apesar da ausência de definição específica a respeito das sociedades simples, alguns doutrinadores as conceituam como sociedades devidamente constituídas que exploram ou não uma atividade econômica, de forma não organizada. Já as sociedades empresárias exploram a empresa, ou seja, uma atividade econômica organizada para a produção ou circulação de bens ou serviços. O diferencial entre ambas é o caráter da organização empresarial.

Ensina Fábio Ulhoa Coelho (*Manual de Direito Comercial*, pp. 110-1): "A distinção entre sociedade simples e empresária não reside, como se poderia pensar, no intuito lucrativo. Embora seja da essência de qualquer sociedade empresária a persecução de lucros – inexiste pessoa jurídica dessa categoria com fins filantrópicos ou pios –, este é um critério insuficiente para destacá-la da sociedade simples. Isso porque também há sociedades não empresárias com escopo lucrativo, tais as sociedades de advogados, as rurais sem registro na Junta, etc. O que irá, na verdade, caracterizar a pessoa jurídica de direito privado não estatal como sociedade simples ou empresária será o modo de explorar seu objeto. O objeto social explorado sem empresarialidade (isto é, sem profissionalmente organizar os fatores de produção) confere à sociedade o caráter de simples, enquanto a exploração empresarial do objeto caracterizará a sociedade como empresária".

Nesse mesmo sentido, afirma Gladston Mamede (*Direito societário: sociedades simples e empresárias*, p. 37): "No plano da regra geral, qual seja a consideração dos tipos societários em função da estrutura engendrada para a consecução da atividade econômica, percebe-se que a grande nota distintiva da sociedade simples é a inexistência de uma organização de bens materiais e imateriais (intelectuais), bem como de recursos humanos, voltada para a produção sistemática de riqueza".

Segundo Ricardo Negrão, a sociedade simples possui objeto social diverso da sociedade empresária. O objeto da sociedade simples poderá incluir, por exemplo, a prestação de serviços intelectuais, artísticos, científicos ou literários. É o trabalho prestado pelo médico, dentista, pesquisador, cientista, escritor, etc., ainda que realizem suas atividades com a colaboração de auxiliares ou colaboradores. Contudo, poderá ser considerada empresária, se suas atividades constituírem elemento de empresa, ou seja, se a sociedade explorar essas atividades de forma organizada, será considerada empresária, e não simples.

Novamente, a doutrina parece uniforme ao considerar a sociedade simples uma sociedade que explora uma atividade não organizada.

SOCIEDADE SIMPLES - A sociedade simples será constituída mediante contrato por escrito, particular ou público, devendo conter, além das cláusulas livremente pactuadas entre os sócios (art. 997, CC):

a) nome, nacionalidade, estado civil, profissão e residência dos sócios, se pessoas físicas, e firma ou denominação, nacionalidade e sede dos sócios, se pessoas jurídicas;
b) denominação, objeto social, sede e prazo de duração da sociedade;
c) capital social em moeda corrente;
d) a quota-parte de cada sócio no capital social e sua forma de integralização;
e) as prestações de cada sócio no capital social, cuja contribuição refira-se a serviços;
f) a administração da sociedade e os poderes e atribuições de cada sócio;
g) a participação de cada sócio nos lucros e perdas;
h) a forma de responsabilidade dos sócios, ou seja, subsidiária ou não.

Após sua constituição, nos 30 dias subsequentes, a sociedade simples deverá inscrever o contrato social no Cartório de Registro Civil das Pessoas Jurídicas do local de sua sede, devidamente instruído com os documentos obrigatórios (art. 998, CC). Eventuais modificações do contrato social que tenham por objeto as matérias arroladas no artigo 997 do Código Civil dependem do consentimento de todos os sócios, enquanto as demais podem ser decididas por maioria absoluta de votos, salvo se o contrato social determinar a exigência de *quorum* mais elevado, isto é, deliberação unânime dos sócios.

RESPONSABILIDADE DOS SÓCIOS - Na sociedade simples, a responsabilidade dos sócios será, em regra, subsidiária. Assim, se os bens da sociedade não forem suficientes para solver o passivo, responderão os sócios pelo saldo faltante, na proporção em que participam das perdas sociais, salvo cláusula de responsabilidade solidária. Assim, o contrato social da sociedade simples poderá determinar que a responsabilidade dos sócios seja solidária pelas obrigações contraídas em nome da sociedade.

Por fim, a responsabilidade dos sócios poderá ser, ainda, limitada, desde que a sociedade simples adote um dos tipos de sociedade empresária (art. 1.150, CC).

DIREITOS DOS SÓCIOS - Os principais direitos dos sócios são: retirar-se da sociedade; contribuir para deliberações; fiscalizar a gestão; participar do resultado. Tais direitos serão discutidos em conjunto com a sociedade limitada, por tratar-se de norma subsidiária à sociedade simples.

DEVERES DOS SÓCIOS - Assim como na sociedade limitada, que será estudada mais adiante, os sócios devem integralizar o capital social, ser leais e sigilosos e, sempre que solicitado, prestar as devidas informações. Os principais deveres dos sócios vão variar conforme o papel que representam na sociedade. Se o sócio for investidor, deverá integralizar o capital, porém estará liberado quanto ao dever de lealdade, sigilo e informação. Já se for colaborador, isto é, praticar atos de gestão, além da obrigatoriedade da realização do capital, estará vinculado aos demais deveres mencionados.

A sociedade simples é uma típica sociedade de pessoas. Diferentemente da sociedade limitada, o sócio poderá contribuir com serviços para a formação do capital social. No entanto, não poderá empregar-se em atividade estranha à sociedade, salvo autorização dos demais sócios, sob pena de ser privado de seus lucros ou mesmo excluído da sociedade por "justa causa" (art. 1.006, CC).

ADMINISTRAÇÃO DA SOCIEDADE - A sociedade simples será representada pelo administrador, seja ele sócio ou não, nomeado no contrato ou em ato separado. Em se tratando de administrador em ato separado, este deverá, antes de praticar qualquer ato de gestão, averbar o termo de posse à margem da inscrição da sociedade, sob pena de responder pessoal e solidariamente com a sociedade perante terceiros (art. 1.012, CC). O exercício das funções do administrador é indelegável, isto é, somente poderá exercer o poder de administração aquele expressamente autorizado pelo contrato social, sendo, contudo, facultado, nos limites de seus poderes, constituir mandatários, ou seja, o administrador poderá delegar a gerência por meio de procuração pública ou particular, especificando no referido instrumento os atos e operações que poderão praticar. Os poderes do sócio administrador nomeado no contrato social são irrevogáveis, não podendo fazer-se substituir, salvo se incorrer em "justa causa", por sentença judicial. Já o administrador em ato separado poderá ser destituído do cargo a qualquer momento, a pedido dos demais sócios.

O contrato social deve indicar as pessoas que exercerão a administração da sociedade e que responderão perante terceiros. Na omissão do contrato social, qualquer dos sócios que integrem a sociedade pode exercer os poderes de gestão e representação da sociedade (art. 1.013, CC). Se a administração competir separadamente a vários administradores, cada um pode impugnar operação pretendida por outro, cabendo a decisão aos sócios, por maioria de votos. Ademais, se o administrador realizar operações, sabendo ou devendo saber que estava agindo em desacordo com a maioria, responderá por perdas e danos perante a sociedade.

Por outro lado, quando a administração da sociedade competir a mais de um administrador, torna-se necessário o concurso de todos, salvo nos casos urgentes, em que a omissão ou retardo das providências possa ocasionar dano irreparável ou grave. Assim, em casos extremos e urgentes, a decisão isolada de um único administrador pode ser considerada válida, com o fito de evitar prejuízo maior para a sociedade.

O administrador da sociedade deverá, no exercício de suas funções, zelar pela sociedade, agindo como todo homem ativo e probo na administração de seus negócios. O cargo de administrador poderá ser ocupado por qualquer pessoa capaz, desde que não legalmente impedida. Assim, não podem exercer o referido cargo:

a) as pessoas impedidas por lei especial (ex.: juízes, promotores, delegados, funcionários públicos, funcionários das Forças Armadas);
b) os condenados a pena que vede, mesmo que temporariamente, o acesso a cargos públicos;
c) os condenados por crime falimentar, prevaricação, suborno, concussão, peculato;
d) os condenados por crime contra a economia popular ou contra o sistema financeiro nacional;
e) os condenados por crime de concorrência desleal ou contra as relações de consumo;
f) os condenados por crime contra a fé pública ou a propriedade.

Os impedimentos da lei para o exercício do cargo de administrador perdurarão pelo tempo da condenação.

No silêncio do contrato social, o administrador pode praticar todos os atos de gestão, não constituindo objeto social a oneração ou a venda de bens imóveis, a qual deve ser aprovada por maioria dos sócios.

Como se verá adiante, o administrador responderá pelos prejuízos que causar à sociedade e a terceiros. O excesso por parte dele somente pode ser oposto a terceiros se ocorrer pelo menos uma das seguintes hipóteses:

a) se a limitação de poderes estiver inscrita ou averbada no registro próprio da sociedade;
b) provando-se que era conhecida do terceiro;
c) tratando-se de operação evidentemente estranha aos negócios da sociedade.

RESPONSABILIDADE DO ADMINISTRADOR - O administrador responde solidariamente perante a sociedade e os terceiros prejudicados por culpa no desempenho de suas funções (art. 1.016, CC). Ele desempenha o chamado cargo de confiança, motivo pelo qual deve ser leal para com a própria sociedade. Dessa forma, se, sem consentimento dos sócios, aplicar créditos ou bens sociais em proveito próprio ou de terceiros, será obrigado a restituí-los em espécie ou, não sendo possível, pagar o equivalente com todos os lucros resultantes; havendo prejuízos, responderá pessoalmente pelos atos praticados.

No mais, o administrador que, sem consentimento escrito dos sócios, aplicar créditos ou bens sociais em proveito próprio ou de terceiros, terá de restituí-los à sociedade, ou pagar o equivalente, com todos os lucros resultantes, e, se houver prejuízo, por ele também responderá. Essa situação enquadra-se na teoria da *ultra vires*.

RESPONSABILIDADE TRIBUTÁRIA DO ADMINISTRADOR - O administrador da sociedade simples não é responsável pelos tributos devidos pela sociedade. De acordo com o artigo 135 do CTN, o administrador somente será responsável se exceder contrato social ou estatuto ou praticar atos ilícitos. Assim, o mero não pagamento de tributo não é motivo para responsabilizar o administrador.

DEVERES DO ADMINISTRADOR - O administrador é obrigado a prestar contas aos sócios, bem como a apresentar-lhes inventários, balanços patrimoniais e demonstrações financeiras (art. 1.020, CC). Estes deverão ser elaborados pelo menos uma vez por ano, utilizando-se das normas técnicas de contabilidade. Concluídos os trabalhos, serão objeto de deliberação em assembleia ou reunião de sócios. Embora os administradores sejam pessoas altamente capazes, nada impede a contratação de profissionais especializados para auxiliá-los na confecção do balanço patrimonial e demonstrações financeiras, os quais serão devidamente remunerados pela sociedade.

DISSOLUÇÃO DA SOCIEDADE - A sociedade simples dissolve-se por (art. 1.033, CC):

a) vencimento do prazo de duração, salvo se, vencido este e sem oposição de sócios, a sociedade não entrar em liquidação, caso em que se prorrogará por tempo indeterminado;
b) consenso de todos os sócios;
c) deliberação dos sócios, por maioria absoluta, desde que a sociedade seja contratada por prazo indeterminado;
d) falta de pluralidade de sócios, não reconstituída no prazo de 180 dias;
e) extinção, na forma da lei, de autorização para funcionar.

A dissolução da sociedade poderá, ainda, ser judicial, a requerimento de qualquer sócio, quando (art. 1.034, CC):

a) anulada sua constituição;
b) exaurido o fim social ou verificada sua inexequibilidade;
c) previstas outras formas de dissolução no contrato social.

Ocorrida a dissolução, cabe aos administradores proceder à investidura do liquidante e restringir a gestão aos negócios inadiáveis, não podendo realizar novas operações, sob pena de responsabilidade solidária e ilimitada pelas obrigações assumidas em nome da sociedade.

SOCIEDADES EMPRESÁRIAS - Sociedade empresária é a pessoa jurídica que explora a empresa, isto é, uma atividade econômica organizada para a produção ou a circulação de bens ou de serviços.

CLASSIFICAÇÃO - As sociedades empresárias são assim classificadas:

a) **Quanto à responsabilidade dos sócios** – Uma vez personificada a sociedade, os sócios, em regra, não respondem pelas obrigações da sociedade enquanto não exaurido o patrimônio social, ou seja, sua responsabilidade será subsidiária em relação às obrigações contraídas pela sociedade (art. 1.024, CC). A responsabilidade poderá ser:
   - **Ilimitada** – Os sócios respondem de forma solidária e ilimitada pelas obrigações sociais (ex.: sociedade em nome coletivo).
   - **Limitada** – Os sócios respondem até certo limite da contribuição para o capital social (ex.: sociedades limitada e por ações).
   - **Mista** – Alguns sócios respondem de forma ilimitada pelas obrigações da sociedade, e outros, de forma limitada (ex.: sociedade em comandita simples).

b) **Quanto à forma de constituição e dissolução:**
   - **Sociedades contratuais** – São constituídas necessariamente por um contrato social. Para sua dissolução, não basta a vontade majoritária dos sócios, pois o Código Civil enumera causas específicas, como morte ou expulsão de sócio. São sociedades contratuais as sociedades em nome coletivo, em comandita simples e limitada.

- **Sociedades institucionais** – Dependem de um estatuto social para sua constituição e podem ser dissolvidas pela vontade da maioria dos sócios, bem como pela intervenção ou liquidação extrajudicial. São sociedades institucionais as sociedades anônima e em comandita por ações.

TIPOS - De acordo com o Código Civil, podem ser sociedades empresárias: sociedade em nome coletivo; sociedade em comandita simples; sociedade limitada; sociedade por ações; sociedade em comandita por ações; sociedades coligadas; sociedades autorizadas; instituições financeiras.

Sociedade em nome coletivo

É considerada uma típica sociedade de pessoas, na qual os sócios têm responsabilidade **ilimitada** e **solidária** pelas obrigações sociais, porém respondendo subsidiariamente por essas obrigações. Somente pessoas físicas podem participar desse tipo societário, sejam empresárias ou não.

> Art. 1.039, CC – Somente pessoas físicas podem tomar parte na sociedade em nome coletivo, respondendo todos os sócios, solidária e ilimitadamente, pelas obrigações sociais.
> Parágrafo único. Sem prejuízo da responsabilidade perante terceiros, podem os sócios, no ato constitutivo, ou por unânime convenção posterior, limitar entre si a responsabilidade de cada um.

A administração da sociedade em nome coletivo compete aos sócios, não se admitindo delegação de poderes a terceiros a ela estranhos. O uso da firma, por sua vez, é privativo dos que tenham poderes necessários para representá-la, conforme estipulação do contrato social (art. 1.042, CC).

O credor particular de sócio não pode, antes de dissolvida a sociedade, pretender a liquidação da quota do devedor, exceto quando a sociedade houver sido prorrogada tacitamente ou, tendo ocorrido prorrogação contratual, for acolhida judicialmente oposição do credor, levantada no prazo de 90 dias, contado da publicação do ato dilatório (art. 1.043, CC). Assim, em regra, o credor particular não pode executar seu devedor e assim buscar que o valor dc suas quotas seja liquidado para pagamento do referido débito. Contudo, se a sociedade em nome coletivo constituída por tempo determinado houver sido prorrogada tacitamente ou se a prorrogação for formalizada em contrato social (ato aditivo), o credor poderá, no prazo de 90 dias da publicação do registro ou do arquivamento do ato, apresentar oposição contra a prorrogação da sociedade.

A sociedade em nome coletivo dissolve-se de pleno direito por (art. 1.044, CC):

a) vencimento do prazo de duração, salvo se, vencido este e sem oposição de sócio, a sociedade não entrar em liquidação, caso em que se prorrogará por tempo indeterminado;
b) consenso unânime dos sócios;
c) deliberação dos sócios, por maioria absoluta, na sociedade de prazo indeterminado;
d) falta de pluralidade de sócios, não reconstituída no prazo de 180 dias;
e) extinção, na forma da lei, de autorização para funcionar;
f) se empresária, declaração de falência.

Sociedade em comandita simples

Nesse tipo societário, existem duas categorias de sócios: os **comanditados**, pessoas físicas, que representam e administram a sociedade, com responsabilidade **solidária** e **ilimitada** pelas obrigações sociais, e os **comanditários**, pessoas físicas ou jurídicas, que não administram a sociedade, com responsabilidade **limitada**.

> Art. 1.045, CC – Na sociedade em comandita simples tomam parte sócios de duas categorias: os comanditados, pessoas físicas, responsáveis solidária e ilimitadamente pelas obrigações sociais; e os comanditários, obrigados somente pelo valor de sua quota.
> Parágrafo único. O contrato deve discriminar os comanditados e os comanditários.

O sócio comanditário é mero prestador de capital, não podendo participar da administração da sociedade nem figurar na firma social; assim, não se obriga perante terceiros. Entretanto, de acordo com o Código Civil, poderá ser constituído procurador da sociedade para negócio determinado e com poderes especiais sem prejuízo da responsabilidade limitada, exceto nos casos em que exceder os poderes atribuídos. Por fim, a condição de sócio lhe dá o direito de participar das deliberações da sociedade e de fiscalizar as operações sociais (art. 1.047, CC).

Na sociedade em comandita simples, a firma ou razão social é formada pelo nome dos sócios comanditados, em conjunto ou separadamente. Portanto, é vedado ao sócio comanditário dar nome à firma ou razão social. Caso o sócio comanditário viole a referida vedação, responderá solidária e ilimitadamente pelas obrigações sociais.

Na hipótese de diminuição da quota do sócio comanditário em consequência de ter sido reduzido o capital social, a redução somente produzirá efeitos perante terceiros após a averbação da modificação do contrato social – se empresária, na Junta Comercial; se simples, no Cartório Civil de Pessoas Jurídicas. Importante lembrar, contudo, que os direitos dos credores existentes à época da diminuição não poderão ser prejudicados até a extinção das obrigações assumidas.

O sócio comanditário, ou seja, o mero prestador de capital, não é obrigado à reposição de lucros recebidos de boa-fé e de acordo com as demonstrações financeiras. Se diminuído o capital social por perdas supervenientes, não pode o referido sócio receber quaisquer lucros antes de integralizado o capital social com novas contribuições para a compensação dos prejuízos acumulados.

Já em se tratando de morte do sócio comanditário, a sociedade, salvo disposição em contrato, continuará com seus sucessores. Seus herdeiros ou sucessores poderão escolher e determinar quem assumirá a condição de sócio comanditário, sem a necessidade de liquidar sua quota. Todavia, por tratar-se de sociedade de pessoas, competirá aos sócios remanescentes aceitar ou recusar a designação do novo sócio comanditário (*affectio societatis*).

A sociedade em comandita simples dissolve-se de pleno direito por (art. 1.051, CC):

a) vencimento do prazo de duração, salvo se, vencido este e sem oposição de sócio, a sociedade não entrar em liquidação, caso em que se prorrogará por tempo indeterminado;
b) consenso unânime dos sócios;
c) deliberação dos sócios, por maioria absoluta, na sociedade de prazo indeterminado;
d) falta de pluralidade de sócios, não reconstituída no prazo de 180 dias;

e) extinção, na forma da lei, de autorização para funcionar;
f) se empresária, declaração de falência;
g) falta de uma das categorias de sócio por mais de 180 dias.

Sociedade limitada

No Brasil, a sociedade limitada encontrava-se regulada pelo Decreto 3.708/19. Recentemente, com a unificação do Direito privado, está prevista nos artigos 1.052 a 1.087 do Código Civil, aplicando-se subsidiariamente as normas da sociedade simples, podendo o contrato social autorizar de forma supletiva a aplicação das normas da sociedade por ações.

De acordo com Fábio Ulhoa Coelho, com o novo Código Civil, o Brasil passou a ter duas limitadas: a sociedade limitada instável, regida subsidiariamente pela sociedade simples, e a sociedade limitada estável, regida supletivamente pela Lei das Sociedades Anônimas. Contudo, para a aplicação supletiva da LSA, torna-se necessária expressa previsão contratual. Dessa forma, os sócios deverão pactuar no contrato social a aplicação das normas referentes à sociedade anônima. Não o fazendo, automaticamente serão aplicadas as normas referentes à sociedade simples, ou seja, a limitada será instável.

Para o ilustre professor, o Código Civil foi omisso em inúmeras situações, deixando de prever, por exemplo, o direito de retirada imotivado nas sociedades em prazo, a resolução da sociedade em caso de morte dos sócios e a distribuição dos lucros, entre outros assuntos. Nesses casos, as omissões poderão ser sanadas de duas formas: de um lado, aplicando subsidiariamente a sociedade simples; de outro, aplicando supletivamente a LSA.

A sociedade limitada instável é aquela em que os sócios podem retirar-se a qualquer momento, independentemente de motivação, requerendo a apuração de seus haveres. Já na limitada estável os sócios somente podem desligar-se do vínculo societário havendo causas justificadoras, como ocorre nas sociedades anônimas.

A esse respeito, transcrevemos de Fábio Ulhoa Coelho (*Manual de Direito Comercial*, p. 166):

> Existem, assim, duas limitadas, ou melhor, dois subtipos de sociedades limitadas. Um, o das sociedades limitadas sujeitas ao regime de regência supletiva das sociedades simples (subtipo I); outro, o das sujeitas ao regime de regência supletiva das sociedades anônimas (subtipo II). Às sociedades do primeiro subtipo proponho chamar limitadas de vínculo instável; às do segundo, limitadas de vínculo estável. Isso em razão da implicação que reputo mais relevante entre as diferenças existentes entre os dois subtipos: o direito de retirada imotivada nas sociedades sem prazo. A existência desse direito nas limitadas de subtipo I faz com que o sócio possa, a qualquer momento e independentemente de motivação, requerer a apuração dos seus haveres; isso torna o vínculo entre os sócios, neste subtipo societário, mais instável do que o do outro subtipo, em que a retirada imotivada não é cabível.
> As sociedades limitadas sujeitas à regência supletiva do capítulo do CC sobre sociedades simples estabelecem entre os sócios um vínculo instável, que pode ser rompido com maior facilidade. Isso em função das hipóteses em que é cabível a dissolução parcial (ou, no dizer do CC, a resolução da sociedade em relação a um sócio).

A sociedade limitada é considerada uma das sociedades mais usuais no Direito brasileiro, uma vez que a responsabilidade dos sócios está restrita ao valor de suas quotas, estabelecendo nítida separação entre o patrimônio da sociedade e o patrimônio pessoal dos sócios, que não podem ser alcançados pelas obrigações sociais.

CAPITAL SOCIAL - O capital social da sociedade limitada é a contribuição inicial dos sócios para sua formação, representando uma garantia a terceiros que vierem a contratar com a sociedade. Divide-se em parcelas denominadas **quotas**, que podem ser iguais ou desiguais, respondendo os sócios solidariamente pela exata estimação dos bens conferidos ao capital pelo prazo de cinco anos, contado do registro da sociedade no órgão competente (art. 1.055, CC).

A quota do capital social é indivisível em relação à sociedade, salvo para efeito de transferência. Existindo condomínio de quota, os direitos a ela inerentes somente podem ser exercidos pelo condômino representante ou pelo inventariante de sócio falecido (art. 1.056, CC). No mais, o sócio pode ceder sua quota, total ou parcialmente, a quem seja sócio, independentemente de audiência dos outros, ou a estranho, quando não houver oposição de titulares que representem mais de um quarto do capital social (art. 1.057, CC).

O ato inicial para a contribuição do capital social é chamado pela doutrina de **subscrição**, a qual representa a manifestação da vontade de se tornar sócio da sociedade, podendo ocorrer de imediato ou a prazo. Subscrita a parcela do capital social, o sócio deverá, em seguida, proceder sua **integralização** ao capital social, sob pena de ser considerado **remisso**, suportando o **dano emergente de mora**. Sócio remisso é aquele que não cumpre suas obrigações, isto é, não integraliza sua quota-parte do capital social. Assim, cabe aos demais sócios tomá-la para si ou transferi-la a terceiros, expulsando o antigo titular ou reduzindo sua participação ao montante que tiver pago (art. 1.004, CC).

AUMENTO OU REDUÇÃO DO CAPITAL SOCIAL - O capital social, uma vez integralizado, poderá ser aumentado, assegurando-se aos sócios o direito de preferência na subscrição de novas quotas. Assim, no prazo de 30 dias após a deliberação, terão os sócios o direito de participar do aumento do capital, na proporção das quotas de que sejam titulares (art. 1.081, § 1.º, CC). Decorrido o prazo de preferência, subscritas as quotas sociais pelos sócios ou por terceiros, realizar-se-á a assembleia ou reunião, de acordo com o número de sócios, para que seja aprovada a alteração contratual, devendo ser encaminhada a registro na Junta Comercial.

A sociedade limitada poderá reduzir o capital social quando no exercício da empresa houver perdas irreparáveis ou se o capital for excessivo em relação ao objeto da sociedade. A redução por perdas irreparáveis será feita com a diminuição proporcional do valor das quotas de cada sócio e, para sua validade perante terceiros, preferencialmente perante credores, somente surtirá efeitos depois de averbada no Registro Público de Empresas Mercantis a ata da assembleia ou reunião que aprovar a respectiva redução.

A redução por excesso em relação ao objeto da sociedade será realizada restituindo-se parte do valor das quotas aos sócios ou dispensando-se as prestações ainda devidas, com a diminuição proporcional, em ambos os casos, do valor nominal das quotas, isto é, se os sócios capitalizaram a sociedade além do que seria necessário para a realização do objeto, poderão deliberar, por votos que correspondam a três quartos das quotas, a redução do capital social. Assim, se o capital já estiver inteiramente integralizado, a sociedade restituirá aos sócios o valor proporcional a suas quotas; porém, se faltar o pagamento das quotas subscritas, o sócio subscritor ficará dispensado da obrigação de integralizar sua parte. No entanto, no prazo de 90 dias, contado da data da publicação da ata da assembleia ou reunião que aprovar a redução, o credor quirografário poderá opor-se ao deliberado, apresentando suas impugnações. Para evitar possíveis impugnações, a sociedade poderá efetuar depósito judicial do respectivo valor ou mesmo pagar a dívida. Em qualquer caso, decorridos os 90 dias sem impugnações do ato que autorizou a redução do capital social, a sociedade procederá à averbação no Registro Público de Empresas Mercantis da ata que tenha aprovado a redução.

> Art. 1.084, CC – No caso do inciso II do art. 1.082, a redução do capital será feita restituindo-se parte do valor das quotas aos sócios, ou dispensando-se as prestações ainda devidas, com diminuição proporcional, em ambos os casos, do valor nominal das quotas.
> § 1.º – No prazo de noventa dias, contado da data da publicação da ata da assembleia que aprovar a redução, o credor quirografário, por título líquido anterior a essa data, poderá opor-se ao deliberado.
> § 2.º – A redução somente se tornará eficaz se, no prazo estabelecido no parágrafo antecedente, não for impugnada, ou se provado o pagamento da dívida ou o depósito judicial do respectivo valor.
> § 3.º – Satisfeitas as condições estabelecidas no parágrafo antecedente, proceder-se-á à averbação, no Registro Público de Empresas Mercantis, da ata que tenha aprovado a redução.

Responsabilidade limitada dos sócios - Na sociedade limitada, a responsabilidade de cada sócio restringe-se ao valor de sua quota-parte, mas todos respondem solidariamente pela integralização do capital social (art. 1.052, CC). Assim, a responsabilidade dos sócios é limitada ao total do capital subscrito e não integralizado.

Responsabilidade ilimitada dos sócios - O patrimônio dos sócios não pode ser alcançado por dívidas contraídas pela sociedade. Contudo, existem algumas exceções pelas quais os credores poderão chamar o patrimônio pessoal dos sócios para responder pelas obrigações sociais. São elas:

- existência de créditos tributários (art. 135, III, CTN);
- existência de créditos da Seguridade Social (art. 13, Lei 8.620/93).

Nos demais casos, deverão os credores requerer a desconsideração de personalidade jurídica.

Responsabilidade subsidiária dos sócios - A responsabilidade dos sócios em relação às obrigações sociais é subsidiária, ou seja, enquanto não esgotado o patrimônio social, não pode a execução recair sobre seus bens particulares (art. 1.024, CC). No entanto, em razão de práticas irregulares de certos atos pelos sócios, a responsabilidade ganha proporção muito maior, o caráter de responsabilidade pessoal, isto é, aquele que praticou responderá diretamente com seu patrimônio pessoal (ex.: atos ilícitos ou com intuito de fraudar credores).

Deveres dos sócios - Os principais deveres dos sócios compreendem:

- **Lealdade** – Embora não haja legislação específica quanto ao dever de lealdade do sócio, a doutrina vem defendendo sua existência. O sócio administrador desempenha importante papel na sociedade, e sua deslealdade poderá acarretar inúmeros prejuízos. Por exemplo, o sócio que conhece o funcionamento da sociedade, seus segredos, suas fórmulas e sua clientela não poderá fazer concorrência com a própria sociedade, pois incorreria no crime de concorrência desleal. Assim, uma vez comprovada sua deslealdade, cabe à sociedade responsabilizá-lo pelos prejuízos causados, assistindo, ainda, a ela o direito de expulsá-lo.

- **Sigilo** – Assim como a lealdade, a falta de sigilo poderá levar a sociedade a sofrer constrangimentos ou mesmo perdas patrimoniais. O sócio deverá ser sigiloso no tocante às informações da sociedade, sob pena de comprometer seu funcionamento.
- **Informação** – Muitas vezes, a administração da sociedade divide-se entre os sócios de modo a facilitar suas operações. Dessa forma, quando determinado sócio depender de informações do outro para concluir um negócio, este deverá prestá-las, sob pena de responder pelos prejuízos causados, facultando-se à sociedade o direito de expulsá-lo.
- **Integralização do capital** – Como visto anteriormente, uma vez subscrito o capital social, deverá o sócio realizar sua integralização, sob pena de ser considerado remisso.

Expulsão do sócio - O sócio de uma sociedade limitada poderá ser expulso se: não cumprir seus deveres de sócio; tiver suas quotas liquidadas; falir; for declarado incapaz. A expulsão poderá ser extrajudicial ou judicial.

Segundo a doutrina, o sócio pode ser expulso quando não cumpre suas obrigações; trata-se da expulsão-sanção. Nas demais situações, a expulsão do sócio não será considerada uma sanção, mas apenas uma consequência jurídica imposta pela lei.

Assim, se o sócio cumpre suas obrigações (integralizar capital e ser leal), não poderá ser expulso da sociedade. Sua retirada somente poderá ocorrer de forma negociada. Nesse contexto, Fábio Ulhoa Coelho explica que a rescisão contratual por culpa do contratante traz como consequências: o contrato social rescinde-se em relação a uma das partes; o sócio expulso tem direito à restituição de suas entradas ou ao reembolso de sua quota; a rescisão pode ser extrajudicial.

Como visto, a expulsão do sócio não acarreta a dissolução da sociedade. Ao contrário, a sociedade continua existindo com os demais sócios remanescentes ou até um ano se verificada a unipessoalidade da sociedade. Sociedade unipessoal é aquela que temporariamente permanece com apenas um sócio, ou seja, por até um ano.

Quando o sócio é expulso porque não cumpre suas obrigações, isso não integraliza o capital social; a sociedade deve pagar ao remisso o valor correspondente ao capital por ele realizado, descontando os juros de mora ou os da indenização. Já se o motivo da expulsão for a deslealdade, a sociedade deve ao sócio o reembolso de sua quota, com base no patrimônio líquido da sociedade. O reembolso deve ser pago à vista ou conforme contrato social.

A última especificidade da expulsão é com relação à forma, isto é, em duas situações a expulsão pode ser extrajudicial. Uma delas se refere ao sócio minoritário, desde que haja previsão contratual. Os sócios titulares de mais da metade do capital social reúnem-se em assembleia ou reunião de sócios e resolvem concretizar a expulsão do sócio. Ressalte-se que, nesse caso, é necessária a convocação do sócio para ele se defender, sob pena de nulidade da assembleia ou reunião. Realizada a reunião ou assembleia, é feita a alteração contratual, a qual deve ser registrada na Junta Comercial.

A segunda situação envolve o sócio minoritário remisso, ou seja, aquele que não integraliza o capital social. Nesse caso, basta a alteração contratual assinada pela maioria, isto é, não é necessário realizar assembleia ou reunião de sócios. Uma vez assinada a alteração contratual, esta também deve ser registrada na Junta Comercial. Aqui não se fala em reembolso.

Por outro lado, quando o sócio a ser expulso for o majoritário ou o contrato social não prever cláusula permissiva, a expulsão deve ser feita judicialmente. O sócio remisso ou desleal deve ser demandado pelos demais sócios e pela sociedade em ação de dissolução. Em qualquer caso deve haver o princípio da ampla defesa, isto é, o sócio expulso pode defender-se demonstrando que integralizou o capital ou que não foi desleal com a sociedade.

Por fim, resta analisar a expulsão não sanção. Segundo Fábio Ulhoa Coelho, duas dessas hipóteses são chamadas de expulsão de pleno direito: a decretação da falência do sócio e a liquidação da quota a pedido do credor. Nesses casos, o desligamento do sócio é imposto por lei e a sociedade não pode negar. Na falência do sócio, a sociedade deve fazer um balanço patrimonial de determinação e em seguida efetuar o reembolso em favor da massa falida. Já na segunda hipótese a expulsão de pleno direito alcança apenas as sociedades limitadas regidas subsidiariamente pela sociedade simples, uma vez que a LSA não permite a redução do capital social para satisfação do credor acionista. Assim, a sociedade limitada sujeita a regência supletiva da LSA não pode ser alcançada pela expulsão do sócio em caso de liquidação de sua quota. A expulsão de pleno direito opera-se extrajudicialmente.

Ademais, há também a expulsão em razão da incapacidade superveniente do sócio. Aqui a expulsão não é de pleno direito. A expulsão do sócio incapaz depende de decisão judicial. Assim, incorrendo o sócio em incapacidade, os demais devem ajuizar contra ele a ação de dissolução, a qual, uma vez julgada procedente, deve ser levada a registro (sentença), realizando, em seguida, a alteração contratual.

Direitos dos sócios - Os principais direitos dos sócios são:

- **Participação no resultado** – Em geral, sua forma de distribuição encontra-se prevista no contrato social, podendo os sócios, quando conveniente, firmar acordo em ato separado. Segundo o artigo 1.008 do Código Civil, é nula a estipulação contratual que exclua qualquer sócio de participar dos lucros e das perdas da sociedade. A distribuição de lucros ilícitos ou fictícios acarreta responsabilidade solidária dos administradores que a realizarem e dos sócios que os receberem, conhecendo ou devendo conhecer sua ilegitimidade.
- **Contribuição para deliberações** – A contribuição para deliberações vai variar de acordo a participação do sócio no capital social, isto é, proporcionalmente a sua quota-parte (art. 1.010, CC). A participação nas deliberações poderá ocorrer por meio de assembleias ou reuniões de sócios. Para a formação da maioria absoluta, são necessários votos correspondentes a mais da metade do capital social. Em caso de empate na deliberação, prevalece a decisão sufragada por maior número de sócios; se persistir o empate, decidirá o juiz. Isto é, havendo empate da deliberação, será feita a contagem por cabeça; permanecendo o empate, a decisão final será do juiz.
- **Fiscalização da administração** – Os sócios poderão, a qualquer tempo, fiscalizar a administração, salvo estipulação que determine época própria. O direito de fiscalizar estende-se aos livros e documentos, ao estado de caixa e à carteira da sociedade (art. 1.021, CC). Nada impede, é certo, que os sócios ampliem o direito de fiscalizar a administração, desde que haja previsão no contrato social. A sociedade limitada poderá ainda instituir conselho fiscal para fiscalizar a gestão dos administradores da sociedade, o qual será objeto de estudo em momento oportuno.

- **Retirada da sociedade** – Ao sócio que não desejar mais participar da sociedade assiste o direito de retirada, também denominado **direito de recesso** ou **dissidência**. Se a sociedade foi contratada por **prazo indeterminado**, o sócio poderá retirar-se a qualquer momento; se por **prazo determinado**, apenas após o decurso do respectivo prazo. Contudo, o artigo 1.077 do Código Civil garante ao sócio o direito de retirar-se da sociedade quando, contra sua vontade, houver **modificação do contrato social**, **incorporação** ou **fusão** da sociedade. Por fim, enseja a retirada o sócio que, por determinação judicial, incorrer em **justa causa** (art. 1.029, CC). Ressalte-se que as responsabilidades do sócio dissidente não cessam com sua retirada, permanecendo solidário com o cessionário, perante a sociedade e terceiros, pelas obrigações sociais por até **dois anos**, desde a averbação da respectiva alteração no registro competente. Note-se que o aludido artigo 1.077 deixou de mencionar o direito de retirada do sócio que discordar de transformação social. No entanto, entendemos que nesse caso também assiste ao sócio dissidente o direito de recesso, quando previsto no contrato social ou estatuto, sob pena de dissolução da sociedade.

Administração da sociedade - Geralmente, a administração da sociedade compete aos sócios que forem indicados como administradores no contrato social. Os administradores são pessoas investidas dos poderes de gestão e representação da sociedade. Entretanto, nada impede que, em ato separado, deleguem a função de administrar a sociedade a outros sócios ou a terceiros, desde que autorizados pelo contrato social. Quando o contrato social atribuir a administração a todos os sócios, somente estes poderão fazê-la, não se estendendo a futuros sócios que porventura vierem a integrar o quadro societário, conforme disposição expressa do artigo 1.060 do Código Civil.

> Art. 1.060 – A sociedade limitada é administrada por uma ou mais pessoas designadas no contrato social ou em ato separado.
> Parágrafo único. A administração atribuída no contrato a todos os sócios não se estende de pleno direito aos que posteriormente adquiram essa qualidade.

Caso o contrato social permita a figura de administradores não sócios, a designação destes dependerá de aprovação unânime dos sócios, enquanto o capital não estiver integralizado, e de dois terços, no mínimo, após a integralização (art. 1.061, CC).

Em se tratando de administrador designado em ato separado, este somente poderá investir-se no cargo mediante assinatura do termo de posse no livro de atas da administração, o qual deverá ser assinado nos 30 dias seguintes à designação, sob pena de tornar-se sem efeito. Uma vez investido, deverá o administrador, nos dez dias subsequentes, requerer que seja averbada sua nomeação no registro competente, contendo nome, nacionalidade, estado civil, residência, o ato e a data da nomeação e o prazo de gestão.

RESPONSABILIDADE DO ADMINISTRADOR - O administrador será responsável pelos prejuízos causados à sociedade se, no exercício de suas funções, incorrer em culpa (art. 1.016, CC). O termo "culpa" adotado pelo Código Civil deve ser entendido amplamente, isto é, a culpa em sentido estrito e o dolo. Se na sociedade limitada figurarem mais de um administrador, estes serão solidários entre si perante a sociedade e os terceiros prejudicados.

RESPONSABILIDADE TRIBUTÁRIA DO ADMINISTRADOR - O administrador ou os dirigentes da sociedade não são responsáveis pelos tributos devidos pela sociedade. Na verdade, o sujeito passivo da relação jurídica tributária será a pessoa que praticou o fato gerador, isto é, a própria sociedade, salvo nos casos de terceiro responsável, por disposição legal.

De acordo com o CTN, serão pessoalmente responsáveis pelas obrigações tributárias resultantes de atos praticados com excesso de poderes ou infração de lei, contrato social ou estatuto, entre outros, os diretores, gerentes ou representantes de pessoas jurídicas de direito privado (art. 135, III).

Como visto, o administrador que exerce seu mandato no exercício regular da profissão, seja ele sócio ou não, não pode ser responsabilizado pelos tributos devidos pela sociedade. A responsabilidade somente se justifica se ele agir com excesso de poderes ou infração de lei, contrato social ou estatuto. Assim, o mero inadimplemento de tributos não acarreta a responsabilização dos sócios ou dirigentes da empresa. Esse é o entendimento de nossos tribunais.

Oportuno lembrar que tal responsabilidade refere-se apenas ao crédito tributário, não se confundindo com o artigo 137 do CTN, que trata da responsabilidade por infração. Aquela independe da intenção do agente (responsabilidade objetiva).

De acordo com o artigo 137, a responsabilidade é pessoal do agente:

I – quanto às infrações conceituadas por lei como crimes ou contravenções, salvo quando praticadas no exercício regular de administração, mandato, função, cargo ou emprego, ou no cumprimento de ordem expressa emitida por quem de direito;
II – quanto às infrações em cuja definição o dolo específico do agente seja elementar;
III – quanto às infrações que decorram direta e exclusivamente de dolo específico:
a) das pessoas referidas no artigo 134 [CTN], contra aquelas por quem respondem;
b) dos mandatários, prepostos ou empregados, contra seus mandantes, preponentes ou empregadores;
c) dos diretores, gerentes ou representantes de pessoa jurídica de direito privado, contra estas.

Ensina Luciano Amaro (*Direito Tributário brasileiro*, p. 449):

Dolo específico é a vontade de obter determinado resultado com a ação realizada (por isso chamado, também, de "dolo de resultado"); a infração não se configura toda vez que certo ato é praticado, mas somente quando ela visa a determinado objetivo. A expressão "dolo específico" (e, pior ainda, "dolo genérico") não goza de simpatia dos criminalistas, não obstante sua utilidade didática. O que se dá, em tais figuras delituosas, é que o tipo é integrado pela intenção de atingir determinado resultado, sem a qual, portanto, ele não se aperfeiçoa. Embora o resultado não seja necessário para o aperfeiçoamento do tipo, a intenção de atingi-lo é indispensável.
Não se cuida, no dispositivo em análise, de crimes, mas sim de infrações administrativas em cuja definição seja elementar a vontade de atingir determinado resultado. Os crimes, como "dolo específico" ou não, estão já compreendidos no item I.

Trata-se, por outro lado, de infrações (administrativas) em cuja definição seja elementar o "dolo específico" do agente, ou seja, infrações nas quais o executor do ato tenha em mente a obtenção de determinado resultado (embora em proveito ou no interesse de terceiro em nome e por conta de quem ele atua). É preciso, portanto, que fique evidenciada não apenas a intencionalidade do agente, mas seu objetivo de atingir determinado resultado. A par disso, cumpre verificar se há evidências de que o representado (o responsável, na acepção de pessoas em nome e por conta de quem atue o agente) também participou, materialmente ou ideologicamente, da prática do ilícito, pois nessa hipótese não faria sentido substituí-lo pelo agente na posição de acusado.

As hipóteses do artigo 137, inciso III, referem-se a ilícitos civis contra terceiros, praticados por pessoas que agem em nome e por conta daqueles. Por exemplo, se um diretor atua contra o interesse da sociedade e se essa conduta resulta de uma infração fiscal, a responsabilidade será pessoal do agente, e não da sociedade.

Portanto, se determinado administrador pratica um ato ilícito e em decorrência desse ato gera o dever de pagar tributo, será ele responsável pelo crédito (art. 135) e pela infração (art. 137). A esse respeito, diz Aliomar Baleeiro (*Direito Tributário brasileiro*, p. 763): "Se, não obstante, o terceiro responsável, dolosamente, pratica atos ou omissões contra o contribuinte, ofensivos à lei, mandato ou contrato social, e deles nascem tributos, em nome do contribuinte, responde aquela pessoa e exclusivamente pelo tributo (art. 135) e pelas sanções tributárias (art. 137), excluindo-se a responsabilidade do contribuinte".

CESSAÇÃO DO CARGO DE ADMINISTRADOR - O exercício do cargo de administrador designado pelo instrumento de nomeação (procuração) poderá ser por prazo determinado ou indeterminado. Independentemente do prazo, o administrador pode ser destituído, a qualquer momento, por deliberação dos sócios que representarem 50% + 1 do capital social (art. 1.076, CC). Todavia, tratando-se de sócio nomeado administrador no contrato social, sua destituição somente se opera pela aprovação de titulares que correspondam, no mínimo, a dois terços do capital social, salvo disposição contratual diversa (art. 1.063, § 1.º, CC).

Após a cessação do exercício do cargo de administrador, deverá ser providenciada a respectiva averbação do ato no registro competente, mediante requerimento apresentado nos dez dias subsequentes. Por fim, poderá o administrador renunciar ao cargo a ele atribuído. Sua renúncia surtirá eficácia, em relação à sociedade, desde sua ciência e, perante terceiros, com a respectiva averbação e publicação do termo de renúncia.

Uso da firma ou denominação - O uso da firma ou denominação social é privativo dos administradores com poderes de gestão e representação da sociedade. O sócio que porventura fizer uso da firma ou denominação sem estar devidamente autorizado responderá pessoalmente pelos atos praticados (art. 1.064, CC).

Deliberações dos sócios - Como já mencionado, as deliberações dos sócios ocorrerão conforme o valor de sua participação no capital social, em assembleia ou reunião de sócios.

ASSEMBLEIA - Na sociedade limitada, algumas decisões operacionais poderão ser deliberadas pelos sócios sem grandes formalidades. No entanto, as deliberações que possam comprometer o funcionamento da sociedade somente serão tomadas em assembleia regularmente convocada (art. 1.071, CC). São elas:

a) aprovação das contas da administração;
b) designação dos administradores, quando não estabelecida no contrato;
c) destituição dos administradores;
d) modo de sua remuneração, quando não estabelecido no contrato;
e) alteração do contrato social;
f) incorporação;
g) fusão;
h) dissolução ou cessação do estado de liquidação;
i) nomeação e destituição dos liquidantes e julgamento de suas contas;
j) pedido de concordata;
k) eleição do conselho fiscal e remuneração de seus membros.

Na sociedade limitada, a assembleia somente será obrigatória quando o número de sócios for superior a **dez** (art. 1.072, § 1.º, CC). Cumpre ressaltar, ainda, que a assembleia ou a reunião de sócios tornam-se dispensáveis quando todos os sócios decidirem, por escrito, sobre a matéria que seria objeto de deliberação.

Formalidades - Os sócios da sociedade limitada deverão ser convocados para a realização da assembleia em anúncios publicados no órgão oficial da União ou do Estado, conforme o local da sede da sociedade empresária, e em jornal de grande circulação. Assim, a sociedade deverá providenciar a publicação no *Diário Oficial da União* quando sua sede for no Distrito Federal, no Território ou em se tratando de sociedade estrangeira; nos demais casos, a publicação ocorrerá no *Diário Oficial do Estado*. O anúncio de convocação da assembleia será publicado por no mínimo três vezes, devendo mediar, entre a data da primeira inserção e a da realização, o prazo de oito dias para a primeira convocação e de cinco dias para as demais (art. 1.152, CC).

As novas formalidades exigidas pelo Código Civil, embora imprescindíveis para o bom desempenho das assembleias, aumentariam demasiadamente o custo operacional das sociedades limitadas, o que inviabilizaria seu funcionamento. Assim, já preocupado com a situação econômica das sociedades empresárias no Brasil, o legislador ordinário autoriza a sociedade a dispensar todas as formalidades de convocação das assembleias se todos os sócios se declararem, por escrito, cientes do local, data, hora e ordem do dia (art. 1.072, § 2.º, CC).

Ata da assembleia - Uma vez convocada a assembleia, o presidente e o secretário da mesa apresentarão a pauta para deliberação. Realizadas as devidas votações (art. 1.010, CC), cabe ao secretário transcrever na íntegra os trabalhos realizados e as respectivas deliberações no livro de atas da assembleia, o qual será assinado pelos membros da mesa e pelos sócios participantes.

Por sua vez, os administradores da sociedade ou os membros da mesa deverão extrair uma cópia autenticada da ata e, nos 20 dias subsequentes à assembleia ou reunião, averbá-la na Junta Comercial, entregando uma cópia para cada sócio, quando solicitado (art. 1.075, CC).

Espécies de assembleia - A assembleia pode ser assembleia geral ordinária (AGO) ou assembleia geral extraordinária (AGE).

A assembleia geral ordinária deve ser instalada uma vez por ano, nos quatro primeiros meses ao término de cada exercício. De acordo com o artigo 1.078 do Código Civil, compete à AGO:

a) tomar as contas dos administradores e deliberar sobre o balanço patrimonial e o de resultado;

b) designar administradores, quando for o caso;
c) tratar de qualquer outro assunto constante da ordem do dia.

A aprovação dos balanços patrimonial e de resultado, salvo no caso de erro, dolo ou simulação, exonera os membros da administração e, se houver, os do conselho fiscal de qualquer responsabilidade. O direito de anular a aprovação desses balanços extingue-se em dois anos a contar de sua aprovação. Decorrido esse prazo, cessam as responsabilidades dos administradores e dos conselheiros, se houver.

O referido artigo 1.078 enumera as matérias e os procedimentos que deverão ser observados na realização da assembleia geral ordinária dos sócios da sociedade limitada, que, como já comentado, deverá ocorrer uma vez por ano, nos quatro primeiros meses ao término de cada exercício.

A assembleia geral extraordinária, por sua vez, pode ser instalada a qualquer momento, conforme o *quorum* de instalação.

Convocação e *quorum* de instalação - A competência para convocação da assembleia dos sócios pertence aos administradores, mas também podem convocar (arts. 1.069 e 1.073, CC):

a) qualquer sócio, quando os administradores retardarem sua convocação por mais de 60 dias, nos casos previstos em lei ou no contrato social;
b) os sócios titulares de mais de um quinto do capital social, quando não atendido, no prazo de oito dias, pedido de convocação fundamentada;
c) o conselho fiscal, quando os administradores retardarem por mais de 30 dias a convocação anual e sempre que ocorrerem motivos urgentes.

A assembleia dos sócios instala-se com a presença, em primeira convocação, de sócios titulares de no mínimo três quartos do capital social e, em segunda, com qualquer número (art. 1.074, CC).

Na assembleia, o sócio pode ser representado por outro sócio ou por advogado, mediante outorga de mandato com poderes específicos, devendo o instrumento ser levado a registro, com a ata. Por outro lado, nenhum sócio, por si ou na condição de mandatário, pode votar matéria que lhe diga respeito diretamente.

***Quorum* de deliberação** - Instalada a assembleia, os sócios deverão observar o *quorum* de deliberação introduzido pelo novo Código Civil, que determina (arts. 1.071 e 1.076, CC):

a) para designação de administrador não sócio, enquanto não integralizado o capital social: aprovação unânime; após sua integralização: no mínimo dois terços;
b) para destituição de sócio administrador: no mínimo dois terços;
c) para modificação do contrato social, incorporação, fusão ou dissolução da sociedade: no mínimo três quartos;
d) para nomeação de administrador extra, bem como para sua remuneração ou destituição: 50% + 1 do capital;
e) para pedido de concordata: 50% + 1 do capital;
f) para os demais casos previstos em lei: 50% + 1 dos presentes.

Reunião de sócios - Como visto acima, se a sociedade limitada tiver mais de 10 (dez) sócios, as deliberações serão tomadas em assembleia de sócios. Se a sociedade tiver um número igual ou inferior a 10 (dez) as deliberações serão tomadas em reunião de sócios (art. 1.071, CC).

De acordo com os arts. 1.079, § 6º e 1.709, as regras da assembleia serão aplicadas na reunião de sócios, nos casos de omissão do contrato social. Na verdade, o contrato social pode prever regras próprias para as deliberações em reunião de sócios sobre sua periodicidade, convocação, *quorum* de instalação etc., aplicando-se as normas referentes à assembleia apenas quando omisso o contrato social.

Conselho fiscal - De acordo com o Código Civil, a sociedade limitada poderá instituir conselho fiscal, composto por, no mínimo, três membros e seus respectivos suplentes, sócios ou não, residentes no país, devidamente eleitos em assembleia ordinária (art. 1.066, CC). Portanto, o conselho fiscal é um órgão facultativo.

Assim como os administradores, a sociedade deverá verificar os impedimentos legais para nomear seus conselheiros, assegurando aos sócios minoritários, que representarem pelo menos um quinto do capital social, o direito de eleger, separadamente, um dos membros do conselho fiscal e o suplente (art. 1.066, §§ 1.º e 2.º, CC).

Portanto, não podem fazer parte do conselho fiscal:

a) as pessoas enumeradas no § 1.º do artigo 1.011 do Código Civil;
b) os membros dos demais órgãos da sociedade ou de outra por ela controlada;
c) os empregados de quaisquer delas ou dos respectivos administradores;
d) o cônjuge ou parente destes até o terceiro grau.

A sociedade limitada que instituir conselho fiscal deverá manter livro de atas e pareceres para registro das decisões e demais formalidades legais. Nesse livro será registrada a posse dos membros, os quais terão mandato de um ano, cabendo à assembleia geral reconduzir os conselheiros ou eleger novos. De acordo com o artigo 1.076 do Código Civil, o membro ou suplente eleito, assinando o termo de posse lavrado no livro de atos e pareceres do conselho fiscal, em que se mencione seu nome, nacionalidade, estado civil, residência e a data da escolha, ficará investido em suas funções, que exercerá, salvo cessação anterior, até o subsequente anual; se o termo não for assinado até os 30 dias seguintes ao da eleição, este se tornará sem efeito. O *caput* desse artigo menciona que o membro do conselho fiscal poderá deixar de exercer seu mandato por completo, seja por renúncia ou por destituição, em decisão dos sócios que representem mais da metade do capital social.

Os membros do conselho fiscal, assim como os administradores, receberão remuneração, cujo valor será fixado, anualmente, pela assembleia dos sócios que os eleger.

Instalado o conselho fiscal, compete a seus membros, em conjunto ou separadamente, além das atribuições determinadas na lei ou no contrato social (art. 1.069, CC):

a) examinar trimestralmente os livros e papéis da sociedade, o estado do caixa e da carteira;
b) lavrar, no livro de atas e pareceres, o resultado dos exames dos documentos;
c) apresentar na assembleia ordinária parecer sobre os negócios e operações sociais, tomando por base o balanço patrimonial e o de resultado;
d) denunciar erros, fraudes ou crimes que descobrirem, sugerindo providências à sociedade;
e) convocar a assembleia ordinária dos sócios se a diretoria retardar por mais de 30 dias sua convocação anual ou sempre que ocorrerem motivos graves e urgentes;
f) praticar, durante o período da liquidação da sociedade, os atos referidos acima, tendo em vista as disposições especiais reguladoras da liquidação.

Responsabilidade do conselho fiscal - Os conselheiros respondem solidariamente perante a sociedade e os terceiros prejudicados por culpa no desempenho de suas funções (art. 1.016, CC). Observe-se que, assim como os administradores da sociedade, os membros do conselho fiscal são responsáveis pelos atos praticados. Portanto, o termo "culpa" também há de ser entendido no sentido mais amplo possível, atingindo os atos praticados com dolo, fraude ou simulações.

Dissolução da sociedade limitada - Dissolução é o ato pelo qual se opera o início da extinção da sociedade, podendo ser extrajudicial ou judicial.

DISSOLUÇÃO EXTRAJUDICIAL - Na dissolução extrajudicial, os sócios reúnem-se em assembleia ou reunião e resolvem dissolver a sociedade, compartilhando entre si os frutos plantados no decorrer da atividade empresarial. De acordo com o Código Civil, a sociedade limitada dissolve-se de pleno direito por (art. 1.087, CC):

a) vencimento do prazo de duração, salvo se, vencido este e sem oposição de sócio, a sociedade não entrar em liquidação, caso em que se prorrogará por tempo indeterminado;
b) consenso unânime dos sócios;
c) deliberação dos sócios, por maioria absoluta, na sociedade de prazo indeterminado;
d) falta de pluralidade de sócios, não reconstituída no prazo de 180 dias;
e) extinção, na forma da lei, de autorização para funcionar.

Com relação à dissolução da sociedade pela falta de pluralidade de sócios por mais de 180 dias, o Projeto de Lei 4.605/09, que introduziu no ordenamento jurídico brasileiro a figura da empresa individual de responsabilidade limitada, alterou o parágrafo único do artigo 1.033, que prevê as hipóteses acima de dissolução extrajudicial de sociedade:

> Art. 1.033
> Parágrafo único – Não se aplica o disposto no inciso IV, caso o sócio remanescente, inclusive na hipótese de concentração de todas as cotas da sociedade sob sua titularidade, requeira, no Registro Público de Empresas Mercantis, a transformação do registro da sociedade para empresário individual ou para empresa individual de responsabilidade limitada, observado, no que couber, o disposto nos arts. 1.113 a 1.115 deste Código.

Portanto, somente se falará em dissolução da sociedade se seu sócio remanescente, não pedir sua transformação para a **empresa individual tradicional** ou a de **responsabilidade limitada.**

DISSOLUÇÃO JUDICIAL - A dissolução judicial ocorrerá a requerimento de qualquer dos sócios quando, por decisão judicial, for anulada a constituição da sociedade, exaurido o fim social ou verificada sua inexequibilidade.

Cumpre ressaltar que o sócio que não quiser responder pelas obrigações sociais deverá requerer a dissolução regular da sociedade, mesmo que, quando de sua existência, não exercesse nenhum ato de gestão. Caso contrário, responderá pessoal e ilimitadamente pelas obrigações contraídas em nome da sociedade.

Prepostos - Os prepostos são os colaboradores permanentes ou temporários da sociedade, com ou sem vínculo empregatício. Assim, cabe a eles a representação da sociedade perante terceiros, como vendedores, balconistas, operadores de caixa, entre outros.

Segundo o Código Civil, o poder atribuído ao preposto é pessoal, não podendo ser transferido a terceiro sem autorização expressa da sociedade, sob pena de responder pessoalmente pelas obrigações contraídas em nome do substituto (art. 1.169, CC).

Salvo autorização expressa da sociedade, o preposto não pode negociar por conta própria ou de terceiro nem participar, mesmo que indiretamente, de operação do mesmo gênero da que lhe foi cometida, sob pena de responder por perdas e danos e de serem retidos pelo preponente os lucros da operação (art. 1.170, CC).

Gerente - Considera-se gerente o preposto permanente no exercício da empresa, na sede desta ou em sucursal, filial ou agência (art. 1.172, CC).

Segundo disposição do Código Civil, a sociedade será administrada pelo administrador ou diretor. O gerente, por sua vez, será considerado um preposto, isto é, um empregado com certa hierarquia em relação aos demais funcionários da sociedade empresária.

Assim, uma vez investido na função de gerente, fica este autorizado a praticar todos os atos necessários ao exercício dos poderes que lhe foram outorgados, salvo quando a lei não exigir poderes especiais.

Dessa forma, o gerente poderá ver seus poderes limitados pela sociedade, os quais somente surtirão efeitos perante terceiros se averbados no instrumento de Registro Público de Empresas Mercantis, salvo se provado serem conhecidos da pessoa que contratou com o respectivo gerente.

Por fim, o gerente poderá estar em juízo em nome do preponente pelas obrigações resultantes do exercício de sua função.

RESPONSABILIDADE DO GERENTE - O gerente pratica os atos em nome e por conta do preponente dentro dos limites que lhe foram outorgados. Dessa forma, a responsabilidade perante terceiros dos atos praticados pelo gerente será da sociedade, salvo se este praticar atos em nome próprio, mas por conta do preponente.

Assim, se o gerente praticar atos em nome próprio, mas por conta do preponente, ambos responderão solidariamente perante terceiros (art. 1.175, CC).

Sociedade anônima

Diferentemente do que ocorre com os demais tipos societários, a sociedade anônima rege-se pela Lei 6.404/76 (Lei das Sociedades Anônimas – LSA), ficando a cargo do Código Civil, sem prejuízo da lei especial, sua definição:

> Art. 1.088 – Na sociedade anônima ou companhia, o capital divide-se em ações, obrigando-se cada sócio ou acionista somente pelo preço de emissão das ações que subscrever ou adquirir.

Conceito - A sociedade anônima é considerada uma sociedade de capital e, independentemente de seu objeto social, será sempre empresária (art. 2.º, LSA). No Brasil, é um tipo societário muito utilizado para grandes investimentos, haja vista sua facilidade em captar recursos no mercado de capitais.

Segundo Fábio Ulhoa Coelho (*Curso de Direito Comercial*, p. 63), "a sociedade anônima, também referida pela expressão 'companhia', é a sociedade empresária com capital social dividido em ações, espécie de valor mobiliário, na qual os sócios, chamados acionistas, respondem pelas obrigações sociais até o limite do preço de emissão das ações que possuem".

Capital social - O capital social é a contribuição inicial que os sócios ou acionistas dão à sociedade para o início de suas atividades, podendo ser em dinheiro ou em qualquer espécie de bens móveis, imóveis ou créditos. Na sociedade anônima, o capital social apresenta-se dividido em ações. Estas, por sua vez, representam valores mobiliários, de modo que limitam a responsabilidade do acionista. Dessa forma, o preço de emissão é o limite da responsabilidade do acionista, uma vez que nesse tipo societário o patrimônio pessoal dos acionistas não se confunde com o patrimônio social. Vale dizer que o preço de emissão é o valor pelo qual o acionista subscreve em favor da companhia. Assim, se a subscrição foi efetivada à vista e a companhia vier a falir, o acionista não poderá ser responsabilizado; entretanto, se a subscrição foi a prazo, ele será responsável pelo valor correspondente faltante.

> Art. 1.º, LSA – A companhia ou sociedade anônima terá o capital dividido em ações, e a responsabilidade dos sócios ou acionistas será limitada ao preço de emissão das ações subscritas ou adquiridas.

O estatuto da sociedade fixará o valor do capital social, expresso em moeda nacional, o qual será corrigido anualmente (art. 5.º, LSA).

De acordo com o artigo 8.º da LSA, a avaliação dos bens integrantes do capital social será realizada por três peritos ou por empresa especializada, nomeados em assembleia geral dos subscritores. A assembleia será presidida por um dos fundadores, instalando-se, em primeira convocação, com a presença de subscritores que representem metade, pelo menos, do capital social e, em segunda, com qualquer número.

Uma vez nomeados, os peritos deverão apresentar o laudo fundamentado com a indicação dos critérios de avaliação e dos elementos de comparação adotados. O laudo deverá ser instruído com os documentos relativos aos bens avaliados, e os peritos estarão presentes à assembleia que conhecer do laudo, a fim de prestarem as informações que lhes forem solicitadas.

Se os subscritores aceitarem o valor aprovado pela assembleia, os bens serão incorporados ao patrimônio da companhia, cabendo aos diretores desta providenciar a transmissão. Ressalte-se que a incorporação de imóveis para a formação do capital social não exige escritura pública.

Se a assembleia não aprovar a avaliação ou os subscritores não aceitarem a avaliação aprovada, ficará sem efeito o projeto de constituição e em nenhuma hipótese os bens poderão ser incorporados ao patrimônio da companhia por valor acima do que lhes tiverem dado os subscritores.

RESPONSABILIDADE DOS SUBSCRITORES - Os avaliadores e os subscritores responderão perante a companhia, os acionistas e terceiros pelos danos que lhes causarem por culpa ou dolo na avaliação dos bens, sem prejuízo da responsabilidade penal. Havendo bens em condomínio, a responsabilidade dos subscritores será solidária.

De acordo com o artigo 10 da LSA, a responsabilidade civil dos subscritores ou acionistas que contribuírem com bens para formação do capital social será idêntica à do vendedor e, quando a entrada do capital consistir em crédito, os subscritores ou acionistas responderão pela solvência do devedor.

AUMENTO OU REDUÇÃO DO CAPITAL SOCIAL - Geralmente, o capital social é aumentado por determinação da assembleia geral ordinária. Há, contudo, situações em que o aumento do capital social será automático: por deliberação da assembleia geral ordinária, para correção da expressão monetária de seu valor; por deliberação da assembleia geral ou do conselho de administração, observado o que a respeito dispuser o estatuto, nos casos de emissão de ações dentro do limite autorizado no estatuto; por conversão, em ações, de debêntures ou partes beneficiárias; pelo exercício de direitos conferidos por bônus de subscrição ou de compra de ações. Por fim, o capital poderá ser aumentado por deliberação da assembleia geral extraordinária convocada para decidir sobre reforma do estatuto social, no caso de inexistir autorização de aumento ou de esta estar esgotada.

De acordo com a LSA, dentro de 30 dias subsequentes à efetivação do aumento, a companhia requererá à Junta Comercial sua averbação, nos casos dos incisos I a III do artigo 166, ou o arquivamento da ata da assembleia de reforma do estatuto, no caso do inciso IV.

O conselho fiscal, se em funcionamento, uma vez que se trata de órgão não permanente, deverá, salvo nos casos de aumento por conversão, ser ouvido antes da deliberação sobre o aumento.

Por outro lado, a assembleia geral poderá deliberar a redução do capital social se houver perda até o montante dos prejuízos acumulados ou se julgá-los excessivos. Proposta a redução, quando de iniciativa dos administradores, não poderá ser submetida à deliberação da assembleia geral sem parecer do conselho fiscal, se este estiver em funcionamento.

Com a deliberação de redução, ficarão suspensos os direitos correspondentes às ações cujos certificados tenham sido emitidos, até que sejam apresentados à companhia para substituição. Ademais, ressalvado o disposto nos artigos 45 (reembolso – operação pela qual a companhia paga aos acionistas dissidentes de deliberação da assembleia geral o valor de suas ações) e 107 (verificada a mora do acionista remisso – aquele que não integraliza o capital social) da LSA, a redução do capital social com restituição aos acionistas de parte do valor das ações, ou pela diminuição do valor destas, quando não integralizadas à importância das entradas, só se tornará efetiva 60 dias após a publicação da ata da assembleia geral que a tiver deliberado. Findo o referido prazo, a ata da assembleia geral poderá ser arquivada se não houver oposição ou se, no caso de oposição de algum credor, for feita a prova do pagamento de seu crédito ou do depósito judicial da importância respectiva. Isto é, havendo oposição dos credores, a ata somente será arquivada se estes forem pagos ou tiverem seu crédito garantido.

Se houver debêntures em circulação emitidas pela companhia, a redução do capital não poderá ser efetivada sem prévia aprovação pela maioria dos debenturistas, reunidos em assembleia geral. Note-se que, havendo debêntures, a redução do capital fica condicionada à aprovação pela maioria dos proprietários desse valor mobiliário.

Classificação - As sociedades anônimas são assim classificadas (art. 4.º, LSA):

- **Sociedade anônima aberta** – Quando seus valores mobiliários estão em negociação no mercado de valores mobiliários, a cargo do mercado de balcão ou das bolsas de valores.
- **Sociedade anônima fechada** – Quando seus valores mobiliários não estão em negociação nesses mercados.

Comissão de Valores Mobiliários - A sociedade anônima que pretender captar recursos no mercado de valores mobiliários deverá solicitar prévia autorização governamental, expedida pela Comissão de Valores Mobiliários (CVM). A CVM é uma autarquia federal, vinculada ao Ministério da Fazenda, que tem por finalidade, de modo geral, regular o funcionamento do mercado de capitais.

No tocante à sociedade anônima **aberta**, cabe, *grosso modo*, à CVM:

- autorizar a emissão de valores mobiliários no mercado de capitais, assim como sua constituição;
- fiscalizar o mercado e a própria companhia;
- baixar normas regulando sua atividade;
- exigir documentos;
- aplicar sanções, podendo até proibir a companhia de operar no mercado de capitais.

Somente os valores mobiliários de emissão de companhia registrada na CVM podem ser negociados no mercado de valores mobiliários. Nenhuma distribuição pública de valores mobiliários será efetivada no mercado sem prévio registro na CVM.

Mercado de capitais:

- **Mercado de capitais primário** – Nele ocorre a subscrição de valores mobiliários, isto é, se a companhia vier a lançar novas ações no mercado, deverá realizar sua operação no mercado primário. O futuro acionista interessado subscreve a ação, manifesta seu interesse em tornar-se parte da companhia. Vale dizer que a companhia faz parte diretamente da relação negocial.
- **Mercado de capitais secundário** – Nele operam-se a compra e a venda de ações e de outros valores mobiliários, ou seja, o acionista titular da ação pretende negociá-la com outro acionista ou não. Assim, a companhia não faz parte diretamente da relação negocial.
- **Bolsas de valores** – São consideradas pessoas jurídicas de direito privado com ou sem fins lucrativos cuja função é ampliar o volume de negócios com valores mobiliários de companhias abertas, operando a compra e a venda de ações ou de outros valores mobiliários.
- **Mercado de balcão** – Nele se opera a emissão de valores mobiliários de companhia aberta, perante terceiros, por intermédio de um banco e demais entidades encarregadas da distribuição de valores mobiliários. Integra tanto o mercado primário quanto o secundário. Em 1997, essa instância de operação passou a ser denominada "mercado de balcão não organizado". Segundo Fábio Ulhoa Coelho, "o mercado de balcão (não organizado) concentra as operações do mercado de capitais realizadas fora da bolsa de valores e de entidades do mercado de balcão organizado".
- **Mercado de balcão organizado (MBO)** – É constituído por sociedades civis ou empresárias, autorizadas pela CVM. Sua finalidade consiste na prestação de serviços a investidores ou a agentes do mercado de capitais, de forma similar às bolsas de valores. Nesse mercado, ocorrem, em regra, operações à vista. Para a compra e venda a termo, é necessária autorização também da CVM. A maior novidade introduzida por esse mercado, de acordo com Fábio Ulhoa Coelho, é a figura do formador de mercado. É uma pessoa jurídica cadastrada no MBO cuja atividade é atrair investidores.

Constituição da sociedade anônima – A constituição da companhia, como a de toda sociedade, deverá preencher certos requisitos. São eles (art. 80, LSA):

a) subscrição, por pelo menos duas pessoas, de todas as ações em que se divide o capital social;
b) realização inicial de 10%, no mínimo, do preço de emissão das ações subscritas em dinheiro;
c) efetivação do depósito, no Banco do Brasil ou em outro estabelecimento bancário autorizado pela CVM, da parte do capital em dinheiro.

Importante lembrar que a lei poderá atribuir valor diferente para a realização inicial na constituição de outras companhias, como ocorre, no caso de instituições financeiras, cujo valor não pode ser inferior a 50% do preço.

Devidamente preenchidos os requisitos, a companhia poderá ser constituída mediante **subscrição pública** ou **particular** (arts. 82 e 88, LSA).

- **Subscrição pública** – A companhia aberta será constituída por subscrição pública mediante prévio registro na CVM, e esta somente poderá ser efetuada com a intermediação de instituição financeira. O pedido de registro será instruído com a comprovação da viabilidade econômica e financeira do empreendimento, com o projeto do estatuto social e com o prospecto, organizado e assinado pelos fundadores e pela instituição financeira intermediária (art. 82, § 1.º, LSA).
- **Subscrição particular** – A constituição de companhia fechada ocorrerá por subscrição particular do capital, mediante deliberação dos subscritores em assembleia geral ou escritura pública, considerando-se fundadores todos os subscritores. Encerrada a subscrição e subscrito todo o capital social, os fundadores convocarão a assembleia geral, que se instalará, em primeira convocação, com a presença de subscritores que representem, no mínimo, metade do capital social e, em segunda, com qualquer número, para promover a avaliação dos bens, quando for o caso, e deliberar sobre a constituição da companhia (arts. 86, II e II, e 87, LSA).

Nome empresarial - A companhia adotará como nome empresarial a **denominação** acompanhada da expressão "companhia" ou "sociedade anônima", por extenso ou abreviada, mas vedada a utilização da primeira ao final (art. 3.º, LSA). Poderá, ainda, figurar na denominação o nome do fundador, acionista ou pessoa que, por qualquer outro modo, tenha concorrido para o êxito da empresa.

Ações - As ações representam uma parcela do capital social da companhia. Aquele que adquirir uma ação será considerado acionista. As ações possuem valores mobiliários, emitidos pela própria companhia com a finalidade de captar investidores.

Valor das ações - Segundo Ricardo Negrão, as ações possuem preço de emissão, nominal, patrimonial e bolsístico, este último também chamado de valor de mercado ou bursátil.

O preço de emissão é o valor pago pelo subscritor. O valor nominal é obtido pela divisão do capital social pelo número de ações. De acordo com o art. 13 da LSA, é vedada a emissão de ações por preço inferior ao seu valor nominal, sob pena de nulidade do ato ou operação e responsabilidade dos infratores, sem prejuízo da ação penal. Por outro lado, a venda de ações com valor superior ao nominal é permitida. A diferença entre o valor e o preço de venda é considerado ágio e constituirá reserva de capital, nos termos do art. 182, § 1º.

Desde 1976 as ações podem ou não ter valor nominal. O preço de emissão das ações sem valor nominal será fixado, na constituição da companhia, pelos seus fundadores e no aumento de capital, pela assembleia geral ou pelo conselho de administração (arts. 166 e 170, § 2º, LSA).

O valor patrimonial é obtido pela divisão do valor do patrimônio líquido pelo número de ações. Esse valor será pago ao acionista em caso de liquidação ou reembolso. Já o valor de mercado ou bolsístico é o valor de compra e venda da ação. O preço das ações é ofertado no pregão, sendo impulsionado pela lei da oferta e da procura. Influenciam nessa operação a lucratividade da companhia, sua expansão, seu desempenho, a confiança, etc.

CLASSIFICAÇÃO - As ações são assim classificadas:

a) **Quanto à natureza:**

- **Ações ordinárias** – Atribuem o direito de voto na assembleia geral a seu titular. Este não terá nenhuma vantagem ou restrição aos direitos na condição de acionista. As ações ordinárias de companhia fechada poderão ser divididas em classes, em função de conversibilidade em ações preferenciais, exigência de nacionalidade brasileira do acionista ou direito de voto em separado para o preenchimento de determinados cargos de órgãos administrativos.
- **Ações preferenciais** – Atribuem a seu titular certa vantagem em relação às ações ordinárias, como: direito de participar do dividendo a ser distribuído, correspondente a, pelo menos, 25% do lucro líquido do exercício; prioridade no recebimento de dividendos, correspondente a, no mínimo, 3% do valor patrimonial líquido da ação; ou direito de recebimento de dividendo, por ação preferencial, pelo menos 10% maior do que o atribuído a cada ação ordinária. Em virtude de tais vantagens, o acionista possuidor desse tipo de ação a princípio não terá direito a voto. O direito a voto será definido pelo estatuto; quando este for omisso, poderá o titular da ação preferencial exercer livremente o direito de votar, igualando-se a uma ação ordinária. Dessa forma, nota-se que o direito a voto depende de previsão estatutária, não sendo uma regra absoluta. Porém, se a companhia emissora deixar de pagar os dividendos fixos ou mínimos pelo prazo previsto no estatuto, não superior a três exercícios consecutivos, o acionista terá direito a voto até sua efetivação. Por fim, cumpre destacar que as ações preferenciais não poderão ultrapassar 50% do capital social.
- **Ações de fruição** – São utilizadas para a amortização das ações ordinárias ou preferenciais. A amortização consiste na distribuição aos acionistas, a título de antecipação e sem redução do capital social, dos direitos a que fazem jus. Essas ações conferem a seus titulares o direito de participar nos lucros sociais, de fiscalizar a gestão dos negócios sociais e a preferência na subscrição de novas ações, nos termos do artigo 109 da LSA.

b) **Quanto à forma:**

- **Ações nominativas** – São ações cuja propriedade presume-se pela inscrição do nome do acionista no livro de "Registro de Ações Nominativas" ou pelo extrato fornecido pela instituição custodiante, na qualidade de proprietária fiduciária das ações. A transferência das ações nominativas opera-se por termo lavrado no livro de "Transferência de Ações Nominativas", datado e assinado pelo cedente e pelo cessionário ou seus legítimos representantes.
- **Ações escriturais** – O estatuto da companhia pode autorizar ou estabelecer que todas as ações da companhia, ou uma ou mais classes delas, sejam mantidas em contas de depósito, em nome de seus titulares, na instituição que designar, sem emissão de certificados. Somente instituições financeiras autorizadas pela CVM podem manter serviços de ações escriturais, e a propriedade das respectivas ações ocorrerá pelo registro na conta de depósito, aberta em nome do acionista nos livros da instituição financeira depositária. A instituição deverá fornecer ao acionista extratos da conta de depósito das ações, sempre que solicitados e ao término de cada mês em que for movimentada. Caso não haja movimentação, a instituição deverá fornecer o extrato da conta de depósito pelo menos uma vez por ano.

- **Ações endossáveis e ao portador** – Essas ações foram praticamente abolidas do Direito brasileiro pelo artigo 4.º da Lei 8.021/90. As companhias detentoras dessas ações tiveram o prazo de dois anos para adaptar seus estatutos à nova lei.

Principais valores mobiliários - Os valores mobiliários representam uma forma de captação de recursos no mercado de capitais, com a finalidade de atrair novos investidores para o financiamento da atividade desenvolvida pela companhia. Compreendem, além das ações:

PARTES BENEFICIÁRIAS - São valores mobiliários, sem valor nominal e estranhos ao capital social, que conferem a seus titulares direito de crédito eventual contra a companhia emissora, que consiste na participação nos lucros anuais, não podendo ser superior a 10%. As partes beneficiárias poderão ser alienadas pela companhia emissora, nas condições determinadas pelo estatuto ou pela assembleia geral, ou atribuídas a fundadores, acionistas ou terceiros, como remuneração de serviços prestados à companhia. Ressalte-se que é vedado às companhias abertas emitirem partes beneficiárias. De acordo com a lei, o estatuto fixará o prazo de duração das partes beneficiárias e, sempre que quiser estipular resgate, deverá criar reserva especial para esse fim. O prazo de duração das partes beneficiárias atribuídas gratuitamente, salvo as destinadas à sociedade ou fundações beneficentes dos empregados da companhia, não poderá ultrapassar dez anos. Por fim, o estatuto poderá prever a conversão das partes beneficiárias em ações, mediante capitalização de reserva criada para esse fim, e, no caso de liquidação da companhia, pago o passivo exigível, os titulares das partes beneficiárias terão direito de preferência sobre o que restar do ativo até a importância da reserva para resgate ou conversão.

DEBÊNTURES - A lei não define debêntures, apenas confere a seus titulares direito de crédito contra a companhia emissora, nas condições constantes da escritura de emissão ou do certificado de emissão, podendo ser conversíveis em ações. Segundo Fábio Ulhoa Coelho, "debêntures são valores mobiliários que conferem direito de crédito perante a sociedade anônima emissora, nas condições constantes do certificado (*se houver*) e da escritura de emissão".

De acordo com a LSA, a companhia poderá efetuar mais de uma emissão de debêntures, e cada emissão pode ser dividida em séries; as debêntures da mesma série terão o mesmo valor nominal e conferirão os mesmos direitos a seus titulares. A debênture terá valor nominal expresso em moeda nacional, salvo nos casos de obrigação que, nos termos da legislação em vigor, possa ter o pagamento em moeda estrangeira; poderá, ainda, conter cláusula de correção monetária indexada de acordo com os títulos da dívida pública. A escritura de debênture poderá assegurar ao debenturista a opção de escolher receber o pagamento do principal e acessórios, quando do vencimento, amortização ou resgate, em moeda ou bens avaliados nos termos do artigo 8.º da LSA.

Espécies de debêntures - Segundo Rubens Requião, existem duas modalidades de debêntures: as simples e as conversíveis em ações. As debêntures podem também ser divididas de acordo com as vantagens que atribuem a seu titular (art. 58, LSA):

- **Com garantia real** – Recai sobre determinado bem ou conjunto de bens. Os credores debenturistas possuem privilégio real e como tal são classificados na falência.

- **Com garantia flutuante** – Recai sobre o ativo da companhia emissora. A garantia flutuante garante à debênture privilégio geral sobre o ativo da companhia, mas não impede a negociação dos bens que compõem o ativo. Em caso de execução ou falência, tem preferência sobre os credores quirografários.
- **Sem garantia** – Não possui nenhuma garantia. Em caso de execução ou falência, concorre com os demais credores quirografários.
- **Subordinada** – Encontra-se na pior posição no quadro geral da companhia, isto é, estará abaixo do último credor e somente terá preferência sobre os demais acionistas.

Agente fiduciário dos debenturistas - O agente fiduciário será nomeado e deverá aceitar a função de escritura de emissão das debêntures. Somente podem ser nomeadas agentes fiduciários as pessoas naturais que satisfaçam os requisitos para o exercício de cargo em órgão de administração da companhia e as instituições financeiras que, especialmente autorizadas pelo Banco Central do Brasil, tenham por objeto a administração ou a custódia de bens de terceiros. A CVM poderá estabelecer que nas emissões de debêntures negociadas no mercado o agente fiduciário, ou um dos agentes fiduciários, seja instituição financeira. Portanto, o agente fiduciário pode ser pessoa física ou jurídica (art. 66, LSA).

Conforme a legislação vigente, se as debêntures são destinadas ao mercado de capitais aberto, a existência do agente fiduciário dos debenturistas é obrigatória. Já se as debêntures forem destinadas à negociação fora desse mercado, ou seja, fechada, sua existência é facultativa.

A principal função do agente fiduciário é proteger os direitos dos debenturistas, fiscalizando a sociedade emissora e exigindo o cumprimento da escritura de emissão. Assim, compete ao agente fiduciário (art. 68, LSA): proteger os direitos e interesses dos debenturistas, empregando no exercício da função o cuidado e a diligência que todo homem ativo e probo costuma empregar na administração de seus próprios bens; elaborar relatório e colocá-lo anualmente à disposição dos debenturistas, dentro de quatro meses do encerramento do exercício social da companhia, informando fatos relevantes ocorridos durante o exercício; notificar os debenturistas, no prazo de 60 dias, de qualquer inadimplemento, pela companhia, de obrigações assumidas na escritura da emissão; cobrar seu valor principal e acessórios; executar as garantias reais dadas; requerer a falência da companhia emissora; declarar o vencimento antecipado, etc.

Note-se, ademais, que o agente fiduciário desempenha papel de confiança em relação aos investidores da companhia. Na verdade, ele é um intermediador entre a companhia e seus prestadores e como tal responderá perante estes últimos pelos prejuízos que lhes causar por culpa ou dolo no exercício de suas funções.

BÔNUS DE SUBSCRIÇÃO - São valores mobiliários que conferem a seus titulares, nas condições constantes do certificado, direito de preferência em subscrever novas ações para um futuro aumento de capital. Os bônus de subscrição serão alienados pela companhia emissora ou por ela atribuídos, com vantagem adicional, aos subscritores de emissões de suas ações ou debêntures (art. 75, LSA).

De acordo com a lei, são titulares de preferência na subscrição de novas ações os acionistas. Contudo, uma vez emitido o bônus de subscrição, o direito à preferência passa a ser dos titulares do bônus, e não mais dos acionistas. Por outro lado, a lei conferiu aos acionistas o direito essencial na subscrição do referido bônus de subscrição (art. 109, IV, LSA). Assim, o acionista que pretender preservar seu capital social deverá subscrever o bônus de subscrição, o qual lhe será oferecido preferencialmente.

COMMERCIAL PAPERS - Segundo definição de Fábio Ulhoa Coelho, "os *commercial papers* são notas promissórias com certas peculiaridades, justificáveis em função de sua negociabilidade em mercado de capitais". O *commercial paper* é idêntico à debênture, ou seja, confere a seus titulares direito de crédito contra a companhia emissora. O diferencial encontra-se no vencimento: o *commercial paper* vence em 30 a 180 dias, e a debênture, de modo geral, em oito a dez anos.

Acionista - Acionista é o titular da ação de uma companhia emissora. Sua principal obrigação consiste em realizar, nas condições previstas no estatuto ou no boletim de subscrição, o pagamento das ações por ele subscritas ou adquiridas (art. 106, LSA). Se o estatuto ou o boletim forem omissos quanto ao montante, prazo ou data do pagamento, caberá aos órgãos da administração efetuar a chamada ou a convocação do acionista, mediante avisos publicados na imprensa, por três vezes no mínimo, fixando prazo não inferior a 30 dias para pagamento.

Uma vez chamado e não comparecendo, o acionista será considerado **remisso**, podendo a sociedade promover contra ele e os que forem solidariamente responsáveis processo de execução para cobrar as importâncias devidas, tendo como base o boletim de subscrição e utilizando-se do aviso de chamada como título extrajudicial, ou, se preferir, vender suas ações em bolsa de valores, por conta e risco do acionista.

A venda das ações do acionista remisso será feita em leilão constituído especialmente para esse fim na bolsa da sede social, ou, se não houver, na mais próxima, depois de publicado aviso, por três vezes, com antecedência de três dias. Da importância arrecadada com a venda serão deduzidas as despesas com a operação, assim como juros, correção monetária e multa, cabendo à sociedade devolver a diferença ao acionista. No entanto, se a companhia não conseguir integralizar as ações, poderá declará-las caducas e fazer suas entradas com recursos próprios (lucros ou reservas). Não havendo lucros ou reservas autorizados, terá o prazo de um ano para colocar as ações caídas em comisso e, não encontrando interessados, convocará assembleia geral para deliberar sobre a redução do capital social.

ACIONISTA CONTROLADOR - O acionista controlador é a pessoa física ou jurídica titular da maioria do capital votante nas deliberações. De acordo com o artigo 116 da LSA, o acionista controlador será:

a) o titular de direitos de sócio que lhe assegurem, de modo permanente, a maioria dos votos nas deliberações da assembleia geral e o poder de eleger a maioria dos administradores da companhia; e
b) o encarregado de usar efetivamente seu poder para dirigir as atividades sociais e orientar o funcionamento dos órgãos da companhia.

Assim, cabe ao acionista controlador a realização do objeto social e o dever de lealdade com a companhia e com os demais acionistas.

Responsabilidade - O acionista controlador possui as mesmas responsabilidades dos demais acionistas, isto é, não será responsabilizado pelas obrigações contraídas em nome da sociedade no exercício regular de suas atividades. Entretanto, se exceder os poderes atribuídos pelo estatuto, poderá responder pelos atos praticados. Assim, conforme o artigo 117 da LSA, constituem excesso de poder:

a) orientar a companhia para fim estranho ao objeto social ou lesivo ao interesse nacional, ou levá-la a favorecer outra sociedade, brasileira ou estrangeira, em prejuízo da participação dos acionistas minoritários nos lucros ou no acervo da companhia ou da economia nacional;
b) promover a liquidação de companhia próspera ou a transformação, incorporação, fusão ou cisão da companhia, com o fim de obter, para si ou para outrem, vantagem indevida, em prejuízo dos demais acionistas, dos que trabalham na empresa ou dos investidores em valores mobiliários emitidos pela companhia;
c) promover alteração estatutária, emissão de valores mobiliários ou adoção de políticas ou decisões que não tenham por fim o interesse da companhia e visem a causar prejuízo a acionistas minoritários, aos que trabalham na empresa ou aos investidores em valores mobiliários emitidos pela companhia;
d) eleger administrador ou fiscal que sabe inapto, moral ou tecnicamente;
e) induzir, ou tentar induzir, administrador ou fiscal a praticar ato ilegal, ou, descumprindo seus deveres definidos na LSA e no estatuto, promover, contra o interesse da companhia, sua ratificação pela assembleia geral;
f) contratar com a companhia, diretamente ou por intermédio de outrem ou de sociedade na qual tenha interesse, em condições de favorecimento ou não equitativas;
g) aprovar ou fazer aprovar contas irregulares de administradores, por favorecimento pessoal, ou deixar de apurar denúncia que saiba ou devesse saber procedente ou que justifique fundada suspeita de irregularidade;
h) subscrever ações, para os fins do disposto no artigo 170, com a realização em bens estranhos ao objeto social da companhia.

Caso o acionista controlador exerça, além das atribuições da LSA, cargo de administrador ou de conselheiro, será responsabilizado de acordo com as regras próprias dos órgãos da administração e do conselho fiscal.

ACORDO DE ACIONISTAS - Os direitos e deveres dos acionistas geralmente encontram-se previstos em estatuto. No entanto, nada impede que os acionistas firmem acordos em atos separados, os quais somente serão oponíveis a terceiros, depois de averbados nos livros de registro e nos certificados de ações, quando emitidas (art. 118, LSA).

DIVIDENDO - Os acionistas, ao se empregarem na companhia, unem esforços para compartilhar entre si o resultado "lucro". Assim, "dividendo" pode ser entendido como a parcela desse lucro distribuído entre os acionistas, de acordo com o tipo de cada ação.

DIREITOS ESSENCIAIS DOS ACIONISTAS - Nem o estatuto nem a assembleia geral poderão privar os acionistas dos direitos de (art. 109, LSA):

- **Participar dos lucros sociais** – A participação nos lucros da companhia vai variar de acordo com sua participação societária.
- **Participar do acervo da companhia em caso de liquidação** – O acionista terá direito a participar no acervo da companhia em caso de dissolução, recesso ou pela amortização de suas ações.
- **Fiscalizar a gestão dos negócios sociais** – Esse direito geralmente é atribuído ao conselho fiscal, uma vez que os acionistas estão, por disposição legal, impedidos de fiscalizar determinados atos, sob pena de comprometer o funcionamento da companhia.
- **Preferência para subscrição de ações, partes beneficiárias conversíveis em ações, debêntures e bônus de subscrição, observado o disposto nos artigos**

171 e 172 da LSA – Os acionistas terão direito de preferência na subscrição proporcionalmente ao número de ações que possuírem para um futuro aumento de capital da companhia. Entretanto, mesmo sendo um direito essencial, a LSA estabelece uma exceção, conforme previsão do artigo 172, isto é, em se tratando de companhia aberta cuja colocação de ações ocorra na bolsa de valores, subscrição pública ou permuta em oferta de aquisição de controle.

- **Retirar-se da sociedade** – O direito de **recesso** consiste no direito de o acionista desligar-se da companhia. No entanto, quando ingressa na participação societária, ele se compromete com o investimento, não podendo, a qualquer momento, requerer o reembolso de suas ações. Dessa forma, a LSA autoriza casos específicos em que o acionista dissidente poderá retirar-se da sociedade mediante o reembolso de suas ações. São eles (art. 137, LSA):
- criação de novas ações preferenciais ou aumento de classe das já existentes, sem preservar proporção com as demais classes de ações preferenciais, salvo se já previsto ou autorizado pelo estatuto;
- alteração nas preferências, vantagens e condições de resgate ou amortização de uma ou mais classes de ações preferenciais, ou criação de nova classe mais favorecida;
- redução do dividendo obrigatório;
- fusão da companhia ou sua incorporação em outra;
- participação em grupo de sociedade;
- mudança do objeto social;
- cisão da companhia.

Órgãos da sociedade anônima - A companhia será administrada e representada por seus administradores. É certo que a sociedade anônima possui um processo de gestão mais complexo do que a sociedade limitada, atribuindo a cada órgão inúmeras funções. Os órgãos da companhia dividem-se em: **assembleia geral**, **diretoria**, **conselho de administração** e **conselho fiscal** (art. 138, LSA).

ASSEMBLEIA GERAL - A assembleia geral é um órgão deliberativo com poderes para decidir sobre todos os negócios relativos ao objeto da companhia. Sua competência privativa compreende (art. 122, LSA):

a) reformar o estatuto social;
b) eleger ou destituir, a qualquer tempo, os administradores e conselheiros;
c) tomar, anualmente, as contas dos administradores e deliberar sobre as demonstrações financeiras da companhia;
d) autorizar a emissão de debêntures;
e) suspender o exercício dos direitos do acionista;
f) deliberar sobre a avaliação dos bens com que o acionista concorrer para a formação do capital social;
g) deliberar sobre transformação, fusão, incorporação e cisão da companhia, sua dissolução e liquidação;
h) eleger e destituir liquidantes e julgar-lhes as contas;
i) autorizar os administradores a confessar falência e impetrar concordata.

Competência para convocação da assembleia geral - A convocação da assembleia geral é de competência do conselho de administração, quando houver, ou dos diretores, observado o disposto no estatuto social, mas poderá também ser feita (art. 123, LSA):

a) pelo conselho fiscal, se os órgãos da administração retardarem, por mais de um mês, a convocação;
b) por qualquer acionista, quando os administradores retardarem, por mais de 60 dias, a convocação, nos casos previstos em lei ou no estatuto;
c) pelos acionistas que representem 5%, no mínimo, do capital social, quando os administradores não atenderem, no prazo de oito dias, a pedido de convocação devidamente fundamentado;
d) pelos acionistas que representem 5%, no mínimo, do capital votante, ou 5%, no mínimo, dos acionistas sem direito a voto, quando os administradores não atenderem, no prazo de oito dias, a pedido de convocação de assembleia para instalação do conselho fiscal.

Formalidades da assembleia geral - A assembleia será convocada mediante anúncio publicado, por no mínimo três vezes, na imprensa oficial e em jornal de grande circulação da sede social, contendo o local, a data, a hora e a ordem do dia da assembleia, e, no caso de reforma estatutária, indicará a matéria.

A convocação da assembleia geral dependerá da classificação da companhia. Se fechada, proceder-se-á à publicação do aviso de convocação, com antecedência de, no mínimo, oito dias, contados da publicação do primeiro anúncio. Não sendo possível a realização da assembleia, far-se-á nova publicação, com antecedência mínima de cinco dias. Em se tratando de companhia aberta, o prazo de antecedência da primeira publicação será de 15 dias, e o da segunda, de oito dias.

Dispõe o § 3.º do artigo 124 da LSA que, nas companhias fechadas, o acionista que representar 5% ou mais do capital social será convocado por telegrama ou carta registrada, expedidos com a antecedência prevista no § 1.º, desde que o tenha solicitado, por escrito, à companhia, com a indicação do endereço completo e do prazo de vigência do pedido, não superior a dois exercícios sociais e renováveis. Sua convocação não dispensa a publicação do aviso de convocação para os demais acionistas.

Assim, para a realização da assembleia, torna-se imprescindível o pronto atendimento das formalidades da LSA, uma vez que sua inobservância dará ao acionista o direito de requerer dos administradores da companhia indenização pelos prejuízos sofridos. Ademais, o § 4.º do artigo 124 da LSA preleciona que, independentemente das formalidades previstas para a convocação da assembleia, será válida se comparecerem todos os acionistas da companhia. A previsão legal desse parágrafo vem sendo objeto de inúmeras discussões, uma vez que a assembleia não envolve apenas direitos dos acionistas, mas representa, também, interesses de terceiros credores que contrataram com a sociedade. Dessa forma, para parte da doutrina comercialista, o respeito às formalidades será vital para a regularidade assemblear. Nesse sentido, oportuno lembrar a lição de Rubens Requião (*Curso de Direito Comercial*, p. 174): "O comparecimento unânime dos acionistas supre a falta de qualquer das formalidades legais na convocação da assembleia. Esse princípio, que já havia sido consagrado na jurisprudência administrativa das Juntas Comerciais, tanto que foi objeto da Portaria 18 do Departamento Nacional do Registro do Comércio, de 20 de setembro de 1969, inspirou o § 4.º do art. 124. Esse preceito está assim redigido: 'Independentemente das formalidades previstas neste artigo, será considerada regular a assembleia geral a que comparecerem todos os acionistas'. Baseados na doutrina e na jurisprudência italiana, alguns de nossos juristas têm dado combate a essa solução administrativa, e agora legal, segundo o argumento de que a assembleia geral não envolve assuntos apenas dos acionistas, mas também de interesse de terceiros. Tem-se objetado que os terceiros, contrariados por decisão da assembleia geral, de forma alguma a ela compareceriam, cabendo-lhes posteriormente o direito à ação anulatória de dita decisão. O conhecimento das deliberações tomadas não resultaria da convocação da assembleia, mas sim da publicação da respectiva ata, contendo o ato incriminado".

Ata da assembleia - Os acionistas ou seus representantes legais assinarão o "livro de presença", indicando seu nome, nacionalidade e endereço residencial, bem como a quantidade, espécie e classe de ações de que são titulares. Por sua vez, o presidente e o secretário, indicados entre os acionistas, presidirão a "mesa" e iniciarão os trabalhos.

Os trabalhos e as deliberações serão registrados em ata assinada pelos membros da mesa e pelos acionistas presentes de acordo com o número exigido para sua aprovação. Após a assinatura da ata, o secretário providenciará a lavratura no "livro de atas", extraindo certidões ou cópias autenticadas nos termos do artigo 130 da LSA, encaminhando-as a cada acionista, quando solicitado.

Espécies de assembleia - A assembleia pode ser:

1. **Assembleia geral ordinária (AGO)** – Deve ser instalada uma vez por ano, nos quatro primeiros meses ao término de cada exercício. Sua competência privativa compreende (art. 132, LSA):
   a) tomar as contas dos administradores, examinar, discutir e votar as demonstrações financeiras;
   b) deliberar sobre a destinação do lucro líquido do exercício e a distribuição de dividendos;
   c) eleger os administradores e os membros do conselho fiscal, quando for o caso;
   d) aprovar a correção da expressão monetária do capital social.
2. **Assembleia geral extraordinária (AGE)** – Pode ser instalada a qualquer momento, conforme o *quorum* de instalação (art. 135, LSA). Sua competência compreende qualquer matéria que não seja objeto da assembleia geral ordinária. Interessante observar que, conforme a LSA, as espécies de assembleia decidirão a matéria a ser deliberada.

***Quorum* de instalação** - O *quorum* de instalação da assembleia será de um quarto do capital votante, em primeira convocação, ou de qualquer número, em segunda, salvo se da ordem do dia constar alteração estatutária exigindo *quorum* mais elevado, ou seja, dois terços para a primeira (AGE).

***Quorum* de deliberação** - O *quorum* de deliberação equivale ao número de votos necessários para aprovação de determinadas matérias. Como regra geral, corresponde a sua maioria, exceto quando a lei determina *quorum* qualificado (arts. 136 e 129, LSA).

DIRETORIA - A diretoria é um órgão executivo composto por, no mínimo, dois membros, acionistas ou não, eleitos pelo conselho de administração, se houver, ou pela assembleia geral, cuja finalidade, de modo geral, consiste em representar a companhia (arts. 138, § 1.º, e 143, LSA), ficando a cargo do estatuto estabelecer:

a) o número de diretores, ou o máximo e o mínimo permitidos;
b) o modo de sua substituição;
c) o prazo de gestão, que não será superior a três anos, permitida a reeleição;
d) as atribuições e poderes de cada diretor.

De acordo com o § 1.º do artigo 143 da LSA, no máximo um terço dos membros do conselho de administração poderão ocupar o cargo de diretores da companhia, o que facilitaria a execução dos serviços aprovados em deliberação de acionistas, podendo o estatuto estabelecer que determinadas decisões, de competência dos diretores, sejam tomadas em reunião de diretoria.

No mais, dispõe o artigo 144 da LSA:

> Art. 144 – No silêncio do estatuto e inexistindo deliberação do conselho de administração (art. 142, II e parágrafo único), competirão a qualquer diretor a representação da companhia e a prática dos atos necessários ao seu funcionamento regular.

Assim, como já mencionado, a função da diretoria consiste em representar a companhia, facultando aos diretores o direito de constituir procuradores para auxiliá-los no exercício de suas funções, nos termos definidos pelo estatuto social. O instrumento de mandato deve ser claro e preciso, descrevendo todos os poderes outorgados ao mandatário, o qual não poderá excedê-los, sob pena de ser responsabilizado pessoalmente pelos excessos cometidos.

CONSELHO DE ADMINISTRAÇÃO – O conselho de administração é um órgão deliberativo composto por, no mínimo, três membros acionistas, eleitos pela assembleia geral. Sua função consiste em (art. 142, LSA):

a) fixar a orientação geral dos negócios da companhia;
b) eleger e destituir os diretores da companhia e fixar-lhes as atribuições, observado o que a respeito dispuser o estatuto;
c) fiscalizar a gestão dos diretores, examinar, a qualquer tempo, os livros e papéis da companhia, solicitar informações sobre contratos celebrados ou em via de celebração, e quaisquer outros atos;
d) convocar a assembleia geral quando julgar conveniente ou no caso das matérias da assembleia geral ordinária;
e) manifestar-se sobre o relatório da administração e as contas da diretoria;
f) manifestar-se previamente sobre atos ou contratos, quando o estatuto exigir;
g) deliberar, quando autorizado pelo estatuto, sobre a emissão de ações ou de bônus de terceiros;
h) autorizar, se o estatuto não dispuser em contrário, a alienação de bens do ativo permanente, a constituição de ônus reais e a prestação de garantias a obrigações de terceiros;
i) escolher e destituir os auditores independentes, se houver.

O conselho de administração somente será obrigatório em se tratando de sociedades anônimas abertas, de capital autorizado ou de economia mista (arts. 138, § 2.º, e 235, LSA). O estatuto social dessas companhias deverá conter (art. 140, LSA):

a) o número de conselheiros, ou o máximo e mínimo permitidos, e o processo de escolha e substituição do presidente do conselho pela assembleia ou pelo próprio conselho;
b) o modo de substituição dos conselheiros;
c) o prazo de gestão, que não poderá ser superior a três anos, permitida a reeleição;
d) as normas sobre convocação, instalação e funcionamento do conselho, que deliberará por maioria de votos, podendo o estatuto estabelecer *quorum* qualificado para certas deliberações, desde que especifique as matérias.

ADMINISTRADORES - Como administradores inserem-se, também, os membros da diretoria e do conselho fiscal, que devem ser pessoas físicas residentes no país. Assim, são impedidos de exercer cargos de administração (art. 147, § 1.º, LSA):

a) as pessoas legalmente impedidas por lei especial;
b) os condenados por crime falimentar, de prevaricação, peita ou suborno, concussão ou peculato;
c) os condenados por crime contra a economia popular, a fé pública ou a propriedade;
d) os condenados a pena criminal que vede, ainda que temporariamente, a ocupação de cargos públicos.

Deveres dos administradores - Assim como o administrador da sociedade limitada possui deveres e obrigações, cabe ao administrador da sociedade anônima cumprir os deveres de:

- **Diligência** – O administrador da companhia deve empregar, no exercício de suas funções, o cuidado com os negócios da sociedade, prezando pelas normas técnicas de administração (art. 153, LSA).
- **Lealdade** – O administrador da companhia deve servi-la com lealdade e manter reserva sobre seus negócios. Portanto, é vedado a ele usar, em benefício próprio ou de outrem, com ou sem prejuízo para a companhia, as oportunidades comerciais de que tenha conhecimento; omitir-se no exercício ou proteção de direitos da companhia; visar à obtenção de vantagens, para si ou para outrem; deixar de aproveitar oportunidades de negócio de interesse da companhia; adquirir, para revender com lucro, bem ou direito que sabe necessário à companhia ou que esta tinha intenção de adquirir (art. 155, I, II e III, LSA).
- **Informação** – O administrador da companhia deve informar as condições referentes ao mercado de capitais, como a emissão de ações e demais títulos, os benefícios ou vantagens, etc. (art. 157, LSA).

Responsabilidade dos administradores - O administrador não é responsável pelas obrigações contraídas em nome da sociedade no bom desempenho de suas funções. No entanto, poderá ser responsabilizado pelos prejuízos que causar a ela quando incorrer em dolo, culpa, excesso de mandato ou prática de ato ilícito (art. 158, LSA). Cabe à companhia, mediante prévia deliberação em assembleia geral, mover ação de responsabilidade contra o administrador (art. 159, LSA).

Responsabilidade tributária dos administradores - Os administradores não são responsáveis pelos tributos devidos pela sociedade. Eles somente serão responsáveis se excederem o contrato social ou o estatuto ou se praticarem atos ilícitos. (*Veja comentários no tópico referente à sociedade limitada.*)

CONSELHO FISCAL - O conselho fiscal é um órgão de assessoramento e vigilância da administração composto por no mínimo três e no máximo cinco membros e suplentes, acionistas ou não, eleitos em assembleia geral (arts. 161 e 162, LSA). Por ser um órgão técnico e consultivo, não poderá qualquer pessoa nele figurar. O artigo 162 da LSA exige pessoas naturais residentes no país, diplomadas em curso universitário ou que tenham exercido, por pelo menos três anos, cargo de administrador de empresas ou de conselheiro fiscal em outra sociedade. Isso porque a principal função do conselho fiscal consiste em fiscalizar a gestão dos administradores, analisar balanços, livros e demais documentos que se façam necessários. Dessa forma, somente pessoas qualificadas terão capacidade de analisar tal documentação, utilizando-se de conhecimentos técnicos, como normas de contabilidade, economia, mercados de capitais, etc.

Dentre as inúmeras funções do conselho fiscal, encontram-se (art. 163, LSA):

a) fiscalizar, por qualquer de seus membros, os atos dos administradores e verificar o cumprimento de seus deveres legais e estatutários;
b) opinar sobre o relatório anual da administração, fazendo constar de seu parecer as informações complementares que julgar necessárias ou úteis à deliberação da assembleia geral;
c) opinar sobre as propostas dos órgãos da administração, a serem submetidas à assembleia geral, relativas a modificação do capital social, emissão de debêntures ou bônus de subscrição, planos de investimentos ou orçamentos de capital, distribuição de dividendos, transformação, incorporação, fusão ou cisão;
d) denunciar, por qualquer de seus membros, aos órgãos de administração, e, se estes não tomarem as providências necessárias para a proteção dos interesses da companhia, à assembleia geral, os erros, fraudes ou crimes que descobrirem e sugerir providências úteis à companhia;
e) convocar a assembleia geral ordinária, se os órgãos da administração retardarem por mais de um mês essa convocação, e a extraordinária, sempre que ocorrerem motivos graves ou urgentes, incluindo na agenda das assembleias as matérias que considerarem necessárias;
f) analisar, ao menos trimestralmente, o balancete e demais demonstrações financeiras elaboradas periodicamente pela companhia;
g) examinar as demonstrações financeiras de exercício social e sobre elas opinar;
h) exercer essas atribuições, durante a liquidação, tendo em vista as disposições especiais que a regulam.

Para o exercício de suas funções, o conselho fiscal notificará os órgãos de administração da companhia para colocarem a sua disposição, em no máximo dez dias, cópias das atas e das reuniões e, dentro de 15 dias, cópias dos balancetes e demais demonstrações financeiras elaboradas periodicamente, assim como, quando houver, dos relatórios de execução de orçamentos, podendo, ainda, solicitar esclarecimentos e informações extras que julgar necessárias, desde que relativas a sua função fiscalizadora.

Responsabilidade dos conselheiros - Assim como os administradores da companhia, os membros do conselho fiscal não são responsáveis pelos atos praticados no exercício regular de suas funções. Todavia, responderão perante a companhia pelos danos causados por omissão, culpa, dolo ou violação da lei ou do estatuto social.

Destaque-se que, no caso de atos ilícitos, o agente responde pessoalmente pelo ato praticado, salvo se outros membros do conselho fiscal forem coniventes ou concorrerem com ele (art. 165, § 2.º, LSA). No entanto, em se tratando de responsabilidade por omissão, os membros do conselho fiscal responderão em caráter solidário, exceto se o membro dissidente fizer consignar sua divergência em ata de reunião do conselho e comunicá-la imediatamente aos demais órgãos da administração e à assembleia geral (art. 165, § 2.º, LSA).

Demonstrações financeiras - Por tratar-se de sociedade de grande porte, a sociedade anônima deverá, ao fim de cada exercício, elaborar suas demonstrações financeiras, exprimindo com clareza a situação real de seu patrimônio, bem como as devidas alterações ocorridas no respectivo exercício (art. 176, LSA). Assim, compete à diretoria elaborar:

a) balanço patrimonial;
b) demonstração dos resultados;
c) demonstração dos lucros ou prejuízos acumulados;
d) demonstração das origens e aplicações de recursos.

Dissolução, liquidação e extinção

DISSOLUÇÃO - É o ato pelo qual os acionistas dão início ao fim da sociedade. Segundo o artigo 206 da LSA, a companhia dissolve-se:

- **De pleno direito:**
  a) pelo término do prazo de duração;
  b) nos casos previstos no estatuto;
  c) por deliberação em assembleia geral;
  d) pela existência de um único acionista, verificada em assembleia geral ordinária, se o mínimo de dois não for reconstituído até a assembleia do ano seguinte;
  e) pela extinção, na forma da lei, da autorização para funcionar.
- **Por decisão judicial:**
  a) quando anulada sua constituição, em ação proposta por qualquer acionista;
  b) quando provado que não pode preencher seu fim, em ação proposta por acionistas que representem 5% ou mais do capital social;
  c) em caso de falência, na forma prevista na respectiva lei;
  d) por decisão de autoridade administrativa competente, nos casos e na forma previstos em lei especial.

LIQUIDAÇÃO - Consiste na realização do ativo para pagamento do passivo por intermédio do liquidante (art. 208, LSA). Assim como a dissolução, a liquidação poderá ser extrajudicial ou judicial.

EXTINÇÃO - Representa o fim da pessoa jurídica. Poderá ocorrer (art. 219, LSA):
a) pelo encerramento da liquidação;
b) pela incorporação ou fusão, e pela cisão com versão de todo o patrimônio para outras sociedades.

Transformação, incorporação, fusão e cisão

TRANSFORMAÇÃO - Ocorre quando a sociedade passa, independentemente de dissolução e liquidação, de um tipo societário para outro (art. 220, LSA). Para a realização da transformação é necessário o consentimento unânime dos sócios ou acionistas, salvo se prevista no estatuto ou contrato social, caso em que o sócio dissidente terá o direito de retirar-se da sociedade, podendo, os sócios renunciarem, no contrato social, ao referido direito de retirada.

Direito dos credores na transformação - A transformação não prejudicará os direitos dos credores, uma vez que estes continuarão até o pagamento integral dos seus créditos. A transformação também não implica alterações das garantias realizadas anteriormente à transformação.

A falência, por sua vez, da sociedade transformada somente produzirá efeitos em relação aos sócios que, no tipo anterior, a eles estariam sujeitos, se o pedirem os titulares de créditos anteriores à transformação, e somente a estes beneficiará.

INCORPORAÇÃO - Consiste no ato pelo qual uma ou mais sociedades são absorvidas por outra, que lhes sucede em todos os direitos e obrigações (art. 227, LSA). A assembleia geral da companhia incorporadora, se aprovar o protocolo da operação, deverá autorizar o aumento de capital a ser subscrito e realizado pela incorporadora mediante versão do seu patrimônio líquido, e nomear os peritos que o avaliarão.

Já a sociedade que sofrer a incorporação, se aprovar o protocolo da operação, autorizará seus administradores a praticarem os atos necessários à incorporação, inclusive a subscrição do aumento de capital da incorporadora e uma vez aprovados pela assembleia geral da incorporadora o laudo de avaliação e a incorporação, extingue-se a incorporada, competindo à primeira promover o arquivamento e a publicação dos atos da incorporação.

Direitos dos credores na incorporação - O credor da pessoa jurídica extinta pela incorporação exerce seu direito contra a incorporadora. Caso o credor não se considere garantido pela nova situação, poderá pedir a anulação judicial da operação no prazo de 60 ou 90 dias, conforme o regime jurídico aplicável (LSA ou CC).

Ocorrendo, no prazo acima mencionado, a falência da sociedade incorporadora ou da sociedade nova, qualquer credor anterior terá o direito de pedir a separação dos patrimônios, para o fim de serem os créditos pagos pelos bens das respectivas massas.

FUSÃO - É a operação pela qual se unem duas ou mais sociedades para formar uma nova, que lhes sucede em todos os direitos e obrigações (art. 228, LSA). Na fusão a assembleia geral de cada companhia, se aprovar o protocolo de fusão, deverá nomear os peritos que avaliarão os patrimônios líquidos das demais sociedades. Apresentados os laudos, os administradores convocarão os sócios ou acionistas das sociedades para uma assembleia geral, que deles tomará conhecimento e resolverá sobre a constituição definitiva da nova sociedade, vedado aos sócios ou acionistas votar o laudo de avaliação do patrimônio líquido da sociedade de que fazem parte. Constituída a nova companhia, caberá aos primeiros administradores promover o arquivamento e a publicação da fusão.

Direitos dos credores na fusão - Com relação aos direitos dos credores, vide os comentários (Direitos dos credores na incorporação).

CISÃO - Consiste na operação pela qual a companhia transfere parcelas de seu patrimônio para uma ou mais sociedades, constituídas para esse fim ou já existentes, extinguindo-se a primeira cindida, se houver versão de todo o seu patrimônio, ou dividindo-se seu capital, se parcial (art. 229, LSA). A sociedade que absorver parcela do patrimônio da companhia cindida sucede a esta nos direitos e obrigações relacionados no ato da cisão. No caso de cisão com extinção, as sociedades que absorverem parcelas do patrimônio da companhia cindida sucederão a esta, na proporção dos patrimônios líquidos transferidos, nos direitos e obrigações não relacionados.

Na cisão com versão de parcela do patrimônio em sociedade nova, a operação será deliberada pela assembleia geral da companhia a vista de justificação que incluirá as informações previstas no artigo 224 da LSA; a assembleia, se a aprovar, nomeará os peritos que avaliarão a parcela do patrimônio a ser transferida, e funcionará como assembleia de constituição da nova companhia.

A cisão com versão de parcela de patrimônio em sociedade já existente obedecerá o previsto no artigo 227 da LSA.

Seja como for, efetivada a cisão com extinção da companhia cindida, caberá aos administradores da sociedade que tiverem absorvido parcelas do seu patrimônio promover o arquivamento e a publicação dos atos da operação; na cisão parcial, esse tal dever caberá aos administradores da companhia cindida e da que absorver parcela do seu patrimônio.

Por fim, as ações integralizadas com parcelas de patrimônio da companhia cindida serão atribuídas a seus titulares, em substituição às extintas, na proporção das que possuíam; a atribuição em proporção diferente requer a aprovação de todos os titulares, inclusive das ações sem direito a voto.

Direito dos credores na cisão - Nessa operação, a sucessão é negociada entre as sociedades participantes da operação. Assim, cada sociedade responde, após a operação, pelas obrigações transferidas.

Para proteger os direitos dos credores, prevê a lei que as sociedades que absorverem parcelas daquele patrimônio responderão solidariamente pelas obrigações da companhia extinta.

A companhia cindida que subsistir e as que absorverem parcelas do seu patrimônio responderão solidariamente pelas obrigações da primeira anteriores à cisão.

O ato de cisão parcial poderá estipular que as sociedades que absorverem parcelas do patrimônio da companhia cindida serão responsáveis apenas pelas obrigações que lhes forem transferidas, sem solidariedade entre si ou com a companhia cindida, mas nesse caso, qualquer credor anterior poderá se opor à estipulação, em relação ao seu crédito, desde que notifique a sociedade no prazo de 90 dias a contar da data da publicação dos atos da cisão.

Lembre-se, no fim, de que se a sociedade anônima emitir debêntures, a incorporação, fusão ou cisão dependerá de aprovação prévia dos debenturistas, em assembleia, salvo se lhes assegurado, nos seis meses seguintes à operação, o resgate do referido valor mobiliário (art. 231, LSA).

COMPETÊNCIA E PROCESSO PARA INCORPORAÇÃO, FUSÃO E CISÃO

A incorporação, fusão e cisão podem ser operadas entre sociedade de tipos iguais ou diferentes e deverão ser deliberadas nos termos dos estatutos ou contratos sociais (art. 223, LSA).

Nas operações em que houver criação de sociedade serão observadas as normas reguladoras da constituição das sociedades. Os sócios ou acionistas das sociedades que sofrerão tais operações receberão diretamente da companhia emissora as ações que lhes couberem. Se a incorporação, fusão ou cisão envolverem companhia aberta, as sociedades que sucederem manterão a mesma característica, devendo obter o respectivo registro e, se for o caso, promover a admissão de negociação das novas ações no mercado de capitais secundário, no prazo máximo de 120 dias, contados da data da assembleia geral que aprovou a operação, sempre observando as normas baixadas pela Comissão de Valores Mobiliários.

Caso tal exigência não seja atendida, o acionista terá direito a retirar-se da companhia, mediante reembolso de suas ações (art. 45, LSA), nos 30 dias seguintes.

Protocolo das operações - As operações societárias constarão de protocolo firmado pelos órgãos de administração ou sócios das sociedades interessadas, que incluirá:

I – o número, espécie e classe das ações que serão atribuídas em substituição dos direitos de sócios que se extinguirão e os critérios utilizados para determinar as relações de substituição;

II – os elementos ativos e passivos que formarão cada parcela do patrimônio, no caso de cisão;

III – os critérios de avaliação do patrimônio líquido, a data a que será referida a avaliação, e o tratamento das variações patrimoniais posteriores;

IV – a solução a ser adotada quanto às ações ou quotas do capital de uma das sociedades possuídas por outra;

V – o valor do capital das sociedades a serem criadas ou do aumento ou redução do capital das sociedades que forem parte na operação;

VI – o projeto ou projetos de estatuto, ou de alterações estatutárias, que deverão ser aprovados para efetivar a operação;

VII – todas as demais condições a que estiver sujeita a operação.

As referidas operações, ou seja, incorporação, fusão e cisão serão submetidas à deliberação da assembleia geral das companhias interessadas, mediante justificação, a qual deverão conter:

I – os motivos ou fins da operação, e o interesse da companhia na sua realização;

II – as ações que os acionistas preferenciais receberão e as razões para a modificação dos seus direitos, caso prevista;

III – a composição, após a operação, segundo espécies e classes das ações, do capital das companhias que deverão emitir ações em substituição às que se deverão extinguir;

IV – o valor de reembolso das ações a que terão direitos os acionistas dissidentes.

Formação do capital - As operações de incorporação, fusão e cisão somente poderão ser efetivadas nas condições aprovadas se os peritos nomeados determinarem que o valor do patrimônio ou patrimônios líquidos a serem vertidos para a formação de capital social, é, ao menos, igual ao montante do capital a realizar (art. 226, LSA).

Direito de retirada dos acionistas ou sócios - A transformação exige o consentimento unânime dos sócios ou acionistas, exceto se prevista no estatuto ou contrato social. Nesse caso, o sócio ou acionista dissidente terá o direito de retirar-se da sociedade.

Na incorporação e na fusão dão a princípio o direito de retirada ao sócio ou acionista dissidente. A LSA, nega, contudo, o direito de retirada se a companhia incorporadora ou resultante de fusão for aberta e as ações possuírem liquidez ou dispersão no mercado (art. 137, LSA).

Na cisão, em princípio, não enseja a retirada do sócio ou acionista dissidente. Contudo, caso a operação societária configure as consequências do direito de recesso previsto na Lei, o direito de retirada poderá ser exercido (arts. 136, 137 e 223, LSA).

Sociedade em comandita por ações

A sociedade em comandita por ações rege-se pelas normas aplicáveis à sociedade anônima (Lei 6.404/76, LSA) e, sem prejuízo à legislação específica, aplicam-se os artigos 1.090 a 1.092 do Código Civil.

Considera-se sociedade em comandita por ações aquela cujo capital encontra-se dividido em ações. Embora seja semelhante à sociedade por ações, diferencia-se desta pelo fato de os acionistas diretores responderem de forma subsidiária e ilimitada pelas obrigações sociais. Note-se, outrossim, que a responsabilidade solidária ocorre apenas entre os diretores, e estes perante terceiros, sempre subsidiários.

Ainda com relação à responsabilidade do diretor, sua destituição ou exoneração não o exime das responsabilidades que contratou na época de sua gestão, ficando responsável pelo período de dois anos, a contar da averbação do "termo" no registro competente.

Por fim, a companhia poderá adotar firma social composta pelo nome de seus administradores ou por denominação, acrescida da expressão "comandita por ações".

Sociedades coligadas

Consideram-se coligadas as sociedades que, em suas relações de capital, são controladas, filiadas ou de simples participação em outras sociedades (art. 1.097, CC).

SOCIEDADE CONTROLADA - É aquela de cujo capital outra sociedade possui a maioria dos votos nas deliberações dos quotistas ou da assembleia geral e o poder de eleger a maior parte dos administradores ou cujo referido controle está em poder de outra, mediante ações ou quotas possuídas por sociedades por esta já controladas (art. 1.098, CC).

SOCIEDADE FILIADA - Trata-se da sociedade de cujo capital outra participa com 10% ou mais, sem controlá-la (art. 1.099, CC).

SOCIEDADE DE SIMPLES PARTICIPAÇÃO - Consiste na sociedade de cujo capital outra participa com menos de 10%, com direito a voto (art. 1.100, CC).

Sociedades autorizadas

Pelo princípio da livre-iniciativa privada, os sócios são livres para constituir sociedades sem autorização do Poder Executivo, bastando a simples manifestação da vontade, objeto lícito e forma prescrita ou não defesa em lei. No entanto, algumas atividades dependem de autorização do Poder Executivo federal, como as instituições financeiras, as empresas de seguro, de transportes aéreos, estrangeiras, entre outras, pois exploram atividades de interesse público, colocando em risco a ordem econômica do país.

Instituições financeiras

As instituições financeiras, assim como o Sistema Financeiro Nacional, encontram-se previstas na Lei 4.595, de 31 de dezembro de 1964.

Conceito - As instituições financeiras são sociedades anônimas de natureza pública ou privada que têm como atividade principal ou acessória a coleta, intermediação ou aplicação de recursos financeiros próprios ou de terceiros, em moeda nacional ou estrangeira, e a custódia de valor de propriedade de terceiros (art. 17, Lei 4.595/64). Por representarem interesse público de grande envergadura, somente poderão funcionar no Brasil mediante prévia autorização do Banco Central ou decreto executivo, quando forem estrangeiras.

Banco Central do Brasil - O Banco Central do Brasil é uma autarquia federal com personalidade jurídica com o dever de cumprir e fazer cumprir as disposições que lhe são atribuídas pela legislação e pelas demais normas expedidas pelo Conselho Monetário Nacional. Como os demais órgãos governamentais, goza de competência privativa para determinados assuntos, dentre eles:

a) emitir moeda-papel e moeda metálica;
b) executar os serviços do meio circulante;
c) determinar o recolhimento de até 100% do total dos depósitos à vista e de até 60% de outros títulos contábeis das instituições financeiras, seja na forma de subscrição de Letras ou Obrigações do Tesouro Nacional ou compra de títulos da dívida pública federal, seja pelo recolhimento em espécie, em ambos os casos entregues ao Banco Central do Brasil, assim como a forma e condições por ele determinadas, nas condições estabelecidas em lei;
d) receber os recolhimentos compulsórios e os depósitos voluntários à vista das instituições financeiras, nos termos do inciso III e § 2.º do artigo 19 da Lei 4.595/64;
e) realizar operações de redesconto e empréstimo a instituições financeiras bancárias e as referidas nos artigos 4.º, inciso XIV, alínea "b", e 40, § 4.º;
f) exercer o controle do crédito sob todas as suas formas;
g) efetuar o controle dos capitais estrangeiros, nos termos da lei;
h) ser depositário das reservas oficiais de ouro de moeda estrangeira e de Direitos Especiais de Saque e fazer com estas últimas todas e quaisquer operações previstas no Convênio Constitutivo do Fundo Monetário Internacional;
i) exercer a fiscalização das instituições financeiras e aplicar as penalidades previstas;
j) conceder autorização às instituições financeiras, a fim de que possam: funcionar no país; instalar ou transferir suas sedes ou dependências, inclusive no exterior; ser transformadas, fundidas, incorporadas ou encampadas;
k) praticar operações de câmbio, crédito real e venda habitual de títulos da dívida pública federal, estadual ou municipal, ações, debêntures, letras hipotecárias e outros títulos de crédito ou imobiliários;
l) ter prorrogados os prazos concedidos para funcionamento;
m) alterar seus estatutos;
n) alienar ou, por qualquer outra forma, transferir seu controle acionário;
o) estabelecer condições para a posse e para o exercício de quaisquer cargos de administração de instituições financeiras privadas, assim como para o exercício de quaisquer funções em órgãos consultivos, fiscais e semelhantes, segundo normas que forem expedidas pelo Conselho Monetário Nacional;
p) efetuar, como instrumento de política monetária, operações de compra e venda de títulos públicos federais;
q) determinar que as matrizes das instituições financeiras registrem os cadastros das firmas que operam com suas agências há mais de um ano.

Não obstante, cabe ao Banco Central do Brasil, dentro de sua competência comum:

a) entender-se, em nome do governo brasileiro, com as instituições financeiras estrangeiras e internacionais;
b) promover, como agente do governo federal, a colocação de empréstimos internos ou externos, podendo, também, encarregar-se dos respectivos serviços;
c) atuar para o funcionamento regular do mercado cambial, da estabilidade relativa das taxas de câmbio e do equilíbrio no balanço de pagamentos, podendo para esse fim comprovar e vender ouro e moeda estrangeira, bem como realizar operações de crédito no exterior, inclusive as referentes aos

Direitos Especiais de Saque e separar os mercados de câmbio financeiro e comercial;

d) efetuar compra e venda de títulos de sociedades de economia mista e empresas do Estado;

e) emitir títulos de responsabilidade própria, de acordo com as condições estabelecidas pelo Conselho Monetário Nacional;

f) regular a execução dos serviços de compensação de cheques e outros papéis;

g) exercer permanente vigilância nos mercados financeiros e de capitais sobre empresas que, direta ou indiretamente, interfiram nesses mercados e em relação às modalidades ou processos operacionais que utilizem;

h) promover, sob controle do Conselho Monetário Nacional, os serviços de sua secretaria.

O Banco Central instalará delegacias, com autorização do Conselho Monetário Nacional, nas diferentes regiões do país, tendo em vista a descentralização administrativa para distribuição e recolhimento da moeda e o cumprimento das decisões adotadas pelo Conselho. Para nós, o Banco Central desenvolve importante papel, na medida em que compete exclusivamente a ele operar com instituições financeiras, tanto públicas como privadas.

Como visto, as instituições financeiras podem ser públicas ou privadas. As públicas são órgãos auxiliares da execução da política de crédito governamental. Já as privadas, com exceção das cooperativas de crédito, serão constituídas sob a forma de Sociedade Anônima.

Instituições financeiras públicas - Reguladas pelo Conselho Monetário Nacional, são órgãos auxiliares da execução da política de crédito governamental. As instituições públicas federais serão representadas por cidadãos de ilibada reputação e notório saber técnico, cabendo ao presidente da República a nomeação do diretor do Banco do Brasil, após a aprovação do Senado Federal. Por sua vez, as instituições financeiras públicas estatais ficam sujeitas às disposições relativas às instituições privadas, nos termos do artigo 24 da Lei 4.595/64.

Instituições financeiras privadas - Constituem-se pela livre-iniciativa prevista na Constituição Federal, isto é, são formadas pela manifestação de vontade de seus membros, de acordo com os requisitos da lei, e fiscalizadas pelo Banco Central do Brasil.

Assim, observadas as normas fixadas pelo Conselho Monetário Nacional, as instituições financeiras privadas poderão emitir, até o limite de 50% de seu capital social, ações preferenciais, sempre nominativas e sem direito a voto, lembrando que ações preferenciais gozam de certos privilégios e restrições em face das ordinárias, e serão reguladas de acordo com o Decreto-Lei 2.627, de 26 de setembro de 1940.

Por fim, as instituições financeiras privadas deverão aplicar, de preferência, não menos de 50% dos depósitos de seus clientes que recolherem na respectiva Unidade Federada ou no Território.

Capital social - O capital social representa a contribuição inicial que os sócios dão à companhia para iniciar suas atividades. No caso das instituições financeiras, tanto públicas como privadas, a lei exige a realização do capital sempre em moeda corrente, o que as diferencia das demais sociedades, que podem contribuir com bens imóveis, móveis ou créditos.

Dessa forma, na subscrição do capital inicial e de seus futuros aumentos em moeda corrente, serão exigidos à vista a realização de, no mínimo, 50% do montante subscrito a título de integralização, e o saldo remanescente deverá ser integralizado dentro de um ano a contar da primeira realização.

Demonstrações financeiras - As instituições financeiras levantarão balanços gerais em 30 de junho e 31 de dezembro de cada ano, obrigatoriamente, em conformidade com as regras contábeis estabelecidas pelo Conselho Monetário Nacional.

Intervenção - As instituições financeiras públicas não federais e as privadas poderão sofrer intervenção do Banco Central do Brasil ou até liquidação extrajudicial se descumprirem as normas reguladas pela lei. Note-se que as instituições financeiras dificilmente sofrerão falência, tendo em vista o processo de intervenção e liquidação. No entanto, se mesmo após a intervenção e a liquidação as instituições apresentarem-se insolventes, poderão, no fim, falir.

Em Resumo

Direito Societário

Sociedades não personificadas

- **Em comum** – Responsabilidade dos sócios: solidária e ilimitada.
- **Conta de participação** – Responsabilidade dos sócios: ostensivos – solidária e ilimitada; participantes – limitada.

Sociedade personificadas – Simples; empresária.

Tipos de sociedade empresária – Em nome coletivo; em comandita simples; limitada; anônima; coligadas; autorizadas; instituições financeiras.

Classificação das sociedades empresárias – Quanto à responsabilidade dos sócios: ilimitada: sociedade em nome coletivo; **limitada:** sociedades anônima e limitada; **quanto à constituição e dissolução: contrato social:** sociedades em nome coletivo, em comandita simples e limitada; **estatuto social:** sociedades anônima e em comandita por ações.

Sociedade em nome coletivo – Sociedade de família (tipo mais antigo): os sócios respondem solidária e ilimitadamente.

Sociedade em comandita simples – Há duas categorias de sócios: **comanditados** (responsabilidade solidária e ilimitada) e **comanditários** (responsabilidade limitada).

Sociedade limitada – Capital social: dividido em quotas; **responsabilidade dos sócios:** limitada a sua quota-parte. **Principais deveres dos sócios:** integralização do capital; lealdade; sigilo; e informação. **Principais direitos dos sócios:** participar do resultado; contribuir para as deliberações; fiscalizar a gestão; retirar-se da sociedade. **Não integralização do capital pelo sócio:** expulsão; redução de sua quota-parte; dano emergente de mora. **Retirada do sócio: sociedade por prazo indeterminado:** a qualquer momento; **sociedade por prazo determinado:** findo o prazo; incorporação; fusão; modificação; transformação; justa causa. **Administração da sociedade:** o administrador pode ser sócio ou não; **formalidades para nomeação:** impedimentos; termo de posse em 30 dias; averbação em dez dias; **responsabilidade do administrador:** solidária com a sociedade pelos atos

que incorrer em culpa. **Assembleia: espécies:** assembleia geral ordinária (AGO) – deve ser instalada uma vez por ano, nos quatro primeiros meses ao término de cada exercício – e assembleia geral extraordinária (AGE) – pode ser instalada a qualquer momento; ***quorum* de instalação:** três quartos do capital social em primeira convocação e qualquer número em segunda convocação; ***quorum* de deliberação:** unânime, dois terços, três quartos, 50% + 1. **Conselho fiscal:** órgão facultativo; se instalado, composto por no mínimo três membros, sócios ou não.
Sociedade anônima – Capital social: dividido em ações. **Responsabilidade dos acionistas:** limitada a sua ação. **Classificação**: **aberta:** valores mobiliários negociados no mercado de capitais; **fechada:** valores mobiliários não negociados no mercado de capitais.
Comissão de Valores Mobiliários (CVM) – autarquia federal, regula o mercado de capitais. **Mercado de capitais: primário:** opera a subscrição de novas ações; **secundário:** opera a compra e a venda de ações. **Classificação das ações: quanto à natureza:** ordinárias (direito comum dos acionistas); preferenciais (vantagens em relação às ordinárias); de fruição (amortização das ordinárias ou preferenciais); **quanto à forma:** nominativas (identificam o beneficiário e são registradas em livro próprio da companhia); escriturais (são mantidas em conta de depósito em instituição financeira). **Principais valores mobiliários: partes beneficiárias:** valores mobiliários sem valor nominal e estranhos ao capital social que conferem direito de crédito eventual a seus titulares; **debêntures:** valores mobiliários que conferem direitos de crédito contra a companhia emissora; **bônus de subscrição:** valores mobiliários que conferem ao titular direito de preferência em subscrever novas ações; ***commercial papers*:** espécies de notas promissórias que conferem direito de crédito a seus titulares; idênticos às debêntures. **Principais direitos dos acionistas:** participar dos lucros sociais; participar do acervo da companhia em caso de liquidação; fiscalizar a gestão; preferências para subscrição de novas ações; retirar-se da sociedade. **Assembleia: espécies:** assembleia geral ordinária (AGO) – deve ser instalada uma vez por ano, nos quatro primeiros meses ao término de cada exercício – e assembleia geral extraordinária (AGE) – pode ser instalada a qualquer momento; ***quorum* de instalação:** um quarto do capital votante em primeira convocação e qualquer número em segunda; ***quorum* de deliberação:** corresponde ao número de votos necessários para a aprovação de determinadas matérias; regra geral: maioria. **Demais órgãos: diretoria** (órgão executivo): composto por, no mínimo, dois membros, acionistas ou não; **conselho de administração** (órgão deliberativo): composto por, no mínimo, três membros, somente acionistas; **conselho fiscal** (órgão de assessoramento): composto por, no mínimo, três membros, acionistas ou não. **Administradores: deveres:** diligência; lealdade; e informação; **responsabilidade:** responde se incorrer em dolo, culpa, excesso ou ato ilícito.

PRESTE ATENÇÃO

1. **Sociedade não personificada e sociedade personificada** – A sociedade não personificada não possui registro de seus atos constitutivos; de acordo com o Código Civil, são a sociedade em comum e a sociedade em conta de participação. A sociedade personificada possui registro de seus atos constitutivos: se empresária, na Junta Comercial; se simples, no Cartório Civil de Registro de Pessoas Jurídicas.

2. **Sociedade simples e sociedade empresária** – A sociedade simples exerce atividade econômica ou não, porém não organizada, ao passo que a sociedade empresária exerce atividade econômica e organizada. Portanto, o marco diferencial consiste na organização.
3. **Sociedade limitada** – É a sociedade cujo capital social é dividido em quotas. A principal obrigação dos sócios é integralizar o capital social, sob pena de serem considerados remissos. Assim, remisso é o sócio que não integraliza o capital, podendo ser expulso da sociedade, ter sua quota reduzida ou pagar dano emergente de mora.
4. **Dano de mora e lucro cessante** – Dano de mora é aquilo que a sociedade efetivamente perdeu; lucro cessante, aquilo que a sociedade deixou de ganhar.
5. **Direito de recesso e trespasse** – Direito de recesso ou dissidência é o direito do sócio de se retirar da sociedade; tal direito varia de acordo com o prazo da sociedade. Trespasse representa a alienação do estabelecimento empresarial, na qual ocorre a mudança de titularidade.
6. **Administrador e gerente** – Administrador é a pessoa que tem poder de gestão, podendo ser sócio ou não sócio, nomeado no contrato social ou em ato separado. Gerente é o preposto efetivo no cargo com uma hierarquia superior aos demais funcionários; portanto, para efeitos do Código Civil, o gerente é funcionário.
7. **Responsabilidade do administrador** – O administrador não é responsável pelas obrigações da sociedade, salvo se incorrer em culpa. A culpa deve ser entendida no sentido mais amplo possível.
8. **Assembleia e reunião de sócios** – Quando o número de sócios for superior a dez, a sociedade limitada deverá realizar as deliberações em assembleia; quando igual ou inferior a dez, as deliberações poderão ocorrer em reunião de sócios. Tanto a assembleia quanto a reunião tornam-se dispensáveis quando todos os sócios decidirem por escrito. Portanto, as deliberações podem ser tomadas de três formas: assembleia, reunião de sócios ou ato separado por escrito.
9. **Conselho fiscal** – Na sociedade limitada, é sempre órgão facultativo.
10. **Sociedade anônima** – É a sociedade cujo capital social é dividido em ações. A sociedade anônima pode ser aberta ou fechada, conforme seus valores mobiliários estejam ou não negociados no mercado de valores mobiliários.
11. **Mercado de capitais** – Pode ser primário ou secundário. No mercado primário ocorre a subscrição de novas ações; no secundário, a compra e a venda de ações.
12. **Subscrição de ações** – Subscrição é a manifestação do interesse em tornar-se acionista. Essa operação é realizada no mercado primário.
13. **Ações ordinárias e preferenciais** – As ações ordinárias dão direito comum a qualquer acionista, como o direito a voto, enquanto as ações preferenciais atribuem a seu titular certa vantagem. As ações preferenciais também poderão dar direito a voto, conforme dispuser o estatuto. Assim, a principal diferença entre as ações ordinárias e as preferenciais é que estas últimas têm preferência na distribuição do dividendo.
14. **Órgãos da sociedade anônima** – Os órgãos da sociedade anônima são: assembleia, diretoria, conselho de administração e conselho fiscal.
15. **Assembleia** – É o órgão deliberativo máximo; pode ser ordinária ou extraordinária.
16. **Conselho de administração** – Somente acionistas podem participar do conselho de administração. É órgão obrigatório nas companhias de capital aberto, autorizadas e de economia mista. Portanto, na sociedade anônima fechada é facultativo.

4

Títulos de Crédito

Origem

Os títulos de crédito surgiram na Idade Média com o intuito de agilizar e facilitar a circulação da moeda. Aparentemente, o mercado daquela época operava por meio da troca ou escambo. Com o passar do tempo, o escambo já não mais correspondia às necessidades da sociedade, a troca de uma mercadoria por outra não interessava mais aos grandes produtores. Surgiu, então, a moeda, meio utilizado para a troca de mercadorias, passando, desde esse momento, a ocorrer maior centralização no volume de riquezas. Assim, para facilitar a circulação da moeda e a confiança que o credor depositava em seu devedor, surgiram os títulos de crédito – daí os termos *creditum*, *credere*.

Conceito

O título de crédito, segundo Cesare Vivante, "é o documento necessário ao exercício de um direito literal e autônomo nele mencionado".

Características

De acordo com a definição do ilustre comercialista italiano, são características dos títulos de crédito:

- **Literalidade** – O título de crédito é literal porque somente será considerado o que nele estiver escrito.
- **Cartularidade** – Diz-se que o título de crédito é documentado por uma cártula (papel). Para que o possuidor exercite os direitos decorrentes do crédito, torna-se necessária sua apresentação.
- **Autonomia** – A autonomia representa uma independência nas relações obrigacionais que se firmam no próprio título. Isso porque o terceiro de boa-fé exercita o próprio direito, não podendo ser constrangido pelas obrigações anteriormente assumidas.

De acordo com Rubens Requião, da definição apresentada por Vivante, poder-se-iam admitir mais dois elementos, embora não sejam comuns a todos os títulos de crédito:

- **Independência** – Pela independência, alguns títulos de crédito, como a letra de câmbio, não se vinculam a nenhum outro documento, valendo por si sós.
- **Abstração** – Ocorre quando o título de crédito é posto em circulação, ou seja, na relação entre duas pessoas que não contrataram entre si, como no endosso.

Inoponibilidade das exceções pessoais

Pela inoponibilidade das exceções pessoais, as pessoas acionadas em virtude de uma letra não podem opor ao portador exceções fundadas nas relações pessoais delas com o sacador ou com os portadores anteriores, a menos que o portador, ao adquirir a letra, tenha procedido conscientemente em detrimento do devedor (art. 17, LU). Nesse mesmo sentido é a posição do Código Civil em seu artigo 916: "As exceções, fundadas em relação do devedor com os portadores precedentes, somente poderão ser por ele opostas ao portador, se este, ao adquirir o título, tiver agido de má-fé".

Classificação

Segundo Fábio Ulhoa Coelho, os títulos de créditos classificam-se:

a) **Quanto ao modelo:**
- **Títulos de crédito livres** – Não há um padrão definido para sua confecção, podendo ser emitidos de forma livre, desde que observados os requisitos da lei; são exemplos a nota promissória e a letra de câmbio.
- **Títulos de crédito vinculados** – A lei lhes atribui um padrão específico, não permitindo sua livre confecção, como no caso do cheque e da duplicata.

b) **Quanto à estrutura:**
- **Promessa de pagamento** – O título apresenta duas relações jurídicas: o emitente (sacador) e o beneficiário (tomador), a exemplo da nota promissória.
- **Ordem de pagamento** – O saque do título enseja três relações jurídicas: a do sacador (que dá a ordem), a do sacado (destinatário da ordem) e a do tomador (beneficiário da ordem); nessa modalidade encontram-se o cheque, a duplicata e a letra de câmbio.

c) **Quanto à emissão:**
- **Títulos não causais** – Sua criação independe de uma origem – por exemplo, a nota promissória e o cheque.
- **Títulos causais** – Necessitam obrigatoriamente de uma origem para sua criação, como no caso da duplicata mercantil, por representar o crédito oriundo de uma compra e venda mercantil.

d) **Quanto à circulação:**
- **Títulos ao portador** – São aqueles em que o emitente não identifica seu beneficiário, presumindo-se como credor aquele que os portar. Assim, o título ao portador opera-se pela simples tradição. No entanto, depois do Plano Collor, os títulos ao portador foram praticamente abolidos do sistema jurídico brasileiro, com **exceção do cheque inferior a R$ 100,00.**
- **Títulos nominativos** – São aqueles em que o emitente identifica o beneficiário, registrando-os em livro próprio.

Classificação no novo Código Civil - De acordo com o Código Civil (arts. 887 a 926), os títulos de crédito são:
- **Ao portador** – Não identificam o beneficiário, operando pela simples tradição.
- **Nominativos** – Quando de sua emissão, identificam o beneficiário, ficando registrados em livro próprio do emitente.
- **À ordem** – São passíveis de endosso, em branco ou em preto.

A classificação adotada pelo novo Código Civil não representa nenhuma inovação no ordenamento jurídico brasileiro, tampouco a revogação das leis especiais. Dessa forma, os títulos continuam a ser regidos por leis específicas, aplicando-se de forma supletiva o Código Civil, quando compatíveis.

Importante ressaltar que, no Brasil, existem atualmente 40 modalidades de títulos de crédito. Entretanto, serão comentadas aqui apenas quatro das principais: letra de câmbio, nota promissória, cheque e duplicata.

Letra de câmbio

Atualmente, a letra de câmbio encontra-se regulada pela Lei 57.663/66 e parcialmente pelo Decreto 2.044/08 (Lei Uniforme – LU).

Conceito - Ensina Rubens Requião (*Curso de Direito Comercial*, p. 387): "A letra de câmbio é uma ordem de pagamento, à vista ou a prazo. Sendo uma *ordem de pagamento* que alguém dirige a outrem para pagar a terceiro, importa numa relação entre pessoas que ocupam três posições no título: a de *sacador*, a de *sacado* e a de *beneficiário da ordem*". Desse conceito, pode-se extrair:

- **Sacador** – Dá a ordem para pagamento.
- **Sacado** – A quem a ordem é dirigida.
- **Tomador** – O beneficiário da ordem.

Requisitos - Para que a letra de câmbio possa produzir efeitos, a lei determina os seguintes requisitos (art. 1.º, LU):

a) a denominação "letra de câmbio" inserida no próprio texto ou expressa na língua empregada em sua redação;
b) a ordem de pagar determinada quantia;
c) o nome da pessoa que deve pagar (sacado);
d) a época do pagamento;
e) o nome da pessoa a quem ou à ordem de quem deve ser paga (tomador);
f) a indicação da data e do lugar em que a letra é passada;
g) a assinatura de quem passa a letra (sacador).

Portanto, para que a letra produza efeitos, torna-se necessário o preenchimento desses requisitos. Entretanto, alguns requisitos não essenciais poderão ser presumidos, sem comprometer sua validade. São eles:

a) na falta de indicação da época do pagamento, considerar-se-á como à vista;
b) na falta de indicação especial do lugar designado ao lado do nome do sacado, entender-se-á como o lugar do pagamento e, ao mesmo tempo, o lugar do domicílio do sacado;
c) na falta de indicação do lugar onde foi passada, considerar-se-á o lugar designado ao lado do nome do sacador.

Letra incompleta ou em branco - De acordo com a Súmula 387 do STF, "a cambial emitida ou aceita com omissões ou em branco pode ser completada pelo credor de boa-fé antes da cobrança ou do protesto". Assim, para o credor de boa-fé protestar a letra, deverá preenchê-la. Enquanto não for preenchida a letra, esta não se torna exigível.

Aceite - A letra de câmbio é uma ordem de pagamento dada pelo sacador em face do sacado. Este não é obrigado a obedecer à ordem contra sua vontade. Assim, a lei determina que somente após o ato do aceite o sacado estará vinculado ao cumprimento da obrigação cambial. Portanto, o aceite da letra será sempre facultativo.

Todavia, uma vez aceita a ordem pelo sacado, este será considerado principal devedor, nos termos do artigo 28 da Lei 57.663/66:

> Art. 28 – O sacado obriga-se pelo aceite a pagar a letra à data do vencimento.

O aceite será dado na própria letra, representado pela palavra "aceite" ou qualquer outra equivalente, sendo puro e simples, podendo o sacado limitá-lo a uma parte da importância sacada (arts. 25 e 26, LU).

FALTA OU RECUSA DO ACEITE - O aceite na letra de câmbio é sempre facultativo. Assim, mesmo que o sacador tenha firmado acordo com o sacado, este não é obrigado a aceitar a letra. Se não aceitá-la, será acionado pelas vias normais do direito das obrigações, e não pelo direito cambiário. A recusa pode ser total ou parcial.

Segundo Fábio Ulhoa Coelho, a lei disciplina duas espécies de recusa parcial: aceite limitativo e aceite modificativo. No primeiro, o sacado reduz o valor da obrigação que ele assume – por exemplo, o sacado se compromete a pagar R$ 150,00, mas aceita R$ 100,00. No segundo, o sacado muda as condições de pagamento da letra – por exemplo, postergando seu vencimento ou alterando o local de pagamento.

Ressalte-se, contudo, que a recusa do aceite acarreta o vencimento antecipado da letra, a qual deverá ser protestada até o primeiro dia útil seguinte à recusa ou aceite parcial; do contrário, perder-se-á o direito de demandar contra os coobrigados.

LETRA NÃO ACEITÁVEL - Como visto, a recusa do aceite produz o vencimento antecipado da letra. Assim, para evitar o vencimento antecipado, a lei permite ao sacador introduzir cláusula não aceitável proibindo a apresentação da letra antes do vencimento (art. 22, LU). Inserida a cláusula, o tomador somente poderá apresentar a letra na data de seu vencimento. Tal limitação protege o sacado contra a exigibilidade antecipada da obrigação; isso porque a recusa do aceite poderá ocorrer depois de vencida a letra. O sacador pode estipular que a apresentação ao aceite não poderá efetuar-se antes de determinada data. Trata-se de uma variante de cláusula não aceitável.

Endosso - Endosso é o ato cambial pelo qual o credor de um título de crédito com cláusula "à ordem" transfere seus direitos a uma terceira pessoa. Assim, figuram no endosso duas novas relações jurídicas:

- **Endossante** – Aquele que transfere os direitos do título.
- **Endossatário** – Aquele que recebe o título.

O endosso consiste na transferência da titularidade do título (art. 14, LU) e, por tratar-se de ato cambial, vincula o endossante ao pagamento da letra (art. 15, LU). Portanto, em regra, produz basicamente dois efeitos: **transferência** e **coobrigação**.

> Art. 15, LU – O endossante, salvo cláusula em contrário, é garante tanto da aceitação como do pagamento da letra. O endossante pode proibir um novo endosso e, neste caso, não garante o pagamento às pessoas a que a letra for posteriormente endossada.

No entanto, poderá o endossante exonerar-se da responsabilidade pela cláusula "sem garantia", o que enseja apenas a transferência do título.

Importante lembrar, contudo, que o artigo 914 do Código Civil não se aplica à letra de câmbio, já que esta possui legislação especial. Por esse dispositivo, o endossante, em regra, não garante o pagamento do título. O Código Civil deve ser aplicado aos títulos inominados, e não, em regra, aos títulos regulados por lei especial.

TIPOS DE ENDOSSO - O endosso pode ser:

- **Endosso em branco** – O endossante não identifica o endossatário.
- **Endosso em preto** – O endossante, ao transferir o título, identifica o endossatário.

- **Endosso-mandato** – Transmite ao endossatário o poder de cobrar o título, atribuindo quitação de seu valor. O endossatário-mandatário poderá exercer todos os direitos emergentes da letra, mas endossá-la apenas na qualidade de procurador.
- **Endosso-caução (endosso em garantia, valor em penhor)** – Segundo Fábio Ulhoa Coelho, "o endosso-caução é o instrumento adequado para a instituição de penhor sobre o título de crédito".

Por fim, o endosso deve ser puro e simples, sendo **nulo** o endosso **parcial** (art. 12, LU).

Cessão de crédito - Como visto, o endosso representa o ato cambial em título "à ordem" que transfere os direitos a ele inerentes a uma terceira pessoa. Assim, a essência de qualquer título é a livre circulação.

Entretanto, poderão ocorrer situações em que o portador do título cambial não permite sua circulação por endosso, inserindo, dessa forma, cláusula "não à ordem". O título, contudo, ainda poderá circular, utilizando-se da cessão civil, isto é, o **cedente** transfere o crédito a uma terceira pessoa, chamada **cessionária**.

A diferença entre o **endosso** e a **cessão de crédito** consiste basicamente em duas situações:

a) o endossante responde, em regra, como coobrigado; o cedente, apenas pela validade do crédito;
b) o endossante não precisa comunicar ao devedor a transferência do crédito; o cedente, sim.

Aval - Aval é o ato cambial pelo qual o **avalista** se compromete a garantir o pagamento do título de crédito em favor do **avalizado**. O pagamento da letra de câmbio poderá ser no todo ou em parte, garantido por aval. Tal garantia será dada por um terceiro ou pelo próprio sacador, endossante ou aceitante (art. 30, LU).

As obrigações assumidas pelo avalista são autônomas. Dessa forma, não poderá opor-se ao pagamento alegando matéria relativa à origem do título que lhe seja estranha. O aval, de acordo com Rubens Requião, é uma obrigação formal, autônoma e independente. Para sua caracterização, basta a simples assinatura do avalista.

TIPOS DE AVAL - Diferentemente do endosso, o aval pode ser **total** ou **parcial**, isto é, o avalista garante o pagamento de toda a importância avalizada ou de apenas parte dela. A formalização do aval ocorre por escrito na própria letra ou em folha anexa, acompanhada da expressão "bom para aval" ou por qualquer fórmula equivalente, devidamente assinada pelo dador do aval. Assim, o aval deve indicar a pessoa para quem se dá; na falta desta, entender-se-á em favor do sacador. O aval pode ser ainda **simultâneo**, quando o devedor tem sua obrigação garantida simultaneamente por mais de um avalista.

Cabe ressaltar que o aval produz dois efeitos em relação à obrigação avalizada:

- **Autonomia** – O avalista não pode valer-se das exceções pessoais do avalizado.
- **Solidariedade** – O avalista é responsável da mesma maneira que a pessoa por ele afiançada.

DIFERENÇA ENTRE AVAL E FIANÇA - O aval representa uma garantia de pagamento, a qual não se confunde com a fiança. O aval, em virtude da solidariedade, não prevê o benefício de ordem; na fiança, salvo estipulação em contrário, a responsabilidade do fiador será subsidiária, prevendo, portanto, o benefício de ordem. A obrigação do aval é autônoma e independente, ao passo que na fiança é acessória.

Nesse sentido, ensina Rubens Requião (*op. cit.*, p. 421): "O aval é um instituto típico do direito cambiário. Por isso, não se confunde com a *fiança*. Esta é uma garantia acessória de uma obrigação principal, sendo-lhe característica fundamental essa acessoriedade; o aval, porém, como toda obrigação cambiária, é absolutamente autônomo de qualquer outra".

Para a validade do aval, basta uma simples assinatura, enquanto a fiança requer maiores formalidades. Afinal, o aval independia da outorga uxória ou marital, já a fiança não. Cumpre destacar a inviabilidade do aval diante do novo Código Civil, que, da data de sua publicação, passou a exigir, para sua validade, a outorga uxória ou marital, exceto no regime da separação absoluta:

> Art. 1.647 – Ressalvado o disposto no art. 1.648, nenhum dos cônjuges pode, sem autorização do outro, exceto no regime da separação absoluta:
> [...]
> III – prestar fiança ou aval;
> [...]

Vencimento - É o ato cambial pelo qual se opera a exigibilidade da letra, podendo ocorrer:

- **À vista** – Ocorre quando o sacado recebe o título, devendo honrar imediatamente a obrigação.
- **A certo termo da data** – O vencimento começa a contar da emissão da letra.
- **A certo termo da vista** – O prazo para contagem do vencimento ocorre somente a partir do visto ou do aceite do sacado.
- **A dia certo** – Ocorre quando as partes estipulam um dia certo e determinado para seu vencimento.

Ademais, a **falta** ou **recusa de aceite**, a **falência do sacado** e a **falência do aceitante** poderão ensejar o vencimento por antecipação.

Pagamento - É causa de extinção das obrigações. Assim, uma vez vencida a letra, deve ser apresentada para pagamento. De acordo com a Lei Uniforme, o portador da letra de câmbio tem de apresentá-la para pagamento no dia de seu vencimento. Se, contudo, o dia do vencimento coincidir com feriado, o devedor deve pagá-la no primeiro dia útil seguinte.

Protesto - É o ato solene e formal pelo qual se comprova o descumprimento de uma obrigação. A esse respeito, ensina J. X. Carvalho de Mendonça (*Tratado de Direito Comercial brasileiro*, pp. 387-8):

> "O protesto, para os efeitos cambiais (protesto cambial), é a formalidade extrajudicial, mas solene, destinada a servir de prova da apresentação da letra de câmbio, no tempo devido, para o aceite ou para o pagamento, não tendo o portador, apesar da sua diligência, obtido este ou aquele. Com o mesmo objeto, serve ainda de prova da falência do aceitante".

Atualmente, o protesto encontra-se regulado pela Lei 9.492, de 10 de setembro de 1997, que assim o define:

> Art. 1.º – Protesto é o ato formal e solene pelo qual se prova a inadimplência e o descumprimento de obrigações originadas em títulos e outros documentos de dívida.

Por sua vez, a doutrina considera o protesto:

- **Obrigatório** – Consiste no ato formal e solene para resguardar o direito de regresso contra os coobrigados.
- **Facultativo** – Tem por finalidade constituir o devedor em mora, bem como interromper a prescrição.

Como visto, o protesto é utilizado para manter os efeitos da coobrigação. Assim, para o credor exigir o cumprimento da obrigação dos coobrigados, isto é, sacador, endossante e seu avalista, o protesto será obrigatório; essa regra não se aplica ao aceitante da letra e seu avalista.

DISPENSA DO PROTESTO - De acordo com a Lei Uniforme, o protesto torna-se dispensável quando inserido na letra à cláusula "sem despesas". A cláusula "sem despesas", "sem protesto" ou equivalente produz efeitos perante todos os que figurarem na letra, tais como sacador, endossante e seu avalista. Desse modo, o portador poderá exercer todos os seus direitos de ação, independentemente de protesto.

Segundo Rubens Requião, "com a inserção dessa cláusula, o portador, para poder exercer os seus direitos de ação, estará isento, por vontade do sacador, expressa na própria letra, de promover o protesto". O autor lembra, ainda, que "essa cláusula – adverte a Lei Uniforme – não dispensa o portador da apresentação da letra dentro do prazo prescrito, nem tampouco dos avisos a dar. É óbvio que, não provando a apresentação da letra pelo protesto, o portador terá de fazer a prova por qualquer outra forma extracambiária que o direito permite. Essa prova constituirá ônus daquele que da inobservância da apresentação queira se prevalecer contra o portador. [...] Se a cláusula 'sem despesas', 'sem protesto' ou outra equivalente for inserida pelo sacador, produz os seus efeitos em relação a todos os que se obrigarem na letra. Se inserida por endossante ou por avalista, somente em relação a ele terá efeito" (Requião, Rubens, *op. cit.*, p. 443).

PRAZOS PARA PROTESTO - Os prazos para protesto da letra de câmbio variam conforme a obrigação assumida pelo devedor.

- **Protesto por falta de aceite** – A letra deve ser entregue a protesto findo o prazo de apresentação para aceite ou no dia seguinte, se o sacado a recebeu para aceite.
- **Protesto por falta de pagamento** – A letra deve ser apresentada a protesto no prazo de dois dias úteis após seu vencimento.

SUSTAÇÃO E CANCELAMENTO DO PROTESTO - A sustação do protesto é uma medida cautelar. O devedor deverá depositar a importância reclamada e em 30 dias ingressar com a ação anulatória do título levado a protesto. Nesses casos, o juiz poderá ainda admitir apenas a prestação de caução nos termos do CPC. Seja como for, uma vez revogada a ordem de sustação, proceder-se-á ao protesto do título sem nova intimação do devedor, sendo a lavratura e o registro do protesto efetivados até o primeiro dia útil subsequente ao do recebimento da revogação, salvo se a materialização do ato depender de consulta a ser formulada ao apresentante, caso em que o mesmo prazo será contado da data da resposta dada (art. 17, § 2.º, Lei 9.492/97).

O cancelamento do protesto, por sua vez, será solicitado diretamente ao Tabelionato de Protesto de Títulos, por qualquer interessado, mediante a apresentação do título original ou declaração de anuência do credor (art. 26, Lei 9.492/97). Note-se que o cancelamento do protesto poderá ser realizado por qualquer pessoa, que, para tanto, deverá apresentar o título original ou, em caso de extravio, uma declaração de anuência do credor.

Ação cambial e prescrição - A ação cambial é o meio processual pelo qual o credor visa a satisfazer os direitos decorrentes do título. Desse modo, o portador do título de crédito ou do título executivo extrajudicial poderá, nos termos do artigo 585 do CPC, buscar a tutela jurisdicional para ter seu direito garantido.

No entanto, o portador da letra deverá ingressar com a ação cambial em tempo hábil, sob pena de supressão do direito pelo decurso do tempo. Assim, decorrido o prazo, isto é, incorrendo em prescrição, não mais poderá o credor exigir do devedor a importância devida. Vale dizer, o credor deverá propor a referida ação considerando os seguintes prazos prescricionais: contra o aceitante e seu avalista, em três anos, a contar do vencimento; contra os endossantes e seus avalistas e contra o sacador, em um ano, a contar do protesto; dos endossantes uns contra os outros e contra o sacador, em seis meses, a contar do dia em que o endossante pagou a letra ou que ele próprio foi acionado.

Nota promissória

Conceito - Nota promissória é uma promessa direta de pagamento dada pelo devedor em favor do credor. A nota, quando emitida, enseja duas relações jurídicas:

- **Emitente ou sacador** – Aquele que se compromete a pagar.
- **Beneficiário ou tomador** – Aquele a quem assiste o direito de receber.

Requisitos - Para que a nota promissória possa produzir efeitos, a lei determina os seguintes requisitos (art. 75, LU):

a) a denominação "nota promissória" inserida no próprio texto ou expressa na língua empregada em sua redação;
b) a promessa pura e simples de pagar determinada quantia;
c) o dia do vencimento;
d) a indicação do lugar em que se deve efetuar o pagamento;
e) o nome do beneficiário;
f) a indicação da data e do lugar em que a nota é passada;
g) a assinatura do emitente.

Portanto, para que a nota produza efeitos, torna-se necessário o preenchimento desses requisitos, podendo parte deles ser presumida, sem, contudo, comprometer sua validade:

a) na falta de indicação da época do pagamento, vencerá à vista;
b) na falta de indicação especial do lugar onde o título foi passado, considerar-se-á o lugar do pagamento e, ao mesmo tempo, o lugar do domicílio do emitente da nota;
c) na falta de indicação do lugar onde a nota foi passada, entender-se-á como o lugar designado ao lado do nome do emitente.

Legislação aplicável à nota promissória - A legislação aplicável à nota promissória é a mesma que rege a letra de câmbio, porém com algumas particularidades. A nota promissória diferencia-se da letra quanto à estrutura: a primeira consiste em uma promessa de pagamento, de maneira que sua emissão enseja apenas duas novas relações jurídicas; a segunda é uma ordem de pagamento, da qual, no momento do saque, podem-se extrair três relações jurídicas distintas.

Assim, como visto anteriormente, na letra de câmbio, o **aceite** representa o ato cambial pelo qual o **sacado** reconhece a ordem, tornando-o aceitante e principal devedor. Ou seja, para que o título seja passível de aceite, é imprescindível a presença do sacado, o que não ocorre na nota promissória. Portanto, a nota promissória não admite aceite.

No entanto, o artigo 78 da Lei Uniforme estabelece que o emitente de uma nota promissória é responsável da mesma forma que o aceitante de uma letra de câmbio. Diante desse artigo, parte da doutrina comercialista entende que, mesmo sendo a nota promissória uma promessa de pagamento, poderá admitir o aceite, desde que o emitente prometa pagar determinado valor no vencimento por ele definido, a contar de seu **visto**.

Oportuno mencionar a lição de Rubens Requião (*op. cit.*, pp. 467-8):

> "Confessamos estranheza em face do disposto nas alíneas do artigo 78 da Lei Uniforme. Após registrar, na alínea 1, que o subscritor de uma nota promissória é responsável da mesma forma que o aceitante de uma letra de câmbio, posições cambiárias perfeitamente assimiláveis entre os dois títulos, a alínea 2 cogita de *visto* na nota promissória. E dispõe: 'As notas promissórias pagáveis a certo termo de vista devem ser presentes ao visto dos subscritores nos prazos fixados no artigo 23'. O termo de vista conta-se da data provada pelo protesto (art. 25), cuja data serve de início ao termo de vista – acresce aquele dispositivo. Cogita a Lei Uniforme, portanto, de vista, vale dizer, *de aceite*, da nota promissória [...] Os autores Hamel, Lagarde e Jauffred, comentando o correspondente dispositivo no *Code de Commerce*, da letra de câmbio, pelos dispositivos referentes à nota promissória, concluem: '...assim, e, com efeito, porque a aceitação de uma nota promissória não pode ser concebida, porque esse aceite é dado pelo próprio subscritor, e o art. 188 dispõe que o subscritor de uma nota promissória é obrigado da mesma maneira que a aceitação de uma letra de câmbio'. Ora, no momento em que expede a *promessa*, assinando a nota promissória, o emitente evidentemente *aceitou* a obrigação a que se sujeitou. No direito cambiário brasileiro, por outro lado, não existe nota promissória a 'tempo certo de vista', como ocorre com a letra de câmbio. O vencimento a tempo certo de vista, no caso da letra de câmbio [...] ocorre a contar da data do aceite. Não podemos compreender, pois, como possa existir, mesmo na Lei Uniforme, alusão à nota promissória 'a certo termo de vista', uma vez que o principal obrigado e devedor do título é o próprio subscritor. Aqui fica o registro de nossa perplexidade".

Já com relação ao **endosso** e **aval** na nota promissória, estes são compatíveis com a letra de câmbio. Desse modo, a nota será passível de transferência por endosso, podendo, ainda, ser garantida por aval.

Prazos para apresentação da nota promissória – A nota deve ser apresentada a protesto no prazo de dois dias úteis após seu vencimento em cartório. A inobservância do prazo acarretará a perda do direito contra os coobrigados, endossantes e seus avalistas, conservando o credor apenas o direito contra o principal devedor e seus avalistas.

Ação cambial e prescrição – O prazo prescricional para a propositura da ação cambial da nota promissória será:

- contra o emitente e seu avalista, em três anos, a contar do vencimento;
- contra os endossantes e seus avalistas, em um ano, a contar do protesto;
- dos endossantes uns contra os outros e contra o emitente, em seis meses, a contar do dia em que o endossante pagou a nota.

Cheque

No Brasil, o cheque está regulado pela Lei 7.357/85 (Lei do Cheque – LC). Como título de crédito, vem-se apresentando imprescindível na vida do cidadão brasileiro em virtude de sua fácil aceitação no mercado. Atualmente, o cheque representa importante instrumento de circulação de riquezas entre empresários e consumidores.

Conceito - O cheque é ordem de pagamento à vista, emitido contra um banco, mediante fundos disponíveis do emitente, em poder do sacado, provenientes de depósito ou de contrato de abertura de crédito. De tal conceito, é possível visualizar as seguintes relações jurídicas:

- **Sacador ou emitente** – Aquele que dá a ordem.
- **Sacado ou banco** – A quem a ordem é dirigida.
- **Tomador ou portador** – O beneficiário da ordem.

Requisitos - Para produzir efeitos, o cheque, assim como a letra de câmbio e a nota promissória, deve atender a certos requisitos, entre eles (art. 1.º, LC):

a) a denominação "cheque" expressa no contexto do título;
b) a ordem incondicional de pagar determinada quantia;
c) o nome do sacado a quem a ordem é dirigida;
d) o lugar de pagamento;
e) a data e o lugar de emissão;
f) a assinatura do sacador, ou de seu mandatário com poderes especiais.

Aceite - O cheque não admite aceite. O ato cambial do aceite vincula o sacado, tornando-o aceitante e, como tal, principal devedor. Apesar de ser uma ordem de pagamento e, por consequência, figurar a pessoa do sacado, o cheque não será passível de aceite, uma vez que o banco (sacado) não é o devedor da relação jurídica. Preleciona a Lei do Cheque:

> Art. 6.º – O cheque admite aceite, considerando-se não escrita qualquer declaração com esse sentido.

Poderá o sacado, a pedido do emitente ou do portador legitimado, lançar e assinar, no verso do cheque não ao portador e ainda não endossado, visto, certificação ou outra declaração equivalente, datada e por quantia igual à indicada no título.

Note-se que a aposição de visto, certificação ou outra declaração equivalente obriga o sacado a debitar à conta do emitente a quantia indicada no cheque e a reservá-la em benefício do portador legitimado, durante o prazo de apresentação, sem que fiquem exonerados o emitente, os endossantes e demais coobrigados, isto é, o visto não se confunde com o aceite, representa apenas uma forma de garantia de pagamento de suficiência de fundos pelo prazo de apresentação (art. 7.º, LC).

Endosso - Como já visto, para que o título admita o instituto do endosso, faz-se necessária a cláusula "à ordem". O cheque, conforme o artigo 17 da Lei do Cheque, é pagável à pessoa nomeada, com ou sem cláusula "à ordem", sendo transmissível por endosso. Do disposto nesse artigo verifica-se que a cláusula de transmissibilidade se encontra implícita; portanto, o cheque é passível de endosso.

Contudo, assim como ocorre na letra de câmbio, o sacador do cheque poderá inserir cláusula "não à ordem", impedindo sua circulação por endosso, porém nada impede que o título seja transferido a terceiros por cessão civil (art. 17, § 1.º, LC).

O endosso deve ser puro e simples, reputando-se não escrita qualquer condição a que seja subordinado, sendo **nulos** o endosso **parcial** e o do **sacado**.

Aval - O pagamento do cheque pode ser garantido, no todo ou em parte, por aval prestado por terceiro, exceto o sacado, ou mesmo pelo signatário do título. É lançado no cheque ou na folha de alongamento pela expressão "por aval" ou outra equivalente, devidamente assinada pelo avalista.

TIPOS DE AVAL - Assim como a letra de câmbio, o aval no cheque pode ser total ou parcial, ou seja, dado pela totalidade da importância ou apenas parte dela, e ser assumido por mais de uma pessoa, caso em que há pluralidade de avalistas (**avais simultâneos**).

Modalidades de cheque - As principais modalidades de cheque são:

- **Cheque visado** – O sacado, a pedido do emitente ou do portador legitimado, lança e assina, no verso do título, visto, certificado ou declaração de suficiência de fundos. O cheque visado somente pode ser emitido de forma nominativa e não endossável (art. 7.º, LC).
- **Cheque administrativo** – É emitido pelo próprio sacado para liquidação em uma de suas agências; nessa modalidade, o sacado ocupa a mesma posição do sacador (art. 9.º, LC). O cheque administrativo é muito utilizado para pagamento de contas consideráveis, pois a probabilidade de este ser devolvido por insuficiência de fundos é muito remota. Ademais, deverá ser emitido sempre de forma nominativa.
- **Cheque cruzado** – Possui dois traços transversais e paralelos no anverso do título (art. 44, LC). Há duas espécies de cheque cruzado:
  - **Geral** – O emitente não identifica o estabelecimento bancário. Assim, o portador do título deverá encaminhá-lo à agência em que tem conta para crédito.
  - **Especial** – O emitente, ao emitir o cheque, identifica o "sacado" dentre os dois traços, ficando o portador obrigado a levar o título a crédito em conta no banco indicado. Dessa forma, se o portador do título não possui conta naquele banco, deveria ter recusado seu recebimento.
- **Cheque para se levar em conta** – O emitente ou portador legitimado proíbem o pagamento do título em dinheiro, mediante inscrição transversal, no verso do título, da cláusula "para ser creditado em conta" ou outra equivalente. Nesse caso, o sacado só pode proceder a lançamento contábil (crédito em conta, transferência ou compensação), que vale como pagamento (art. 46, LC).

Prazo de apresentação do cheque - O cheque deve ser apresentado para pagamento, a contar do dia da emissão, no prazo de 30 dias, quando emitido na mesma praça, e 60 dias, quando emitido em praça diversa ou no exterior.

O emitente de cheque pagável no Brasil pode revogá-lo por contraordem dada por aviso epistolar ou por via judicial ou extrajudicial. A revogação ou contraordem só produz efeito depois de expirado o prazo de apresentação.

O portador que não apresentar o cheque em tempo hábil ou não comprovar a recusa de pagamento perde o direito de execução contra o emitente, se este tinha fundos disponíveis durante o prazo de apresentação e os deixou de ter, em razão de fato que não lhe seja imputável. A esse respeito, oportuno lembrar a lição de Fábio Ulhoa Coelho (*Curso de Direito Comercial*, pp. 440-1):

> "A inobservância do prazo de apresentação acarreta a perda do direito de executar os endossantes do cheque e seus avalistas, se o título é devolvido por insuficiência de fundos (art. 47, II, LC). Em princípio, o credor conserva o direito de executar o emitente e seus avalistas, mesmo que não tenha apresentado o cheque no prazo. Trata-se de possibilidade reconhecida pela jurisprudência, inclusive em razão da Súmula 600 do STF, que diz: 'Cabe ação executiva contra o emitente e seus avalistas, ainda que não apresentado o cheque ao sacado no prazo legal, desde que não prescrita a ação cambiária'. O tomador (ou endossatário) perderá, no entanto, o direito à execução contra o emitente numa hipótese particular. Se havia fundos na conta de depósito correspondente, durante o prazo de apresentação, e esses deixaram de existir, por ato não imputável ao emitente, o credor não dispõe mais da execução para receber o valor do título (art. 47, § 3.º, LC)".

O banco, por sua vez, poderá liquidar o cheque mesmo que fora do prazo de apresentação, desde que ainda não prescrito o direito à ação executiva.

Cheque pós-datado ou pré-datado - De acordo com a Lei do Cheque, ele será sempre uma ordem de pagamento à vista. A referida lei não contempla o "cheque pós-datado ou pré-datado".

No entanto, não podemos ignorar sua existência e sua importância no Brasil. Desde que o cheque foi criado, o cheque pós-datado ou pré-datado já existia. Assim, em razão da sua importância, o Superior Tribunal de Justiça tem admitido sua existência quando emitido nas relações de "consumo". Se um consumidor e um fornecedor acordam o pagamento da compra e venda de determinado produto ou mercadoria através do cheque pós-datado ou pré-datado, firmam um contrato e reconhecem como válida a forma daquele pagamento (cheque pós ou pré).

Nesse caso, o cheque passa a ter a natureza de um contrato de compra e venda. Portanto, sua apresentação pelo empresário antes da data aprazada implicará quebra contratual, cabendo ao sacador buscar a devida indenização, caso a quebra acarrete um dano material ou moral.

Nesse sentido, tem decidido o STJ:

> Súmula 370 – Caracteriza dano moral a apresentação antecipada de cheque pré-datado.

Vale lembrar que para a lei o cheque continua sendo uma ordem de pagamento à vista, mesmo nas relações de consumo. O sacado continua desobrigado de verificar a data de pagamento do cheque, devendo se ater apenas à data de apresentação e prescrição.

Com relação à data de apresentação, os 30 ou 60 dias em se tratando de cheque pré-datado ou pós-datado devem ser contados desde a datação e não da sua emissão, o que afasta a temerária prescrição, como alegam alguns operadores de crédito e empresários.

Sustação do cheque - O cheque pode ser sustado: por revogação ou contraordem (art. 35, LC); por oposição (art. 36, LC). Em ambos os casos, o objetivo é impedir a liquidação do cheque pelo sacado.

Assim, o emitente de cheque pagável no Brasil pode revogá-lo, mediante contraordem dada por aviso epistolar ou por via judicial ou extrajudicial, com as razões motivadoras do ato. A revogação ou contraordem só produz efeito depois de expirado o prazo de apresentação e, não sendo promovida, pode o sacado pagar o cheque até que decorra o prazo de prescrição.

Mesmo durante o prazo de apresentação, o emitente e o portador legitimado podem fazer sustar o pagamento, manifestando ao sacado, por escrito, oposição fundada em relevante razão de direito. A oposição e a revogação ou contraordem excluem-se reciprocamente, não cabendo ao sacado julgar a relevância da razão invocada pelo oponente.

A diferença entre revogação e oposição é que a primeira é ato exclusivo do emitente, enquanto a segunda pode também ser efetivada pelo portador autorizado. O ato de revogação somente produz efeito depois de expirado o prazo de apresentação; o da oposição, de imediato.

Prazos para protesto - O cheque deve ser apresentado para protesto a cartório, a contar da emissão, no prazo de 30 dias, quando emitido na mesma praça, e 60 dias, em praça diversa.

Cheque sem fundos - O cheque representa uma ordem de pagamento, a qual deve ser levada ao sacado para sua liquidação. O pagamento será feito à medida que forem apresentados os cheques. Se dois ou mais forem apresentados simultaneamente sem que os fundos disponíveis bastem para o pagamento de todos, terão preferência os de emissão mais antiga e, se de mesma data, os de número inferior.

De acordo com as normas do Banco Central, o cheque comporta duas apresentações, mas o credor não é obrigado a apresentar o cheque mais de uma vez, ou seja, basta uma única devolução para que o credor possa ingressar com a cobrança judicial do cheque. O cheque deve ser apresentado ao banco para pagamento entre 30 e 60 dias, conforme a praça. Sua apresentação dispensa o protesto. Assim, uma vez apresentado o cheque no prazo, o credor poderá cobrá-lo de seus coobrigados independentemente de protesto.

Segundo Fábio Ulhoa Coelho, a declaração de insuficiência de fundos do banco sacado ou da Câmara de Compensação não supre o protesto para fins extracambiais, como ocorre no caso de falência, isto é, para ensejar o pedido de falência, o credor deverá protestar o referido título, caracterizando a insolvência presumida do devedor.

Com relação ao estelionato, a simples emissão de cheque sem fundos não o caracteriza. O estelionato, segundo o Código Penal, em seu artigo 171, *caput*, consiste em "obter, para si ou para outrem, vantagem ilícita, em prejuízo alheio, induzindo ou mantendo alguém em erro, mediante artifício, ardil, ou qualquer meio fraudulento". De acordo com Júlio Fabbrini Mirabete (*Manual de Direito Penal II*, p. 303), "existe o crime, portanto, quando o agente emprega qualquer meio fraudulento, induzindo alguém em erro ou mantendo-o nessa situação e conseguindo, assim, uma vantagem indevida para si ou para outrem, com lesão patrimonial alheia. Sem fraude antecedente, que provoca ou mantém em erro a vítima levando-a à entrega da vantagem, não há que se falar em crime de estelionato".

O § 2º do artigo 171 considera que comete o ilícito quem emite cheque sem suficiente provisão de fundos em poder do sacado ou lhe frustra o pagamento. No entanto, analisando o *caput* do referido artigo, depreende-se que o estelionato é uma conduta dolosa, fraudulenta e danosa. Assim, quem emite cheque sem fundos por culpa, ou seja, por negligenciar o saldo em sua conta, não incorre no crime de estelionato. O mesmo vale para quem emite cheque sem fundos com a ausência de fraude, conforme afirma a Súmula 246 do STF: "Comprovado não ter havido fraude, não se configura o crime de emissão de cheque sem fundos". Por fim, se não houver prejuízo patrimonial do credor, não haverá o crime de estelionato.

Dispõe a Súmula 554 do STF: "O pagamento de cheque emitido sem provisão de fundos, após o recebimento da denúncia, não obsta ao prosseguimento da ação penal". "O foro competente para o processo e julgamento dos crimes de estelionato, sob a modalidade da emissão dolosa de cheque sem provisão de fundos, é o do local onde se deu a recusa do pagamento pelo sacado" (Súmula 521, STF).

Ação cambial e prescrição - A ação de execução do cheque prescreve em seis meses, contados da expiração do prazo de apresentação (art. 59, LC), e a ação de regresso de um obrigado ao pagamento do cheque contra o outro, em seis meses, contados do dia em que o obrigado efetuou o pagamento ou do dia em que foi acionado.

Duplicata

A duplicata surgiu em 1908, por meio do Código Comercial. O Código obrigava os comerciantes atacadistas, nas vendas a retalho, a emitir fatura para comprovar a entrega das mercadorias. A fatura era emitida em duas vias (por duplicado), daí o nome duplicata.

A legislação de 1908 foi revogada, e em 1915 a duplicata ganhou uma nova característica, a de controlar a incidência de impostos nas operações entre comerciantes. A tentativa do governo de obrigar os comerciantes à emissão de duplicatas para controle da tributação também não deu certo. Somente nos anos 60, com a edição da Lei 5.474/68, o título passou a ter caráter exclusivamente comercial para a circulação de mercadorias e cobrança de créditos.

Conceito – Duplicata é um título de crédito de origem brasileira, cuja finalidade consiste em documentar as operações mercantis. Quanto à estrutura, representa uma ordem de pagamento, figurando as seguintes relações jurídicas:

- **Sacador** – Aquele que emite a ordem.
- **Sacado** – Aquele que recebe a ordem.
- **Tomador** – Beneficiário da ordem.

A duplicata é um título causal, pois somente pode ser emitida para documentar uma compra e venda mercantil ou uma prestação de serviço.

Requisitos - No ato da emissão da fatura, poderá ser extraída uma duplicata para fins de circulação com efeito comercial, não sendo admitida qualquer outra espécie de título de crédito para documentar o saque do vendedor pela importância faturada ao comprador. A duplicata deverá conter:

a) a denominação "duplicata";
b) a data de emissão e o número de ordem;
c) o número da fatura;

d) a data certa do vencimento ou a declaração de ser à vista;
e) o nome e o domicílio do vendedor e do comprador;
f) a importância a pagar;
g) o local para pagamento;
h) a cláusula à ordem;
i) a declaração do reconhecimento de sua exatidão e da obrigação de pagá-la, dada pelo aceite;
j) a assinatura do emitente.

A duplicata deverá corresponder a uma única fatura. No entanto, nos casos de venda para pagamento em parcelas, poderá ser emitida duplicata única, discriminando todas as prestações e seus vencimentos, ou série de duplicatas, uma para cada prestação, distinguindo-se a numeração pelo acréscimo de letra do alfabeto, em sequência.

Aceite - A duplicata deverá ser enviada ao sacado para aceite, reconhecendo a exatidão das informações e da obrigação de pagar. A remessa poderá ocorrer pelo próprio sacador ou por intermédio de terceiros devidamente autorizados. A diferença entre a letra de câmbio e a duplicata consiste na obrigatoriedade do aceite: enquanto na letra de câmbio o aceite é facultativo, uma vez que o sacado não é obrigado a aceitar a ordem, na duplicata é obrigatório, ou seja, o devedor obriga-se ao pagamento ainda que não assine a letra.

O prazo para remessa da duplicata será de 30 dias, contados da emissão, quando emitida pelo próprio sacador. Se a remessa for feita por intermédio de representantes, instituições financeiras, procuradores ou correspondentes, estes deverão apresentar o título ao vendedor (sacado) dentro de dez dias, contados da data de seu recebimento na praça de pagamento (art. 6.º, LD).

Uma vez apresentada, a duplicata, quando não for à vista, deverá ser devolvida pelo comprador ao apresentante no prazo de dez dias, contados da data de sua apresentação, devidamente assinada ou acompanhada da declaração, por escrito, das razões da falta do aceite.

Em vista da obrigatoriedade do reconhecimento da obrigação assumida pelo sacado, a duplicata comporta três espécies de aceite:

- **Ordinário** – Decorre da assinatura do sacado no próprio título.
- **Por presunção** – Decorre do recebimento das mercadorias pelo comprador.
- **Por comunicação** – Ocorre quando a instituição financeira autoriza, mediante retenção da duplicata pelo comprador, enviando a comunicação escrita ao vendedor, informando seu aceite.

Observe-se que o comprador não poderá recusar-se a aceitar o título por mera deliberação de vontade, salvo nas seguintes hipóteses (art. 8.º, LD):

a) avaria ou não recebimento das mercadorias, quando não expedidas ou não entregues por sua conta e risco;
b) vícios, defeitos e diferenças na qualidade ou na quantidade das mercadorias, devidamente comprovados;
c) divergência nos prazos ou nos preços ajustados.

Triplicata - A triplicata não é novo título. Representa uma segunda via da duplicata e pode ser emitida nos termos do artigo 23 da Lei das Duplicatas, ou seja, a perda ou extravio da duplicata obrigará o vendedor a extrair triplicata, que terá os mesmos efeitos e requisitos e obedecerá às mesmas formalidades da duplicata.

Endosso - A duplicata, assim como os demais títulos, circula livremente. Vale dizer, a duplicata admite endosso, produzindo os mesmos efeitos da legislação cambiária.

Aval - O pagamento da duplicata poderá ser assegurado por aval, sendo o avalista equiparado àquele cujo nome indicar; na falta de indicação, àquele abaixo de cuja firma lançar; fora desses casos, ao comprador (art. 12, LD).

O aval é uma garantia que se dá ao portador do título, obrigando-se o avalista ao cumprimento da obrigação assumida.

Prazo para protesto - A duplicata será entregue a cartório para protesto dentro de 30 dias, contados de seu vencimento. Assim, do mesmo modo que a letra de câmbio, a duplicata é protestável por falta de aceite, de devolução ou de pagamento. O protesto será tirado conforme o caso, mediante apresentação da duplicata, da triplicata ou, ainda, por simples indicação do portador, na falta de devolução. O fato de não ter sido exercida a faculdade de protestar o título, por falta de aceite ou de devolução, não elide a possibilidade de protesto por falta de pagamento.

Ressalte-se que, caso o portador não tire o protesto da duplicata em forma regular e dentro de 30 dias, contados da data de seu vencimento, perderá o direito de regresso contra os endossantes e seus avalistas (art. 13, § 4.º, LD). Portanto, de nada adiantaria o protesto se não observado o prazo para manter seus efeitos de coobrigação.

Ação executiva e prazo de prescrição - A ação para cobrança judicial da duplicata ou triplicata deve ser proposta no domicílio do devedor ou da praça para pagamento. O prazo prescricional será:

- contra o sacado e seus avalistas, em três anos, a contar do vencimento;
- contra os endossantes e seus avalistas e contra o sacador, em um ano, a contar do protesto;
- dos endossantes uns contra os outros e contra o sacador, em um ano, a contar do dia em que o endossante pagou a letra ou que ele próprio foi acionado.

Duplicata de prestação de serviços

Os prestadores de serviços poderão emitir fatura e duplicata para documentar as obrigações assumidas entre o sacador e o sacado. A fatura deverá discriminar a natureza dos serviços prestados e a soma a pagar pelos serviços prestados. Dispõe a Lei da Duplicata:

> Art. 20 – As empresas, individuais ou coletivas, fundações ou sociedades civis, que se dediquem à prestação de serviços, poderão, também, na forma desta lei, emitir fatura e duplicata.
>
> § 1.º – A fatura deverá discriminar a natureza dos serviços prestados.
>
> § 2.º – A soma a pagar em dinheiro corresponderá ao preço dos serviços prestados.
>
> § 3.º – Aplicam-se à fatura e à duplicata ou triplicata de prestação de serviços com as adaptações cabíveis, as disposições referentes à fatura e à duplicata ou triplicata de venda mercantil, constituindo documento hábil, para transcrição do instrumento de protesto, qualquer documento que comprove a efetiva prestação dos serviços e o vínculo contratual que a autorizou.

Do mesmo modo que na duplicata mercantil, o devedor da duplicata de prestação de serviço está obrigado ao ato cambial do aceite. No entanto, o devedor poderá deixar de aceitar o título por motivo de:

a) não correspondência com os serviços efetivamente contratados;
b) vícios ou defeitos na qualidade dos serviços prestados, devidamente comprovados;
c) divergência nos prazos ou nos preços ajustados.

Títulos representativos

Títulos representativos são títulos causais que não expressam uma verdadeira operação de crédito, mas sim representam bens ou mercadorias que fundamentam a existência, atribuindo a seu titular determinados direitos sobre esses bens ou mercadorias. No Brasil são títulos representativos o conhecimento de depósito, o *warrant* e o conhecimento de transporte, entre outros regulados pela Lei das Sociedades Anônimas.

Conhecimento de depósito e *warrant*

Geralmente, os armazéns são empresas encarregadas de guardar por tempo determinado certas mercadorias ali depositadas. Assim, quando o empresário deposita mercadorias em um armazém, ele adquire dois títulos: o conhecimento de depósito e o *warrant*. Esses títulos, embora ligados entre si, possuem regimes diferentes. O conhecimento de depósito representa o direito de propriedade e o *warrant*, certos direitos creditórios sobre as mercadorias depositadas.

Ensina Fran Martins (*Títulos de crédito*, p. 254): "Os armazéns gerais têm por finalidade a guarda e conservação de mercadorias de terceiros, que neles são depositadas, em regra por tempo determinado, podendo sobre esses bens ser realizadas várias operações. Essas operações resultam de uma peculiaridade dos armazéns gerais; recebendo mercadorias em depósito, podem eles emitir, em troca do recibo que atesta o recebimento das mercadorias, dois títulos unidos, mas separáveis à vontade, com os quais os depositantes podem vender ou constituir penhor sobre as referidas mercadorias, conforme o título utilizado. Esses títulos têm os nomes de *conhecimento de depósito e 'warrant'* e, se bem que estejam emitidos em conjunto, podem, como dito, ser separados, cada um circulando autonomamente e preenchendo uma determinada finalidade".

ENDOSSO - O conhecimento de depósito e o *warrant* admitem endosso e podem ser negociados em conjunto ou separadamente. Se os títulos são negociados em conjunto pelo endosso, conferem ao cessionário a livre disposição das mercadorias, uma vez que se opera a transferência da propriedade. Contudo, se o depositante quiser, poderá utilizar-se apenas do *warrant*. Nesse caso, opera-se o desconto do crédito nele representado. Assim, se negociado somente o *warrant*, o cessionário terá direito de penhor sobre as mercadorias.

Conhecimento de transporte

Regido pelo Decreto 19.473/30, o conhecimento de transporte de mercadorias por terra, água ou ar é utilizado para comprovar o recebimento da mercadoria e a obrigação de entregá-la no lugar de destino, embora seja considerado um título de crédito.

Para melhor compreendermos sua natureza, socorremo-nos, mais uma vez, da lição de Fran Martins (*Títulos de crédito*): "Será o conhecimento, assim, emitido pelas empresas que recebem as mercadorias para transportá-las de um lugar para o outro; é um documento, portanto, que atesta a conclusão de um contrato de transporte, já que, sendo esse consensual, o remetente fica com a obrigação de entregar as mercadorias para serem transportadas, entrega que marca o início da execução do contrato. Para comprovar essa entrega e, ao mesmo tempo, a obrigação de levar a mercadoria de um lugar para o outro (já que a característica do contrato de transporte é justamente essa locomoção, sendo a entrega da mercadoria ao transportador feita para esse fim e não para outro, como, por exemplo, a simples guarda da mercadoria), a empresa de transporte emitirá o conhecimento, que, acima de tudo, servirá de meio de prova do recebimento da mercadoria e da obrigação assumida pelo transportador".

O artigo 8.º do Decreto 19.473/30, para melhor negociação do conhecimento de transporte, assegura que a tradição do conhecimento ao consignatário, ao endossatário ou ao portador exime a respectiva mercadoria de arresto, sequestro, penhora, arrecadação ou qualquer outro embaraço judicial, por fato, dívida, falência ou causa estranha ao próprio dono atual do título, salvo os casos de má-fé.

ENDOSSO - Por ser um título de crédito, o conhecimento de transporte é passível de endosso. O endosso transfere ao endossatário a propriedade das mercadorias. Dessa forma, o conhecimento de transporte pode ser emitido sob a forma à ordem e nominativa. Observe-se, contudo, que o Decreto 20.545/31 permitiu a emissão de conhecimento nominativo e não à ordem, impedindo sua circulação por endosso.

EM RESUMO

TÍTULOS DE CRÉDITO

Conceito – "É o documento necessário ao exercício de um direito literal e autônomo nele mencionado" (Vivante).

Características – **Literalidade:** vale o que nele estiver escrito. **Cartularidade:** papel. **Autonomia:** obrigações. **Abstração:** posto em circulação.

Classificação – **Quanto à estrutura:** promessa de pagamento e ordem de pagamento. **Quanto à emissão:** não causais e causais. **Quanto ao modelo:** livre e vinculado. **Quanto à circulação:** ao portador e nominativo.

Letra de câmbio – **Ordem de pagamento:** sacador, sacado e tomador. **Aceite:** ato cambial pelo qual o sacado se torna o principal devedor. **Endosso:** opera a transferência e a coobrigação, salvo disposição em contrário. Pode ser: em branco (não identifica o endossatário) ou em preto (identifica o endossatário). **Aval:** autonomia e solidariedade. Pode ser total (garante toda a obrigação), parcial (garante parte da obrigação) ou simultâneo (vários avalistas garantem a obrigação). **Vencimento:** à vista (honrar a obrigação de imediato), a certo termo da data (a contar da emissão), a certo termo da vista (a contar do visto ou aceite) ou a dia certo (dia certo e determinado). **Protesto:** obrigatório para manter os efeitos da coobrigação.

Nota promissória – **Promessa de pagamento:** sacador e tomador. **Aceite:** em regra, não admite.

Cheque – **Ordem de pagamento à vista:** sacador (emitente), sacado (banco) e tomador (beneficiário). **Aceite:** não admite.

Duplicata – **Ordem de pagamento:** sacador (emitente), sacado (devedor) e tomador (beneficiário).

PRESTE ATENÇÃO

1. **Promessa de pagamento e ordem de pagamento** – Quando da emissão do título, existem duas relações jurídicas na promessa de pagamento, o sacador (emitente devedor) e o tomador (beneficiário credor), como no caso da nota promissória; já na ordem de pagamento, há três relações jurídicas, o sacador (pessoa que dá a ordem), o sacado (pessoa que recebe a ordem) e o tomador (pessoa que se beneficia da ordem), a exemplo da letra de câmbio e do cheque.
2. **Endosso e aval** – O endosso é o ato cambial pelo qual se opera a transferência de um título de crédito, gerando entre as partes coobrigação. O aval representa uma garantia de pagamento. Assim, o aval pode ser total ou parcial, e o endosso, apenas total.
3. **Aval e fiança** – No aval a obrigação assumida é solidária e autônoma, ao passo que na fiança é subsidiária e acessória.

5

CONTRATOS

Evolução dos contratos no Direito brasileiro

Da mesma forma que o Direito empresarial, os contratos sofreram grandes transformações com o passar dos anos. Até 1991, os contratos dividiam-se em dois regimes: o civil, que disciplinava as relações de compra e venda de bens imóveis e móveis entre não comerciantes, bem como os contratos de prestação de serviços, e o mercantil, que regulava as relações entre comerciantes, fornecedores e industriais. Assim, se a relação jurídica não fosse contemplada pela Teoria de Atos de Comércio, o regime aplicado seria o civil e não o mercantil.

Com a publicação do Código de Defesa do Consumidor, surgiu mais um regime jurídico, aplicável às relações de consumo. Dessa forma, se o contrato fosse firmado entre dois comerciantes, aplicava-se a legislação pertinente ao Direito Comercial; se celebrado entre comerciante e não comerciante, o regime aplicável era o consumerista; se celebrado entre não comerciantes, o civil. A classificação do regime aplicável aqui transcrito é bastante genérica; assim, aconselhamos ao leitor um estudo mais aprofundado sobre o assunto.

Entretanto, em 2002, com o advento do novo Código Civil, que inaugurou nova fase do Direito privado, os contratos entre particulares, exceto os do trabalho, passaram a submeter-se a apenas dois regimes: o **civil** e o **consumerista**. De forma genérica, pode-se dizer que, quando a relação contratual aproximar-se do consumidor (destinatário final de produto ou serviço) e do fornecedor (vende produtos e serviços), aplicar-se-á o regime consumerista; nos demais casos, ausentes o consumidor final ou o fornecedor na relação, o regime civil.

Classificação dos contratos

De acordo com o Código Civil, os contratos classificam-se em:

- **Unilateral** – Apenas uma das partes possui obrigações (ex.: contrato de mútuo).
- **Bilateral ou sinalagmático** – Ambas as partes possuem obrigações (ex.: compra e venda mercantil). O cumprimento do contrato é condição para o contratante exigir a prestação a que tem direito, isto é, quem está em mora com suas obrigações não tem o direito de exigir do outro que cumpra as suas (*exceptio non adimpleti contractus*).
- **Consensual** – Nasce apenas da simples manifestação de vontade dos contratantes. Por exemplo, o contrato de compra e venda mercantil estará perfeito e acabado logo que as partes acordem no preço, na coisa e nas condições.
- **Real** – Para sua constituição, não basta a simples manifestação de vontade; é necessária, ainda, a entrega da coisa (ex.: contrato de mútuo bancário).
- **Solene** – Firma-se com a emissão de um documento.
- **Comutativo** – As partes conseguem prever como será executado (ex.: contrato de representação comercial).
- **Aleatório** – As partes não conseguem prever como será executado no início da contratação (ex.: contrato de dívida de jogo).

- **Típico** – Quando os direitos e deveres dos contratantes estão previstos de modo específico na lei.
- **Atípico** – Quando os direitos e deveres dos contratantes não estão previstos de modo específico na lei.

Contrato de compra e venda mercantil

Atualmente, o contrato de compra e venda será mercantil quando celebrado entre dois empresários. Ensina o ilustre doutrinador Fábio Ulhoa Coelho (*Curso de Direito Comercial*, p. 54-5):

> "A compra e venda é mercantil, no Direito brasileiro, quando celebrada entre dois empresários. Quando vigia o Código Comercial de 1850, a mercantibilidade deste contrato dependia do atendimento a três requisitos: subjetivo, objetivo e finalístico. O primeiro, pertinente às qualidades dos contratantes, determinava que fosse comerciante o comprador *ou* o vendedor. O segundo restringia aos bens móveis ou semoventes o objeto do contrato. O último requisito da mercantibilidade da compra e venda dizia respeito aos objetos do negócio, que deveriam ser os de inserir o bem adquirido na cadeia de escoamento de mercadorias. Com a entrada em vigor do Código Civil de 2002, a caracterização da compra e venda mercantil passa a depender apenas da condição de empresário dos dois contratantes. Toda compra e venda em que o comprador e vendedor são empresários chama-se mercantil e é estudada pelo Direito Comercial. A qualidade da coisa objeto do contrato (sempre uma mercadoria) e a finalidade da operação (circulação de mercadorias) são decorrências deste requisito subjetivo. É certo que o regime jurídico da compra e venda mercantil, em razão da uniformização legislativa do Direito privado, é o mesmo de qualquer outro contrato de compra e venda cível. De fato, não há entre a compra e venda mercantil e a cível nenhuma diferença na delimitação dos direitos e obrigações dos contratantes".

PRINCIPAIS OBRIGAÇÕES DO VENDEDOR:

- **Transferir o domínio da coisa** – O vendedor, ao vender a mercadoria para o comprador, deve transferir o domínio a este. O momento exato da transferência opera-se pela tradição (art. 493, CC).
- **Responder por vícios** – Se a coisa vendida apresentar-se inadequada ou inapta, por deficiência na qualidade ou quantidade, configura-se o vício. Considera-se também vício a coisa que, embora não apresente nenhuma deficiência, tenha valor inferior ao de compra. Nesses casos, terá direito o comprador de optar pelo desfazimento do negócio ou pela redução proporcional do preço.
- **Responder por evicção** – Evicção consiste na perda da coisa por decisão judicial, reconhecendo-se o direito desta a uma terceira pessoa. Assim, se o comprador adquiriu a coisa e em virtude de reivindicação judicial vier a perdê-la, caberá ao vendedor a obrigação de indenizá-lo.

PRINCIPAIS OBRIGAÇÕES DO COMPRADOR:

- **Pagar o preço** – A principal obrigação do comprador consiste em pagar o preço, no local e data aprazados.
- **Receber a coisa** – Cabe às partes pactuar o recebimento da coisa. Definidos o local e a data de entrega, o comprador não poderá eximir-se da obrigação de recebê-la.

Principais modalidades de compra e venda mercantil

Compra e venda pura e simples - Produz seus efeitos mediante o consentimento das partes, as quais não se subordinam a qualquer evento posterior.

Compra e venda por amostras - Segundo Fran Martins, ocorre "quando o vendedor apresenta ao comprador *não a própria coisa*, mas apenas uma *amostra* da mesma, assegurando que a coisa vendida terá todas as características daquela amostra". Contudo, se a mercadoria entregue não corresponder às amostras, o comprador poderá rescindir o contrato ou requerer abatimento do preço, no prazo de 30 dias, contado do recebimento (art. 445, CC).

Compra e venda por atacado - O comprador adquire a mercadoria em grande escala, não a revendendo em pequenas quantidades.

Compra e venda por varejo - Diferentemente do que ocorre na compra e venda por atacado, o comprador adquire a mercadoria, mesmo em grande quantidade, porém a distribui em pequenas parcelas.

Cláusulas especiais da compra e venda

Compra e venda condicional - A condição é uma limitação a que os contratantes se subordinam. Assim, os contratantes poderão subordinar a execução do contrato a um evento futuro e incerto ou a um evento futuro e certo. Dentre as vendas condicionais, destacam-se:

- **Retrovenda** – Nos contratos de compra e venda de bens imóveis, é comum os contratantes inserirem a cláusula de retrovenda, pela qual o vendedor se reserva o direito de reaver o bem, no prazo decadencial de três anos, restituindo o preço recebido e reembolsando as despesas do comprador, inclusive durante o período de resgate, se efetuadas, com sua autorização escrita, benfeitorias necessárias (art. 505, CC). Porém, caso o comprador se recuse a receber as quantias a que faz jus, o vendedor, para exercer o direito de resgate, providenciará o depósito judicial integral. Se for constatada a insuficiência do depósito, o juiz não restituirá o domínio da coisa enquanto não integralmente pago ao comprador (art. 506, CC).
- **Venda a contento** – A venda feita a contento do comprador entende-se realizada sob a condição suspensiva, ainda que a coisa lhe tenha sido entregue. No entanto, somente estará aperfeiçoado o contrato quando o comprador manifestar seu agrado (art. 509, CC).
- **Venda sujeita a prova** – Nessa modalidade de contrato, a coisa vendida se submete ao exame do comprador, à apuração das qualidades que lhe são inerentes, permanecendo a condição suspensiva enquanto não aprovado pelo comprador (art. 510, CC). Dessa forma, o contrato somente se tornará perfeito tão logo o adquirente manifeste sua concordância com a coisa entregue.
- **Preempção ou preferência** – A preempção ou preferência impõe ao comprador a obrigação de oferecer ao vendedor a coisa que aquele vai vender, ou dar em pagamento, para que este use de seu direito de preferência. O prazo para exercício do direito de preferência não poderá ser superior a 180 dias, para bens móveis, e a dois anos, para imóveis (art. 513, CC). A preempção não se confunde com a retrovenda, porque nesta última o direito de preferência recai sobre bens imóveis.
- **Venda com reserva de domínio** – O vendedor somente transferirá a propriedade ao comprador após o integral pagamento do preço (art. 521, CC). O Código Civil estabelece que a cláusula de reserva de domínio deve ser firmada por escrito e, logo em seguida, posta a registro no Cartório de Títulos e Documentos do domicílio do comprador, para ter validade contra

terceiros. Por fim, a transferência da propriedade ao comprador dá-se no momento em que o preço esteja integralmente pago. Todavia, pelos riscos da coisa responde o comprador, desde quando lhe foi entregue. Se verificada a mora do comprador, poderá o vendedor mover contra ele a competente ação de cobrança das prestações vencidas e a vencer, adicionando o que lhe for de direito, ou, se preferir, recuperar a posse da coisa vendida.

- **Venda sobre documentos** – A tradição da coisa é substituída pela entrega de seu título representativo e dos outros documentos exigidos pelo contrato. No silêncio do contrato, aplicar-se-ão os usos e costumes (art. 529, CC). Se entre os documentos entregues ao comprador figurar apólice de seguro que cubra os riscos do transporte, correm estes à conta do comprador, salvo se, ao ser concluído o contrato, tivesse o vendedor ciência da perda ou avaria da coisa. Uma vez estipulado o pagamento por intermédio de estabelecimento bancário, caberá a este efetuá-lo contra a entrega dos documentos, sem obrigação de verificar a coisa vendida, pela qual não responderá.

Escambo ou troca mercantil – O escambo ou troca mercantil resiste no tempo. Trata-se da mais antiga modalidade de compra e venda. As partes trocam mercadorias entre si, servindo as coisas trocadas de compensação recíproca; por assim dizer, operam-se duas verdadeiras vendas. No escambo ou troca, as despesas serão rateadas entre as partes, salvo estipulação em contrário, e será anulável a troca de valores desiguais entre ascendentes e descendentes, sem consentimento dos outros e do cônjuge do alienante (art. 533, CC).

Compra e venda mercantil em consignação ou contrato estimatório – Pelo contrato estimatório, o **consignante** entrega bens móveis ao **consignatário**, que fica autorizado a vendê-los, pagando ao consignante o preço ajustado, salvo se preferir, no prazo estabelecido, restituir a coisa consignada (art. 534, CC). Nessa modalidade de contrato, o consignatário não se exonera da obrigação de pagar o preço se a restituição da coisa entregue em consignação se tornar impossível, ainda que por fato alheio a sua vontade. Para que o contrato se aperfeiçoe, é necessária a entrega da coisa a ser consignada, a qual não poderá ser objeto de penhora ou sequestro pelos credores do consignatário, enquanto não pago integralmente o preço.

Mútuo mercantil – Segundo Fran Martins (*Contratos e obrigações comerciais*, p. 304), "mútuo é o contrato pelo qual uma das partes empresta à outra coisa fungível, com a obrigação de restituí-la, quando reclamada, no mesmo gênero, quantidade e qualidade". A pessoa que dá a coisa é chamada **mutuante**, e a que recebe, **mutuário** (art. 586, CC).

Como, em regra, não existe gratuidade nas operações empresariais, o mutuário assume a obrigação de entregar a coisa mediante o pagamento de determinada quantia por seu uso. Essa quantia denomina-se **juros**.

Observe-se que essa modalidade de contrato assume o caráter civil ou mercantil. Será mercantil quando o mutuário for empresário e a coisa mutuada derivar de causa mercantil.

Mandato mercantil

Dispõe o Código Civil:

> Art. 653 – Opera-se mandato quando alguém recebe de outrem poderes para, em seu nome, praticar atos ou administrar interesse. A procuração é o instrumento do mandato.

Nesses termos, ocorre mandato mercantil quando um empresário (**mandante**) confia a determinada pessoa (**mandatário**) a gestão de um ou mais negócios, agindo o mandatário em nome do mandante.

Responsabilidade do mandante - O mandante será responsável pelos atos praticados pelo mandatário, se estes estiverem em conformidade com os poderes a ele atribuídos.

Responsabilidade do mandatário - O mandatário que exceder os poderes do mandato ou incorrer em culpa, dolo, simulação e negligência, causando prejuízos a terceiros, responderá perante o mandante.

Obrigações do mandante - As principais obrigações do mandante são (arts. 675 e ss., CC): Satisfazer todas as obrigações contraídas pelo mandatário, na conformidade do mandato; adiantar a importância das despesas necessárias à execução dos negócios, quando solicitado pelo mandatário; ressarcir o mandatário das perdas que este sofrer com a execução do mandato, sempre que não resultem de culpa sua ou de excesso de poderes; ainda que o mandatário contrarie as instruções do mandante, se não exceder os limites do mandato, ficará o mandante obrigado para com aqueles com quem seu procurador contratou.

Obrigações do mandatário - As principais obrigações do mandatário são (arts. 667 e ss., CC): aplicar toda a sua diligência habitual na execução do mandato; indenizar qualquer prejuízo causado por culpa sua ou daquele a quem subscreveu, sem autorização, poderes que devia exercer pessoalmente; se se fizer substituir na execução do mandato, responderá pelos prejuízos ocorridos na gerência do substituto, embora provenientes de caso fortuito, salvo provando que o caso teria sobrevindo ainda que não tivesse havido substabelecimento; prestar contas de sua gerência; transferir as vantagens provenientes do mandato.

Extinção do mandato mercantil - O mandato mercantil extingue-se:

a) pela revogação ou pela renúncia;
b) pela morte ou interdição de uma das partes;
c) pela mudança de estado que inabilite o mandante a conferir os poderes ou o mandatário a exercê-los;
d) pelo término do prazo ou pela conclusão do negócio.

Contrato de comissão mercantil

É o contrato pelo qual uma das partes (**comissário**) se obriga a praticar atos em nome próprio, por conta de outra (**comitente**).

A principal diferença entre o contrato de comissão mercantil e o mandato reside na pessoa encarregada da prática dos atos: na comissão, o comissário pratica a gestão em nome próprio, mas em favor do comitente; no mandato, o mandatário pratica determinados atos em nome do mandante.

Nesse sentido, estabelece o Código Civil:

> Art. 693 – O contrato de comissão tem por objeto a aquisição ou a venda de bens pelo comissário, em seu próprio nome, à conta do comitente.

Dessa forma, o comissário fica diretamente obrigado para com as pessoas com quem contratar, sem que estas tenham ação contra o comitente, nem este contra elas, salvo se o comissário ceder seus direitos. Deve o comissário, ainda, agir com cuidado e diligência, não só para evitar qualquer prejuízo ao comitente, mas principalmente para lhe proporcionar o lucro que razoavelmente se podia esperar se não tivesse sido negligente.

Responsabilidade do comissário - O comissário não responde pela insolvência das partes com quem contratou, exceto nos casos de culpa ou se do contrato constar a cláusula *del credere*. Assim, uma vez inserida no contrato de comissão mercantil a cláusula *del credere*, o risco do descumprimento das obrigações transfere-se do comitente para o comissário, respondendo este último até pela insolvência da outra parte. Entretanto, em virtude do aumento da responsabilidade, terá o comissário direito a remuneração mais elevada.

> Art. 698, CC – Se do contrato de comissão constar a cláusula *del credere*, responderá o comissário solidariamente com as pessoas com que houver tratado em nome do comitente, caso em que, salvo estipulação em contrário, o comissário tem direito a remuneração mais elevada, para compensar o ônus assumido.

Extinção da comissão mercantil - A comissão mercantil extingue-se:

a) pela revogação ou pela renúncia;
b) pela morte ou interdição de uma das partes;
c) pela mudança de estado que inabilite o comitente a conferir os poderes ou o comissário a excedê-los;
d) pelo término do prazo ou pela conclusão do negócio.

Contrato de representação comercial autônoma

Segundo Fran Martins (*Contratos e obrigações comerciais*, p. 270), "entende-se por contrato de representação comercial aquele em que uma parte se obriga, mediante remuneração, a realizar negócios mercantis, em caráter não eventual, em favor de outra. A pessoa que se obriga a agenciar propostas ou pedidos em favor da outra tem o nome de *representante comercial*; aquela em favor de quem os negócios são agenciados é o *representado*".

Atualmente, o contrato de representação encontra-se regido pela Lei 8.420/92, que atribui ao representante a obrigatoriedade de inscrever-se no Conselho Regional de sua cidade para o exercício da profissão.

Elementos do contrato de representação - O contrato de representação autônoma pode ser firmado verbalmente ou por escrito, sendo esta última a mais aconselhável. Estabelece a Lei 8.420/92:

> Art. 27 – Do contrato de representação comercial, além dos elementos comuns e outros a juízo dos interessados, constarão obrigatoriamente:
> a) condições e requisitos gerais da representação;
> b) indicação genérica ou específica dos produtos ou artigos da representação;
> c) prazo certo ou indeterminado da representação;
> d) indicação da zona ou zonas em que será exercida a representação;
> e) garantia ou não, parcial ou total, ou por certo prazo, da exclusividade de zona ou setor de zona;
> f) retribuição e época do pagamento, pelo exercício da representação, dependente da efetiva realização dos negócios, e recebimento, ou não, pelo representado, dos valores respectivos;
> g) os casos em que se justifique a restrição de zona concedida com exclusividade;
> h) obrigações e responsabilidades das partes contratantes;
> i) exercício exclusivo ou não da representação a favor do representado;
> j) indenização devida ao representante pela rescisão do contrato fora dos casos previstos no art. 35, cujo montante não poderá ser inferior a 1/12 (um doze avos) do total da retribuição auferida durante o tempo em que exerceu a representação.

Principais obrigações do representante: fornecer ao representado, quando solicitado, informações detalhadas sobre o andamento dos negócios a seu cargo; dedicar-se à representação de modo a expandir os negócios do representado; promover os produtos do representado; não conceder abatimentos, descontos ou dilações sem autorização expressa do representado; agir de acordo com as instruções do representado.

Principais obrigações do representado: efetuar o pagamento das comissões, quando do pagamento dos pedidos ou propostas; respeitar a cláusula de exclusividade de zona; indenizar o representante, prevendo o contrato a exclusividade de zona ou zonas, ou quando este for omisso, pelos negócios ali realizados, ainda que diretamente pelo representado ou por intermédio de terceiros.

Rescisão do contrato de representação - O contrato de representação, quando firmado por prazo indeterminado, pode ser denunciado por qualquer uma das partes. Se existir há menos de seis meses, não caberá nenhuma indenização; se vigorar há mais tempo, só poderá ser rescindido, sem culpa das partes, mediante aviso prévio de 30 dias pelo interessado ou o pagamento da indenização correspondente, devidamente calculada pela média das comissões recebidas nos três últimos meses. Havendo culpa do representado, o valor mínimo devido ao representante será de 1/12 (um doze avos) do total das comissões recebidas durante o tempo de duração do contrato, acrescidos de correção monetária.

Contrato de agência

É o contrato pelo qual um dos contratantes (**agente**) assume, em caráter não eventual e sem vínculos de dependência, a obrigação de promover, à conta do outro (**proponente**), mediante retribuição, a realização de certos negócios, em zona determinada (art. 710, CC).

Principais obrigações do agente: agir com diligência; ater-se às instruções recebidas pelo proponente; arcar com as despesas para o desempenho dos negócios; respeitar a cláusula de exclusividade; não assumir o encargo de tratar negócios do mesmo gênero, à conta de outros proponentes.

Principais obrigações do proponente: remunerar o agente pelos negócios concluídos dentro de sua zona, ainda que sem sua interferência; indenizar o agente se, sem justa causa, cessar o atendimento das propostas ou reduzi-las tanto que se torne antieconômica a continuação do contrato; indenizar o agente que não puder mais continuar o contrato por motivo de força maior; indenizar o agente quando deixar de realizar o negócio, por fato imputável ao proponente; respeitar cláusula de exclusividade.

Prazo de duração do contrato - O contrato de agência poderá ser firmado por prazo determinado ou indeterminado. Se por prazo indeterminado, qualquer das partes poderá denunciá-lo, mediante aviso prévio de 90 dias, desde que transcorrido prazo compatível com a natureza e o vulto do investimento do agente. Havendo divergência entre as partes, o juiz decidirá, aplicando o princípio da razoabilidade do prazo e do valor devido (art. 720, CC). Vale dizer, enquanto não amortizado o investimento despendido pelo agente em sua empresa para a execução do contrato, o proponente não poderá denunciá-lo, ainda que contratado por prazo indeterminado, salvo se indenizar o agente. Porém, uma vez amortizado o investimento efetuado pelo agente, em contrato firmado por prazo indeterminado, poderá o proponente rescindir o contrato, observando o prazo mínimo de 90 dias.

Contrato de distribuição

É o contrato pelo qual o **fabricante** compromete-se a vender, com vantagens especiais, produtos ao **distribuidor**, para revenda em zona determinada, diferenciando-se do contrato de agência em virtude da disposição da coisa.

Ressalte-se, oportunamente, que tal definição encontra-se em conformidade com o Código Civil, sendo alvo, porém, de críticas da doutrina.

Contrato de seguro

Pelo contrato de seguro, o **segurador** obriga-se, mediante pagamento do prêmio, a garantir interesse do **segurado**, relativo a pessoa ou coisa, contra riscos predeterminados (art. 757, CC). Segundo Fábio Ulhoa Coelho, "seguro é o contrato em que uma das partes (a sociedade seguradora) assume, mediante o reconhecimento do prêmio, a obrigação de garantir interesse legítimo da outra (segurado), ou a terceiro (beneficiário), contra riscos predeterminados".

No seguro, a comprovação da existência do contrato se faz mediante a exibição da apólice ou do bilhete ou, na falta destes, por documento comprobatório do pagamento do respectivo prêmio. A apólice ou o bilhete de seguro serão nominativos, à ordem ou ao portador, e mencionarão os riscos assumidos, o início e o fim de sua validade, o limite da garantia e o prêmio devido, e, quando for o caso, o nome do segurado e o do beneficiário (art. 760, CC).

Espécies de seguro - Os seguros dividem-se em duas espécies: **Seguro de dano** – Compreende as indenizações ao patrimônio, bens, valores, etc. **Seguro de pessoa** – Compreende as indenizações em caso de morte ou acidentes pessoais.

Principais obrigações do segurado: pagar o prêmio; guardar, na conclusão e na execução do contrato, a mais estrita boa-fé e veracidade a respeito do objeto, como das circunstâncias e declarações a ele concernentes; prestar informações verdadeiras e não omiti-las, quando necessárias para aceitação da proposta ou na taxa do prêmio, sob pena de perder a garantia, além de ficar obrigado ao respectivo prêmio; não agravar intencionalmente o risco objeto do contrato, sob pena de perder o direito à garantia; comunicar ao segurador, imediatamente, o incidente suscetível de agravar consideravelmente o risco coberto, sob pena de perder o direito à garantia, se for provado que silenciou de má-fé; tomar providências para diminuir as consequências em caso de sinistro.

Principais obrigações do segurador: indenizar o segurado; guardar, na conclusão e na execução do contrato, a mais estrita boa-fé e veracidade a respeito do objeto, como das circunstâncias e declarações a ele concernentes; reduzir o valor do prêmio, caso o segurado diminua o risco de forma considerável; pagar, em dinheiro, o prejuízo do risco assumido, salvo se convencionada a reposição da coisa; em caso de mora no pagamento, acrescer a atualização monetária.

Relações jurídicas decorrentes da emissão do contrato de seguro – Uma vez firmado o contrato de seguro, é possível visualizar as seguintes relações: **Segurador** – Sociedade seguradora que assume o risco; **segurado** – Aquele que transfere o risco; **risco** – Exposição do bem; **prêmio** – Pagamento da importância que o segurado faz à seguradora; **indenização** – Pagamento ou prestação da seguradora ao segurado ou beneficiário em caso de sinistro; **sinistro** – Ocorrência real do dano; **estipulante** – Ocorre, em seguro de vida, quando o segurado nomeia um terceiro beneficiário; **beneficiário** – O terceiro que receberá a indenização.

RESSEGURO - Alguns tipos de seguro podem representar para a seguradora um risco maior do que o esperado. Imagine-se que em determinada cidade aumente a incidência de roubo de veículos, não prevista pela seguradora. O evento não previsto pode levá-la a prejuízos consideráveis no momento das indenizações.

Desse modo, as seguradoras procuram precaver-se dos eventos futuros e incertos, transferindo parte do risco assumido às resseguradoras.

Portanto, resseguro "é o instrumento de distribuição da cobertura de risco entre duas companhias, sendo uma delas a seguradora, que contrata com os segurados, e a outra, a resseguradora, que cobre parte da prestação, na hipótese de verificação do sinistro" (Coelho, Fábio Ulhoa, *Curso de Direito Comercial*, p. 151).

Contrato de fiança mercantil

Contrato de fiança é aquele pelo qual uma das partes (**fiador**) se obriga, perante terceiro, a satisfazer a obrigação do devedor (**afiançado**) caso este não o pague. Será mercantil quando a obrigação deriva de causa empresarial.

Da mesma forma que os demais contratos, a fiança mercantil encontra-se regulada pelo novo Código Civil, revogando o artigo 256 do antigo Código Comercial. A principal diferença entre a fiança mercantil e a civil encontra-se na pessoa do afiançado, isto é, para ser mercantil, o afiançado deve ser empresário, e a obrigação assumida, derivar de causalidade empresarial. Daí o conceito do Código Civil de 2002:

> Art. 818 – Pelo contrato de fiança, uma pessoa garante satisfazer ao credor uma obrigação assumida pelo devedor, caso este não a cumpra.

A fiança, por representar uma garantia dada por um terceiro, e em vista da responsabilidade assumida pelo fiador, somente se opera por escrito e não admite interpretação extensiva.

Efeitos da fiança – O fiador demandado pelo pagamento da dívida tem direito a exigir, até a contestação da lide, que sejam, primeiro, executados os bens do devedor. A esse direito corresponde o benefício de ordem. No entanto, não se aproveita o benefício se o fiador a ele renunciou expressamente ou se, no ato da fiança, obrigou-se como principal pagador ou devedor solidário, bem como nos casos de insolvência ou falência do afiançado (art. 828, CC).

Exoneração da fiança – A fiança poderá ser prestada com limitação de tempo ou sem limitação. Na primeira situação, decorrido o tempo, pode o fiador exigir que o devedor o exonere da fiança, satisfazendo a obrigação ou conseguindo novo fiador. Já se a fiança foi contratada sem limitação, o fiador pode exonerar-se da obrigação sempre que lhe convier, ficando obrigado por todos os efeitos da fiança, durante o prazo de 60 dias após a notificação do credor.

Extinção da fiança – A extinção da fiança poderá ocorrer pelo desaparecimento da obrigação principal ou mesmo pela morte do fiador. No entanto, a obrigação assumida por este enquanto vivo passa aos herdeiros, mas a responsabilidade da fiança limita-se ao tempo decorrido até a morte do fiador, não podendo ultrapassar as forças da herança. Por fim, a fiança pode ser extinta nos termos do artigo 837 do Código Civil, que preleciona:

> Art. 837 – O fiador pode opor ao credor as exceções que lhe forem pessoais, e as extintivas da obrigação que competem ao devedor principal, se não provierem simplesmente de incapacidade pessoal, salvo o caso do mútuo feito a pessoa menor.

Contrato de penhor mercantil

Segundo Fran Martins, "penhor mercantil é o contrato segundo o qual uma pessoa dá a outra *coisa móvel em segurança e garantia do cumprimento de obrigação comercial*".

A pessoa que oferece o bem é chamada **dador** ou **devedor**, e a que recebe, **credor pignoratício**.

Principais obrigações do credor: restituir o objeto quando reclamado; empregar diligência na guarda da coisa; se vendido o objeto, de forma amigável ou judicial, devolver o excesso do valor pago; indenizar o dono do objeto pela perda ou deterioração, quando for culpado.

Principais obrigações do devedor: indenizar o credor das despesas que tiver com a coisa; cumprir a obrigação principal no vencimento; responder por vícios.

Principais direitos do credor: reter o objeto empenhado até que seja indenizado pelas despesas decorrentes do contrato; exigir o ressarcimento dos prejuízos advindos de vícios no objeto; quando não paga a dívida, vender o objeto, mediante autorização judicial.

Principais direitos do devedor: receber o objeto empenhado, com seus frutos e acessões; receber o excedente do preço na venda judicial; ser indenizado pela perda do objeto ou em virtude de sua deterioração.

Extinção do contrato de penhor – O contrato de penhor extingue-se com o cumprimento da obrigação principal ou nos casos de novação, compensação, doação, remissão, anulação, prescrição, etc.

Contrato de franquia

A origem do contrato de franquia remonta à Segunda Guerra Mundial. Após o conflito, o comércio encontrava-se desaquecido, necessitando urgentemente de um incentivo para retomar o crescimento. Assim, alguns comerciantes, com o intuito de facilitar e retomar a comercialização de seus produtos, cediam a outros comerciantes seus segredos, mediante uma remuneração. Tal cessão recebeu o nome de franquia.

A esse respeito, ensina Fran Martins (*Contratos e obrigações comerciais*, p. 486): "O contrato de *franquia* (*franschising*) surgiu, como tantos outros novos contratos comerciais, como uma técnica de comercialização de certos produtos para incentivar e facilitar as vendas dos mesmos. Tal ocorreu nos Estados Unidos, principalmente depois da Segunda Guerra Mundial, quando inúmeras pessoas, desmobilizadas de suas atividades nos campos de batalha ou na indústria, procuravam novas oportunidades para firmar-se economicamente".

Assim, franquia é o contrato pelo qual uma das partes (**franqueador**) cede a outra (**franqueado**) o direito de uso de marca ou patente, associado ao direito de distribuição exclusiva ou semiexclusiva de produtos e serviços e, eventualmente, também ao direito de uso de tecnologia de implantação e administração de negócio ou sistema operacional desenvolvidos ou detidos pelo franqueador, mediante remuneração. No Brasil, foi implantada pela Lei 8.955/94.

O contrato de franquia deverá ser firmado por escrito e assinado na presença de duas testemunhas e será válido independentemente de registro em cartório ou qualquer outro órgão público.

Obrigações do franqueador – Sempre que o franqueador tiver interesse na implantação da franquia, deverá fornecer ao interessado franqueado a circular de oferta de franquia, por escrito e em linguagem clara e acessível, contendo obrigatoriamente as seguintes informações (art. 3.º, Lei 8.955/94):

a) histórico resumido, forma societária e nome completo ou razão social do franqueador e de todas as empresas a que esteja diretamente ligado, bem como os respectivos nomes de fantasia e endereços;
b) balanços e demonstrações financeiras da empresa franqueadora relativos aos dois últimos exercícios;
c) indicação precisa de todas as pendências judiciais em que estejam envolvidos o franqueador, as empresas controladoras e titulares de marcas, patentes e direitos autorais relativos à operação, e seus subfranqueadores, questionando especificamente o sistema da franquia ou que possam diretamente vir a impossibilitar o funcionamento da franquia;
d) descrição detalhada da franquia, descrição geral do negócio e das atividades que serão desempenhadas pelo franqueado;
e) perfil do "franqueado ideal" no que se refere a experiência anterior, nível de escolaridade e outras características que deve ter, obrigatória ou preferencialmente;
f) requisitos quanto ao envolvimento direto do franqueado na operação e na administração do negócio;
g) especificações quanto ao total estimado do investimento inicial necessário à aquisição, implantação e entrada em operação da franquia, ao valor da taxa inicial de filiação ou taxa de franquia e de caução e ao valor estimado das instalações, dos equipamentos e do estoque inicial e suas condições de pagamento;
h) informações claras quanto a taxas periódicas e outros valores a serem pagos pelo franqueado ao franqueador ou a terceiros por este indicados, detalhando as respectivas bases de cálculo e o que elas remuneram ou o fim a que se destinam, indicando, especificamente: a remuneração periódica pelo uso do sistema, da marca ou em troca dos serviços efetivamente prestados pelo franqueador ao franqueado (*royalties*); o aluguel de equipamentos ou ponto comercial; a taxa de publicidade ou semelhante; o seguro mínimo; e outros valores devidos ao franqueador ou a terceiros que a ele sejam ligados;
i) relação completa de todos os franqueados, subfranqueados e subfranqueadores da rede, bem como dos que se desligaram nos últimos 12 meses, com nome, endereço e telefone;
j) em relação ao território, deve ser especificado o seguinte: se é garantida ao franqueado exclusividade ou preferência sobre determinado território de atuação e, em caso positivo, em que condições o faz; e possibilidade de o franqueado realizar vendas ou prestar serviços fora de seu território ou realizar exportações;
k) prestar informações claras e detalhadas quanto à obrigação do franqueado de adquirir quaisquer bens, serviços ou insumos necessários à implantação, operação ou administração de sua franquia apenas de fornecedores indicados e aprovados pelo franqueador, oferecendo ao franqueado relação completa desses fornecedores;
l) indicação do que é efetivamente oferecido ao franqueado pelo franqueador, no que se refere a: supervisão de rede; serviços de orientação e outros prestados ao franqueado; treinamento do franqueado, especificando duração, conteúdo e custos; treinamento dos funcionários do franqueado; manuais de franquia; auxílio na análise e escolha do ponto onde será instalada a franquia; e *layout* e padrões arquitetônicos nas instalações do franqueado;
m) situação perante o Instituto Nacional de Propriedade Industrial (Inpi) das marcas ou patentes cujo uso estará sendo autorizado pelo franqueador;

n) situação do franqueado, após a expiração do contrato de franquia, em relação a *know-how* ou segredo de indústria a que venha a ter acesso em função da franquia e implantação de atividade concorrente da atividade do franqueador;
o) modelo de contrato-padrão e, se for o caso, também do pré-contrato-padrão de franquia ou ainda do pagamento de qualquer tipo de taxa pelo franqueado ao franqueador, com texto completo, inclusive dos respectivos anexos e prazo de validade.

A Circular de Oferta de Franquia deverá ser entregue ao franqueado no mínimo dez dias antes da assinatura do contrato ou pré-contrato ou ainda do pagamento de qualquer tipo de taxa pelo franqueado ao franqueador ou a empresa ou pessoa ligada a este.

Obrigações do franqueado – O franqueado, ao assinar o contrato de franquia, vincula-se ao franqueador, devendo, portanto, cumprir todas as condições impostas pelo contrato, destacando-se, entre elas: o pagamento da taxa de adesão; o pagamento de uma porcentagem do faturamento; a venda de produtos exclusivos indicados pelo franqueador; a venda de produtos conforme tabela de preços fornecida pelo franqueador.

Se o franqueador deixar de fornecer ao franqueado a Circular de Oferta de Franquia, este pode arguir a anulabilidade do contrato e exigir a devolução de todas as quantias que já houver pago ao franqueador ou a terceiros por ele indicados, a título de filiação e *royalties*, indexados pela poupança, mais perdas e danos.

Contrato de alienação fiduciária em garantia

O contrato de alienação fiduciária foi introduzido no Brasil pela Lei de Mercado de Capitais (art. 66, Lei 4.728/65), regulamentado pelo Decreto-Lei 911/69. Trata-se do contrato pelo qual se transfere ao credor o domínio resolúvel e a posse indireta do bem alienado, independentemente da tradição efetiva do bem, tornando-se o alienante ou devedor possuidor direto e depositário do bem.

Observe-se que, na alienação fiduciária, o credor tem apenas o domínio resolúvel e a posse indireta do bem alienado, permanecendo o devedor como depositário e possuidor direto. Efetivado o pagamento da dívida, resolve-se o domínio em favor do devedor, que volta a ter a plena propriedade do bem.

O contrato de alienação fiduciária somente se prova por escrito, e seu instrumento, seja público ou particular, independentemente do valor, deverá ser registrado no Cartório de Títulos e Documentos do domicílio do credor, sob pena de não valer contra terceiros.

Seu objeto poderá recair sobre bem **móvel** ou **imóvel**. No primeiro caso, a mora ou inadimplência do devedor acarreta a resolução do contrato, facultando ao credor requerer a **busca** e **apreensão do bem**. Assim, no caso de inadimplemento ou mora nas obrigações contratuais, o credor poderá vender o bem a terceiros, independentemente de leilão, hasta pública, avaliação prévia ou qualquer outra medida judicial ou extrajudicial, devendo aplicar o preço da venda no pagamento de seu crédito e das despesas decorrentes, devolvendo o saldo restante, se houver, ao devedor. No entanto, se o bem não for encontrado, cabe a conversão da ação em **depósito**, tornando o devedor depositário infiel. Se a alienação incidir sobre bem imóvel, não será o caso de busca e apreensão, pois os direitos do credor encontram-se inscritos no Cartório de Registro de Imóveis.

Na falência do devedor alienante, fica assegurado ao credor ou proprietário fiduciário o direito de pedir, na forma prevista em lei, a restituição do bem alienado fiduciariamente. Note-se que a ação correta para reaver o bem, em caso de falência, será o pedido de restituição e não a ação de busca e apreensão.

Contrato de arrendamento mercantil (*leasing*)

Regulado pela Lei 6.099/74 e pela Resolução do Banco Central 2.309/96, o contrato de arrendamento mercantil aproxima-se de um contrato de locação. Destacamos a definição de Fábio Ulhoa Coelho: "Arrendamento mercantil é a locação caracterizada pela faculdade conferida ao locatário (arrendatário) de, ao término do prazo locatício, optar pela compra do bem locado".

Dessa forma, considerando o arrendamento mercantil uma espécie de locação, pode o arrendatário (locatário) valer-se da tríplice opção de: adquirir o bem ao término do contrato; prorrogar o contrato; devolver o bem.

Modalidades – Segundo a resolução do Banco Central 2.309/96, duas são as modalidades de *leasing*: ***Leasing* financeiro** – Também chamado de financiamento para aquisição de bens, sua característica principal reside na inexistência de valor residual expressivo, caso o arrendatário faça a opção de compra do bem. Muito comum nessa modalidade de *leasing* é o *back* ou retorno, pelo qual o arrendador adquire o bem do próprio arrendatário, permanecendo este no uso e na posse direta do bem. ***Leasing* operacional** – Segundo Fran Martins, é "aquele em que uma empresa, proprietária de certos bens, os dá em arrendamento a pessoa, mediante o pagamento de prestações determinadas, incumbindo-se, entretanto, o proprietário dos bens a prestar assistência ao arrendatário durante o período do arrendamento".

Prática do arrendamento mercantil – As operações de arrendamento mercantil somente podem ser realizadas por pessoas jurídicas constituídas de forma societária anônima que tenham como objeto principal de sua atividade a prática de operações de arrendamento mercantil pelos bancos múltiplos com carteira de arrendamento e pelas instituições financeiras que estejam autorizadas a contratar operações de arrendamento mercantil com o próprio vendedor do bem ou com pessoas jurídicas a ele coligadas ou interdependentes.

Tempo de duração do contrato de arrendamento mercantil – O tempo de duração do contrato de arrendamento mercantil vai variar conforme a modalidade de *leasing*. Em se tratando de *leasing* financeiro, o prazo não poderá ser inferior a dois anos, se a vida útil do bem chegar a cinco anos, ou a três anos, se maior a vida útil. Já no operacional, o prazo mínimo de duração não pode ser inferior a 90 dias.

Em Resumo

Contratos

Classificação dos contratos – **Unilateral:** uma das partes possui obrigações. **Bilateral:** ambas as partes possuem obrigações. **Consensual:** simples manifestação de vontade. **Real:** aperfeiçoa-se com a entrega da coisa. **Solene:** emissão de um documento. **Comutativo:** possibilidade de previsão da execução. **Aleatório:** impossibilidade de previsão da execução. **Típico:** direitos e obrigações previstos em lei específica. **Atípico:** direitos e obrigações não previstos em lei específica.

Compra e venda mercantil – Contrato celebrado entre dois empresários. Principais obrigações do vendedor: transferir o domínio; responder por vícios; responder por evicção. Principais obrigações do comprador: pagar o preço; receber a coisa.

Escambo ou troca – Duas verdadeiras vendas. Principal obrigação: ratear as despesas entre si.

Contrato estimatório – O consignante entrega bens móveis ao consignatário. Principal obrigação do consignatário: pagar o preço ou devolver a coisa.

Mútuo – Uma das partes empresta a outra coisa fungível. Principais obrigações do mutuário: devolver a coisa quando reclamada e pagar os juros.

Mandato mercantil – O mandatário pratica atos negociais em nome do mandante. Principais obrigações do mandante: satisfazer as obrigações contraídas pelo mandatário; adiantar despesas necessárias à execução dos negócios; ressarcir o mandatário das perdas sofridas com a execução do mandato; não exceder os limites do contrato. Principais obrigações do mandatário: aplicar diligência habitual na execução do contrato; indenizar prejuízos causados por culpa; responder pelos prejuízos causados na gerência do substituto; prestar contas de sua gerência; transferir vantagens provenientes do mandato.

Comissão mercantil – Uma das partes (comissário) se obriga a praticar atos em nome próprio, por conta de outro.

Contrato de representação comercial – Uma das partes (representante), pessoa física ou jurídica, sem relação de emprego, desempenha, em caráter não eventual, por conta de uma ou mais pessoas, a mediação para a realização de negócios mercantis, obtendo pedidos, para transmiti-los ao representado. Principais obrigações do representante: fornecer informações sobre o andamento dos negócios; dedicar-se à representação; promover os produtos do representado; não conceder abatimentos, descontos ou dilações sem autorização do representado; agir de acordo com as instruções do representado. Principais obrigações do representado: efetuar o pagamento das comissões; respeitar a cláusula de exclusividade; indenizar o representante.

Contrato de agência – Um dos contratantes (agente) assume, em caráter não eventual e sem vínculo de dependência, a obrigação de promover, a conta do outro (proponente), mediante retribuição, a realização de certos negócios, em zona determinada. Principais obrigações do agente: agir com diligência; ater-se às instruções do proponente; arcar com as despesas para o desempenho dos negócios; respeitar a cláusula de exclusividade; não assumir encargo à conta de outros proponentes. Principais obrigações do proponente: remunerar o agente; indenizar o agente se, sem justa causa, cessar os atendimentos das propostas; indenizar o agente que não puder mais continuar o contrato por motivo de força maior; respeitar a cláusula de exclusividade.

Contrato de distribuição – O fabricante compromete-se a vender, com vantagens especiais, produtos ao distribuidor, para revenda em zona determinada.

Contrato de seguro – O segurador se obriga, mediante o pagamento de prêmio, a garantir interesse do segurado, relativo a pessoa ou coisa, contra riscos predeterminados.

Contrato de fiança – Uma das partes (fiador) se obriga, perante um credor, a satisfazer o débito do devedor empresário (afiançado) caso este não o pague, desde que a obrigação derive de causa empresarial.

Contrato de penhor – Segundo Fran Martins, "penhor é o contrato segundo o qual uma pessoa dá a outra coisa móvel em segurança e garantia do cumprimento de obrigação comercial".

Contrato de franquia – Uma das partes (franqueador) cede a outra (franqueado) o direito de uso de marca ou patente, associado ao direito de distribuição exclusiva ou semiexclusiva de produtos e serviços.

Contrato de alienação fiduciária – Contrato pelo qual se transfere ao credor domínio resolúvel e a posse indireta do bem alienado, tornando-se o alienante ou devedor possuidor direto e, como tal, depositário do bem.

Contrato de arrendamento mercantil (*leasing*) –

- Segundo Fábio Ulhoa Coelho, "arrendamento mercantil é a locação caracterizada pela faculdade conferida ao locatário (arrendatário) de, ao término do prazo locatício, optar pela compra do bem locado".
- Tríplice opção do arrendamento: adquirir o bem ao término do contrato; prorrogar o contrato; devolver o bem.
- Principais modalidades: financeiro; operacional.

Preste Atenção

1. **Compra e venda mercantil pura e simples** – O contrato de compra e venda mercantil pura e simples é um contrato consensual, isto é, aperfeiçoa-se quando as partes acordam no preço, na coisa e nas condições. O contrato consensual não se confunde com o contrato de compra e venda real, pois este último só se aperfeiçoa com a entrega da coisa.
2. **Compra e venda mercantil (Direito Civil) e compra e venda (consumerista)** – O contrato de compra e venda mercantil regido pelo Código Civil opera-se entre dois empresários. Já o contrato de compra e venda regido pelo Código de Defesa do Consumidor opera-se entre um empresário e um consumidor final (pessoa física ou jurídica).
3. **Mandato mercantil e comissão mercantil** – No contrato de mandato mercantil o mandatário pratica os atos em nome do mandante, enquanto na comissão mercantil o comissário realiza os atos em nome próprio, porém em favor do comitente.
4. **Fiança mercantil e fiança civil** – A diferença entre os dois contratos consiste na origem da obrigação, isto é, na fiança mercantil a obrigação deriva de causa mercantil.
5. **Alienação fiduciária e arrendamento mercantil** – A alienação fiduciária é um contrato de compra e venda com reserva, ao passo que o arrendamento mercantil representa uma modalidade de locação com tríplice opção: comprar o bem, devolvê-lo ou prorrogar o contrato.

6

RECUPERAÇÃO JUDICIAL, FALÊNCIA E RECUPERAÇÃO EXTRAJUDICIAL

Introdução

Promulgada em 9 de fevereiro de 2005, a Lei 11.101 (Lei de Recuperação e Falências – LRF) introduziu no ordenamento pátrio duas formas de evitar a falência do devedor em crise: a recuperação judicial e a recuperação extrajudicial.

Estão sujeitos à recuperação judicial, à recuperação extrajudicial e à falência o empresário e a sociedade empresária. Como visto no capítulo 1, empresário é a pessoa física ou jurídica que exerce a empresa, isto é, que exerce profissionalmente atividade econômica organizada para a produção ou a circulação de bens ou serviços – no primeiro caso, empresário individual; no segundo, a sociedade empresária.

Sujeitos excluídos da incidência da lei - A nova lei exclui de sua incidência algumas sociedades, embora empresárias, bem como as sociedades simples (aquelas que exercem atividade econômica ou não, porém não organizada). De acordo com o artigo 2.º da LRF, são elas:

a) empresa pública e sociedade de economia mista;
b) instituição financeira pública ou privada;
c) cooperativa de crédito;
d) consórcio;
e) entidade de previdência complementar;
f) sociedade operadora de plano de assistência à saúde;
g) sociedade seguradora;
h) sociedade de capitalização;
i) outras entidades legalmente equiparadas.

Observe-se que o referido artigo deve ser interpretado com os demais dispositivos legais. Portanto, existem sociedades empresárias que são excluídas total ou parcialmente da falência ou excluídas totalmente da recuperação.

Importante ressaltar que a referida LRF prevê a recuperação e a falência do empresário e da sociedade empresária e que, como visto acima, em seu artigo 2.º exclui algumas empresas da incidência da lei, ainda que de forma parcial.

Por outro lado, cumpre lembrar que a LRF não faz menção à sociedade simples, ou seja, àquela sociedade que exerce atividade econômica ou não, porém, não organizada. Vale dizer, será sociedade simples quem constituir uma sociedade para exercer profissão intelectual, de natureza científica, literária ou artística, ainda que tenha auxiliares ou colaboradores, salvo se constituir elemento de empresa.

Seja como for, de acordo com a Nova Lei de Falências, a sociedade simples também estará excluída da sua incidência, não podendo falir, entrar em recuperação judicial ou recuperação extrajudicial. Nada impede, entretanto, que a sociedade simples em crise venha a negociar com seus credores as suas dívidas, ou que sofra insolvência civil. A negociação é livre e ninguém poderá impedir; a insolvência civil, por sua vez, é uma consequência do dia a dia da sociedade em crise.

O que pretendemos dizer é que embora a sociedade simples esteja excluída da Lei de Falências não vemos impedimento para que a mesma faça acordos com credores semelhantes à recuperação extrajudicial, diferenciando desta pela falta de regulamentação específica.

Juízo competente - O juízo competente para homologar o plano de recuperação extrajudicial, deferir a recuperação judicial ou decretar a falência será o do principal estabelecimento do devedor ou da filial de empresa sediada fora do Brasil. O principal estabelecimento é o local onde se concentra o maior volume de negócios, independentemente de previsão contratual ou estatutária. Portanto, o juízo competente será: em razão da matéria: civil; em razão do lugar: principal estabelecimento.

Segundo Rubens Requião, citado por Amador Paes de Almeida em sua obra *Curso de falência e recuperação de empresa*, "o principal estabelecimento, em resumo, não pressupõe o estabelecimento mais avantajado ou onde estão localizadas as principais instalações. Pode uma grande manufatura da empresa estar situada em uma cidade e, no entanto, o principal estabelecimento consistir num escritório de dimensões modestas, em cidade diferente, onde esteja instalado e atue o empresário na administração dos negócios".

A lição de Rubens Requião é semelhante à de Miranda Valverde, também citado por Paes de Almeida: "A sede administrativa é, com efeito, o ponto central dos negócios, de onde partem todas as ordens que imprimem e regularizam o movimento econômico dos estabelecimentos produtores; as relações externas com fornecedores, clientes, bancos, etc.".

Credores não admitidos - Não serão admitidos no processo de falência e na recuperação da empresa (art. 5.º, LRF): os credores titulares das obrigações a título gratuito; os credores titulares das despesas que fizerem para tomar parte na recuperação judicial ou na falência, salvo as custas judiciais decorrentes de litígio com o devedor.

As obrigações a título gratuito não são reclamáveis na falência e na recuperação. Como o patrimônio do devedor geralmente é insuficiente para satisfazer as obrigações onerosas, seria injusto comprometer parte desses recursos para o atendimento das obrigações gratuitas.

As despesas que os credores fizerem para tomar parte na recuperação ou na falência também não são exigíveis no processo falimentar e na recuperação. Porém, se o credor precisou, por meio de ação de conhecimento, obter a declaração de seu crédito, as custas judiciais desse processo poderão ser habilitadas na massa falida, mas ele não poderá pleitear as despesas e os honorários de advogado que pagar para fazer a habilitação.

Efeitos da decretação da falência ou do deferimento do processamento da recuperação judicial - A decretação da falência ou o deferimento do processamento da recuperação judicial suspende o curso da prescrição e de todas as ações e execuções contra o devedor (art. 6.º, LRF). Uma vez suspensa a prescrição das ações e execuções, ela voltará a fluir após o trânsito em julgado da sentença de encerramento da falência ou da recuperação judicial.

As ações em que o falido ou o requerente da recuperação judicial for credor não se suspendem, tampouco os prazos decadenciais, seja ele credor ou devedor. Portanto, de acordo com a LRF, decretada a falência ou deferido o processamento da recuperação judicial, ocorrerá a suspensão: da prescrição; de ações e execuções em face do devedor, inclusive aquelas dos credores particulares do sócio solidário.

> Art. 6.º – A decretação da falência ou o deferimento do processamento da recuperação judicial suspende o curso de todas as ações e execuções em face do devedor, inclusive aquelas dos credores particulares do sócio solidário.
> § 1.º – Terá prosseguimento no juízo no qual estiver se processando a ação que demandar quantia ilíquida.
> § 2.º – É permitido pleitear, perante o administrador judicial, habilitação, exclusão ou modificação de créditos derivados da relação de trabalho, mas as ações de natureza trabalhista, inclusive as impugnações a que se refere o art. 8.º desta Lei, serão processadas perante a Justiça especializada até a apuração do respectivo crédito, que será inscrito no quadro geral de credores pelo valor determinado na sentença.
> § 3.º – O juiz competente para as ações referidas nos §§ 1.º e 2.º deste artigo poderá determinar a reserva da importância que estimar devida na recuperação judicial ou na falência, e, uma vez reconhecido líquido o direito, será o crédito incluído na classe própria.
> § 4.º – Na recuperação judicial, a suspensão de que trata o *caput* deste artigo em hipótese nenhuma excederá o prazo improrrogável de 180 (cento e oitenta) dias, contado do deferimento do processamento da recuperação, restabelecendo-se, após o decurso do prazo, o direito dos credores de iniciar ou continuar suas ações e execuções, independentemente de pronunciamento judicial.
> § 5.º – Aplica-se o disposto no § 2.º deste artigo à recuperação judicial durante o período de suspensão de que trata o § 4.º deste artigo, mas, após o fim da suspensão, as execuções trabalhistas poderão ser normalmente concluídas, ainda que o crédito já esteja inscrito no quadro geral de credores.
> § 6.º – Independentemente da verificação periódica perante os cartórios de distribuição, as ações que venham a ser propostas contra o devedor deverão ser comunicadas ao juízo da falência ou da recuperação judicial:
> I – pelo juiz competente, quando do recebimento da petição inicial;
> II – pelo devedor, imediatamente após a citação.
> § 7.º – As execuções de natureza fiscal não são suspensas pelo deferimento da recuperação judicial, ressalvada a concessão de parcelamento nos termos do Código Tributário Nacional e da legislação ordinária específica. [...]

Nota-se, do aludido artigo, que não estarão sujeitas ao juízo falimentar as ações que demandarem quantias ilíquidas, ou seja, aquelas que não apresentarem valor certo e determinado. Nesse caso, o valor deverá ser apurado em liquidação de sentença, para então ser incluído no quadro geral de credores.

De acordo com Fábio Ulhoa Coelho, existem duas situações em que o juiz deve ampliar as exceções quanto à suspensão das execuções individuais contra a massa falida. A primeira diz respeito à execução com hasta já designada (praça ou leilão). Ressalte-se, contudo, que nesse caso o valor não é levantado pelo exequente; ao contrário, deve ser entregue à massa falida, cabendo ao credor habilitar-se na falência. A segunda refere-se à execução com hasta já realizada. A execução atingiu seu objetivo antes da falência. Nessa hipótese, o credor levantará o valor de seu crédito. Se o produto levantado não for suficiente para satisfazer seu crédito, o credor poderá habilitar-se na falência pelo saldo remanescente. Se, por outro lado, após o pagamento do credor existir saldo, ele será entregue à massa falida.

Com relação às ações de natureza trabalhista, estas deverão ser processadas e julgadas perante a Vara do Trabalho. O reclamante poderá requerer ao juízo falimentar a reserva da importância que ele estime devida na reclamação trabalhista. Seja como for, após o julgamento dessas ações, uma vez apurado o *quantum* do respectivo crédito, proceder-se-á sua inscrição no quadro geral de credores.

Na recuperação judicial, a suspensão da prescrição e das ações e execuções será de 180 dias, restabelecendo-se, após o decurso do prazo, o direito dos credores de iniciar ou continuar suas ações e execuções, independentemente de pronunciamento judicial.

Por fim, as execuções de natureza fiscal não são suspensas pelo deferimento da recuperação judicial, salvo nos casos de concessão de parcelamento, nos termos do CTN e das demais legislações ordinárias.

JUÍZO DE PREVENÇÃO – A distribuição do pedido de falência ou de recuperação judicial previne a jurisdição para qualquer outro pedido relativo ao mesmo devedor (art. 6.º, § 8.º, LRF).

Verificação e habilitação dos créditos – A LRF estabelece o mesmo regime de verificação dos créditos para a recuperação e para a falência. A verificação dos créditos será realizada pelo administrador judicial, com base na escrituração do devedor e nos documentos apresentados pelos credores (art. 7.º, LRF). Após a juntada aos autos da relação de credores, proceder-se-á à publicação na imprensa oficial (*Diário Oficial*). Nos 15 dias seguintes à publicação, os credores verificarão se constam da relação de credores: se não constarem, apresentarão seus créditos perante o administrador judicial para habilitação; se constarem, poderão apresentar suas respectivas impugnações.

O administrador judicial, com base nas informações e nos documentos colhidos (habilitação ou impugnações), fará publicar novo edital contendo a relação de credores. Nos dez dias seguintes à publicação da relação de credores, o comitê, qualquer credor, o devedor ou seus sócios ou o representante do Ministério Público poderão apresentar impugnações contra a relação de credores, apontando a ausência de qualquer crédito ou manifestando-se contra a legitimidade, importância ou classificação do crédito relacionado. As impugnações serão autuadas em separado e processadas nos termos dos artigos 13 a 15 da LRF. Da decisão que julgar as impugnações cabe agravo por instrumento (art. 17, LRF). Superadas as possíveis impugnações, os créditos habilitados serão incluídos no quadro geral de credores.

Na falência, os credores serão pagos conforme sua classificação (art. 83, LRF). Nos casos de recuperação judicial, eles poderão pactuar forma diversa do quadro geral, observada a preferência dos credores decorrentes das relações de trabalho.

FORMALIDADES DA HABILITAÇÃO DE CRÉDITO – A habilitação de crédito realizada pelo credor, nos termos da LRF, deverá conter: o nome e o endereço completo do credor, bem como o local onde receberá as comunicações sobre o processo; o valor do crédito, atualizado até a data da decretação da falência ou do pedido de recuperação judicial, sua origem e classificação; os documentos comprobatórios do crédito e a indicação das demais provas a serem produzidas; a indicação da garantia prestada pelo devedor, se houver, e o respectivo instrumento; a especificação do objeto da garantia que estiver na posse do credor.

Os títulos e documentos que legitimam os créditos deverão ser exibidos no original ou por cópias autenticadas se estiverem juntados em outro processo.

CREDORES RETARDATÁRIOS - Os credores que se habilitarem posteriormente ao prazo supramencionado serão considerados retardatários (art. 10, LRF). Na recuperação judicial, os credores retardatários não terão direito a voto nas deliberações da assembleia geral de credores, salvo os trabalhistas. Na falência, os credores retardatários perderão o direito a rateios eventualmente realizados antes de sua habilitação e ficarão sujeitos ao pagamento de custas, não se computando os acessórios compreendidos entre o término do prazo e a data do pedido de habilitação; somente poderão votar após a inclusão de seu crédito no quadro geral homologado, excetuando os trabalhistas.

Contestação da impugnação - Os credores cujos créditos forem impugnados serão intimados para contestar a impugnação no prazo de cinco dias, juntando os documentos que tiverem e indicando outras provas que reputem necessárias. A impugnação será autuada em separado (art. 11, LRF). Transcorrido o prazo, o devedor e o Comitê de Credores, se houver, serão intimados pelo juiz para manifestar-se em igual prazo. Findo o prazo de manifestação do devedor, o administrador judicial será intimado pelo juiz para emitir parecer também no prazo de cinco dias, devendo juntar sua manifestação o laudo elaborado pelo profissional ou empresa especializada, se for o caso, e todas as informações existentes nos livros fiscais e demais documentos do devedor referentes ao crédito, constante ou não da relação de credores, objeto da impugnação. Caso não haja impugnação, o juiz homologará como quadro geral a relação de credores apresentada pelo devedor (art. 14, LRF). No mais, transcorridos os prazos, os autos de impugnação serão conclusos.

Havendo impugnação de crédito, o juiz da falência determinará, para fins de rateio, a reserva de valor para satisfação do crédito impugnado. Sendo parcial, a impugnação não impedirá o pagamento da parte controversa. Da decisão judicial sobre a impugnação cabe agravo (art. 17, LRF). Assim, transitadas em julgado todas as decisões sobre as impugnações, o administrador judicial consolida o quadro geral de credores submetendo-o à homologação do juiz.

Ação rescisória - A ação rescisória de crédito admitido pode ser proposta pelo administrador judicial, pelo Comitê de Credores ou pelo representante do Ministério Público até o encerramento da recuperação judicial ou da falência. Nessa ação será pedida a exclusão, a reclassificação ou a retificação de qualquer crédito, em caso de falsidade, dolo, simulação, fraude, erro essencial ou, ainda, documentos ignorados na época do julgamento do crédito ou da inclusão no quadro geral de credores. A referida ação será processada exclusivamente perante o juízo da recuperação ou da falência, exceto quanto aos créditos trabalhistas ou ilíquidos, em que a rescisão competirá à Justiça do Trabalho ou perante o juízo em que tramitou a ação de objeto ilíquido (art. 19, LRF).

Administrador judicial e Comitê de Credores

Administrador judicial - O administrador judicial será um profissional idôneo, preferencialmente advogado, economista, administrador de empresas ou contador, ou pessoa jurídica especializada; portanto, poderá ser pessoa física ou jurídica. Escolhido pelo juiz, será uma pessoa de sua confiança, cabendo-lhe auxiliá-lo na administração da massa falida. São deveres do administrador judicial (art. 22, LRF):

1. Na recuperação judicial e na falência: enviar correspondência aos credores; fornecer todas as informações requeridas pelos credores interessados; dar extratos dos livros do devedor; exigir informações; elaborar relação de credores; consolidar o quadro geral de credores; requerer convocação de assembleia geral; contratar, mediante autorização do juiz, profissionais ou empresas especializadas para, quando necessário, auxiliá-lo; manifestar-se nos autos.
2. Na recuperação judicial: fiscalizar o devedor; requerer a falência no caso de descumprimento do plano de recuperação judicial; apresentar relatórios.
3. Na falência: fazer publicações; examinar os livros do falido; relacionar os processos e assumir representação judicial da massa falida; receber e abrir correspondências; apresentar relatórios; arrecadar os bens do falido; avaliar os bens arrecadados, contratando, se necessário, avaliadores, mediante autorização judicial; requerer a venda dos bens; praticar atos conservatórios de direitos e ações, diligenciar a cobrança de dívidas e dar quitação; remir, em benefício da massa e mediante autorização judicial, bens apenhados, penhorados ou legalmente retidos; representar a massa falida em juízo; requerer diligências; apresentar demonstrativo da administração; entregar a seu substituto todos os bens e documentos da massa em seu poder.

A função do administrador judicial é remunerada e indelegável, mas ele poderá contratar auxiliares, mediante prévia autorização do juiz. O administrador que não apresentar, no prazo estabelecido, suas contas ou qualquer dos relatórios previstos na lei será intimado a fazê-lo no prazo de cinco dias, sob pena de desobediência. Decorrido o prazo, o juiz o destituirá e nomeará um substituto (art. 23, LRF).

Na falência, o juiz fixará o valor e a forma de pagamento da remuneração do administrador judicial, de acordo com o grau de complexidade dos trabalhos por ele desenvolvidos. Em qualquer hipótese, a remuneração paga ao administrador judicial não excederá 5% do valor devido aos credores submetidos à recuperação judicial ou do valor de venda dos bens na falência. Serão reservados 40% do montante devido ao administrador judicial para pagamento após o atendimento do previsto nos artigos 154 e 155 da LRF. Por outro lado, não terá direito à remuneração se renunciar sem relevante razão ou for destituído de suas funções por desídia, culpa, dolo ou descumprimento de suas obrigações. Segundo a lei, a remuneração do administrador judicial deve ser paga em duas parcelas, sendo a primeira 40% (créditos extraconcursais) e a segunda 60% após a aprovação das contas. Na recuperação, os parâmetros para a fixação da remuneração serão os mesmos. A forma de pagamento será fixada pelo juiz.

Por fim, o administrador judicial responderá pelos prejuízos causados à massa falida, ao devedor ou aos credores por dolo ou culpa no desempenho de suas funções. A investidura do cargo de administrador judicial ou de membro de Comitê de Credores deve observar o disposto nos artigos 33 e 34 da LRF.

IMPEDIMENTOS PARA O CARGO DE ADMINISTRADOR JUDICIAL - Não poderá exercer as funções de administrador judicial quem, nos últimos cinco anos, no exercício do cargo de administrador judicial ou de membro do comitê em falência ou recuperação judicial anterior, foi destituído, deixou de prestar contas dentro dos prazos legais ou teve a prestação de contas não aprovada. Também ficará impedido quem tiver relação de parentesco ou afinidade até o terceiro grau com o devedor, seus administradores, controladores ou representantes legais ou deles for amigo, inimigo ou dependente.

DESTITUIÇÃO DO ADMINISTRADOR JUDICIAL - O administrador será destituído se deixar de cumprir suas obrigações, for omisso ou negligente ou praticar ato lesivo às atividades do devedor ou a terceiros. Uma vez destituído, perderá o direito à remuneração e ficará impedido de exercer o cargo em novo processo de falência ou recuperação, assim como de ser eleito membro do Comitê de Credores. No ato da destituição, o juiz nomeará novo administrador judicial (art. 31, LRF).

RESPONSABILIDADE DO ADMINISTRADOR JUDICIAL - O administrador judicial responderá pelos prejuízos causados à massa falida, ao devedor ou aos credores por dolo ou culpa no desempenho de suas funções (art. 32, LRF). Portanto, o administrador judicial poderá ser responsabilizado se: incorrer em má administração; infringir a lei.

Comitê de Credores - O Comitê de Credores é um órgão facultativo na falência e na recuperação judicial. Sua existência somente se justifica nas empresas de grande complexidade organizacional. Assim, caberá aos credores decidir pela conveniência ou não de sua instalação. Uma vez instalado, o Comitê de Credores terá a seguinte composição (art. 26, LRF):

a) um representante indicado pela classe de credores trabalhistas, com dois suplentes;
b) um representante indicado pela classe de credores com direitos reais de garantia ou privilégios especiais, com dois suplentes;
c) um representante indicado pela classe de credores quirografários e com privilégios gerais, com dois suplentes.

ATRIBUIÇÕES - Compete ao Comitê de Credores, entre outras atribuições:

1. Na recuperação e na falência: fiscalizar as atividades e examinar as contas do administrador judicial; zelar pelo bom andamento do processo e pelo cumprimento da lei; comunicar ao juiz, caso constate, violação dos direitos ou prejuízo aos interesses dos credores; apurar e emitir parecer sobre quaisquer reclamações dos interessados; requerer ao juiz a convocação da assembleia geral de credores; manifestar-se nas hipóteses previstas na LRF.
2. Na recuperação judicial: fiscalizar a administração das atividades do devedor, apresentando, a cada 30 dias, o relatório de sua situação; fiscalizar a execução do plano de recuperação judicial; submeter à autorização do juiz, quando ocorrer o afastamento do devedor nas hipóteses previstas na LRF, a alienação de bens do ativo permanente, a constituição de ônus reais e outras garantias, bem como atos de endividamento necessários à continuação da atividade empresarial durante o período que antecede a aprovação do plano de recuperação judicial.

Como visto, o Comitê de Credores é um órgão facultativo. Assim, na sua falta, caberá ao administrador judicial ou, na incompatibilidade deste, ao juiz exercer suas atribuições. Os membros do Comitê de Credores não terão sua remuneração custeada pelo devedor nem pela massa falida, mas as despesas feitas para a realização dos atos previstos na lei, se devidamente comprovadas e com a autorização do juiz, serão ressarcidas atendendo às disponibilidades de caixa (art. 29, LRF). No entanto, segundo Fábio Ulhoa Coelho (*Comentários à nova Lei de Falências e de Recuperação de Empresas*, p. 79), "a função dos membros do Comitê pode ou não ser remunerada. Depende da deliberação adotada pela assembleia dos credores. Se deliberado que a função é gratuita, aquele que não se interessar por exercê-la nessas condições deve simplesmente não aceitar a indicação para compor o órgão. Se, por outro lado, a assembleia dos credores aprovar alguma remuneração aos membros do Comitê, ela deve também votar o valor e quem deverá arcar com o pagamento. Quanto a esse último aspecto, proíbe a lei que a remuneração dos membros do Comitê seja paga pelo devedor em recuperação ou pela massa falida. Quer dizer, os credores devem se cotizar para levantar os recursos necessários ao pagamento que a assembleia aprovou. Mesmo o credor que votou vencido é obrigado a entrar com sua parte, a menos que o valor aprovado pela maioria não seja razoável tendo em vista a importância do passivo ou o trabalho dos membros do Comitê".

IMPEDIMENTOS PARA O CARGO DE MEMBRO DO COMITÊ DE CREDORES - Os mesmos impedimentos para o cargo de administração aplicam-se aos membros do Comitê de Credores (cf. art. 30, LRF).

DESTITUIÇÃO DOS MEMBROS DO COMITÊ DE CREDORES - Assim como o administrador judicial, se os membros do Comitê de Credores forem negligentes ou tiverem praticado ato lesivo às atividades do devedor ou a terceiros, serão destituídos. Se porventura esses atos forem realizados por todos os membros do comitê, caberá ao juiz sua dissolução. Têm legitimidade para requerer a destituição ou a dissolução qualquer interessado e o representante do Ministério Público. A pessoa destituída ficará impedida de exercer a mesma função ou de ser nomeada administradora em outro processo de falência ou recuperação.

RESPONSABILIDADE DOS MEMBROS DO COMITÊ DE CREDORES - Os membros do Comitê de Credores, assim como o administrador judicial, exercem funções de estrita responsabilidade. Assim, se porventura vierem a causar prejuízos por má administração ou infração à lei, serão civilmente responsabilizados. Ressalte-se, contudo, que o Comitê de Credores é um órgão colegiado e, dessa forma, o dissidente em deliberação não deverá ser responsabilizado, desde que faça constar sua discordância em ata.

Assembleia geral de credores

A assembleia será convocada pelo juiz, nas hipóteses previstas em lei ou quando achar necessário, ou pelos credores, desde que representem 25% do total do passivo. Sua competência consiste em deliberar sobre (art. 35, LRF):

1. Na recuperação judicial: aprovação, rejeição ou modificação do plano de recuperação judicial apresentado pelo devedor; a constituição do Comitê de Credores, a escolha de seus membros e sua substituição; o pedido de desistência do devedor, nos termos do § 4.º do artigo 52 da LRF; o nome do gestor judicial, quando do afastamento do devedor; qualquer outra matéria que possa afetar os interesses dos credores.
2. Na falência: a constituição do Comitê de Credores, a escolha de seus membros e sua substituição; a adoção de outras modalidades de realização do ativo, na forma do artigo 145 da LRF; qualquer outra matéria que possa afetar os interesses dos credores.

Formalidades de convocação - A assembleia será presidida pelo administrador judicial, que designará um secretário dentre os credores presentes. A convocação da assembleia será realizada por edital publicado em órgão oficial e em jornais de grande circulação, com antecedência mínima de 15 dias, o qual deverá conter: local, data e hora da assembleia em primeira e em segunda convocação, não podendo esta ser realizada a menos de cinco dias depois da primeira; a ordem do dia; local onde os credores poderão, se for o caso, obter cópia do plano de recuperação judicial a ser submetido à deliberação da assembleia.

Quorum de instalação - A assembleia geral de credores será instalada, em primeira convocação, com a presença de credores que representem a maioria dos créditos em cada classe e, em segunda, com qualquer número. Na assembleia, os credores poderão exercer seu direito por intermédio de um procurador, desde que cientifiquem o administrador judicial com antecedência de 24 horas. Os credores decorrentes da relação de trabalho poderão, ainda, ser representados pelo sindicato ao qual sejam associados. Para tanto, o sindicato deverá apresentar ao administrador judicial, até dez dias antes da assembleia, a relação dos representados. Quanto ao direito de voto do credor, este será proporcional ao valor de seu crédito admitido na falência ou na recuperação judicial.

Por fim, não será deferido provimento liminar, de caráter cautelar ou antecipatório dos efeitos da tutela, para a suspensão ou adiamento da assembleia geral de credores em razão de pendência de discussão acerca da existência, da quantificação ou da classificação de créditos (art. 40, LRF). Assim, a assembleia somente poderá ser suspensa ou prorrogada por medida liminar quando o fundamento for diverso do conflito indicado pela lei, como no caso de irregularidade de convocação.

Composição da assembleia - A assembleia geral será composta pelas seguintes classes de credores: titulares de créditos derivados da legislação do trabalho ou decorrentes de acidentes de trabalho; titulares de créditos com garantia real; titulares de créditos quirografários, com privilégio especial, com privilégio geral ou subordinados.

Segundo Fábio Ulhoa Coelho, "a instância de maior abrangência é o plenário da assembleia dos credores". Assim, quando a matéria não dispuser sobre a constituição do Comitê de Credores ou do plano de recuperação, cabe ao plenário decidir.

Quorum de deliberação - Como regra, o *quorum* de deliberação será o de maioria simples. Há, contudo, duas situações em que a lei prevê *quorum* qualificado: para a aprovação do plano de recuperação e para a venda extraordinária de bens do falido. Dispõe o artigo 45 da LRF:

Nas deliberações sobre o plano de recuperação judicial, todas as classes de credores referidas no art. 41 desta Lei deverão aprovar a proposta.

> § 1.º – Em cada uma das classes referidas nos incisos II e III do art. 41 desta Lei, a proposta deverá ser aprovada por credores que representem mais da metade do valor total dos créditos presentes à assembleia e, cumulativamente, pela maioria simples dos credores presentes.
> § 2.º – Na classe prevista no inciso I do art. 41 desta Lei, a proposta deverá ser aprovada pela maioria simples dos credores presentes, independentemente do valor de seu crédito.
> § 3.º – O credor não terá direito a voto e não será considerado para fins de verificação de *quorum* de deliberação se o plano de recuperação judicial não alterar o valor ou as condições originais de pagamento de seu crédito.

A esse respeito, a lição do ilustre professor Fábio Ulhoa Coelho (*Comentários à nova Lei de Falências e de Recuperação de Empresas*, p. 112):

> "Cabe à assembleia dos credores, tendo em vista o proposto pela devedora e eventual proposta alternativa que lhe tenha sido submetida, discutir e votar o plano de recuperação. É claro que novas propostas e sugestões de aperfeiçoamento podem ser levantadas na própria assembleia pelos presentes, tendo lugar, então, uma ampla negociação entre os envolvidos. Ele deve ser aprovado nas três instâncias classistas. Na classe dos empregados, pelo voto favorável de mais da metade dos credores, desprezado o valor dos seus créditos; nas demais, pelo voto favorável de mais da metade da totalidade dos créditos correspondentes e também pela maioria dos credores presentes no evento. Não participa da votação do Plano de Recuperação Judicial – e não integra, por isso, o *quorum* de deliberação – o credor cujo direito não for por ele afetado. Se houver mais de uma plano em votação, e apenas um deles alterar o direito de determinado credor, ele participa apenas da votação deste e não do outro. Essa exclusão da base de cálculo do *quorum* de deliberação do plano justifica-se no pressuposto da lei de que o credor não atingido pela proposta de reorganização da empresa não teria nenhum interesse no resultado da votação. Tal pressuposto é questionável porque, mesmo não sendo atingido diretamente pela proposta em votação, é claro que o credor pode ter o seu direito ameaçado na hipótese de aprovação de um plano inconsistente, que não leve à efetiva recuperação do devedor".

Ensina, também, Manoel Justino Bezerra Filho (*Nova Lei de Recuperação e Falências comentada*, p. 126):

> "Em consonância com a parte final do art. 42, este art. 45 estabelece que, para deliberação relativamente ao plano de recuperação (art. 35, I, a), a proposta deve necessariamente ser aprovada pelas três classes previstas no art. 41. Na classe dos credores com garantia real e na outra dos quirografários e demais (incisos II e III do art. 41), a proposta deverá ser aprovada cumulativamente pela metade mais um dos créditos presentes, e pela maioria simples dos credores presentes. Já na classe dos trabalhistas (inciso I do art. 41), a proposta deve ser aprovada pela maioria simples dos presentes, sem qualquer consideração ao valor dos créditos. O § 3.º estipula que apenas tem direito a voto nas deliberações sobre o plano de recuperação o credor cujo crédito vier a ser alterado em seu valor ou nas condições do pagamento. Se o crédito não sofre qualquer alteração, o respectivo credor não tem direito a voto, além de não poder ser computada sua presença para fins de verificação de *quorum*. O legislador, com vistas a evitar a manipulação por credores majoritários, preferiu condicionar a aprovação do plano às diferentes classes de credores. Cada classe possui, presumivelmente, interesses convergentes e, nesse sentido, exerce controle sobre as demais classes, obrigando os credores ao consenso para a efetiva recuperação do empresário, sem comprometer demasiadamente credores titulares de determinada classe".

Já a aprovação de forma alternativa de realização do ativo na falência, prevista no artigo 145, dependerá do voto favorável de credores que representem dois terços dos créditos presentes à assembleia.

A nova lei alterou substancialmente o dispositivo equivalente da lei anterior, já que estabelecia como base de cálculo o total dos créditos perante o falido. Segundo Fábio Ulhoa Coelho, a inovação é oportuna, uma vez que os titulares dos créditos públicos estavam impedidos de participar das negociações exigidas pela venda extraordinária de bens do falido. Na lei anterior, muitas vezes, a realização do ativo por meio de plano alternativo não se podia realizar porque o passivo fiscal ultrapassava um terço do total.

Recuperação judicial

Introdução - A recuperação judicial é uma ação que tem por objetivo viabilizar a superação da situação de crise econômica financeira da empresa, a fim de permitir a manutenção da fonte produtora, do empregado e dos interesses dos credores, promovendo a preservação da empresa, sua função social e o estímulo à atividade econômica. Com a nova lei, o Brasil contempla agora duas modalidades para evitar que a crise da empresa a leve à falência: a recuperação judicial e a recuperação extrajudicial.

Legitimidade ativa - São legitimados a requerer a recuperação judicial (arts. 1.º e 48, parágrafo único, LRF): o empresário; a sociedade empresária; o cônjuge sobrevivente; os herdeiros; o inventariante; o sócio remanescente.

Requisitos para requerimento - Para ter direito à recuperação judicial, o empresário deverá preencher os seguintes requisitos (art. 48, LRF):

a) exercer atividade regular há mais de dois anos;
b) não ser falido e, se o foi, estarem extintas suas responsabilidades;
c) não ter, há menos de cinco anos, obtido concessão de recuperação judicial; sendo o devedor microempresário ou empresário de pequeno porte, o prazo é ampliado para oito anos;
d) não ter sido condenado, assim como seu administrador ou sócio controlador, por crime falimentar.

Credores sujeitos à recuperação judicial - Como regra, todos os credores existentes na data do pedido de recuperação, ainda que não vencidos, estão sujeitos aos efeitos da recuperação judicial. Portanto, os credores que vierem a se constituir depois do pedido de recuperação não serão incluídos. Também estão excluídos dos efeitos da recuperação judicial os credores titulares da posição de proprietário fiduciário de bens móveis ou imóveis, de arrendador mercantil, de proprietário ou promitente vendedor de imóvel cujos contratos contenham cláusula de irrevogabilidade ou irretratabilidade, inclusive em incorporações imobiliárias, ou de proprietário em contrato de compra e venda com reserva de domínio, bem como os bancos credores por adiantamento aos exportadores. Esses credores podem exercer seus direitos reais e contratuais, de acordo com as respectivas legislações. É o que dispõe a LRF:

> Art. 49 – Estão sujeitos à recuperação judicial todos os créditos existentes na data do pedido, ainda que não vencidos.
> § 1.º – Os credores do devedor em recuperação judicial conservam seus direitos e privilégios contra os coobrigados, fiadores e obrigados de regresso.
> § 2.º – As obrigações anteriores à recuperação judicial observarão as condições originariamente contratadas ou definidas em lei, inclusive no que diz respeito aos encargos, salvo se de modo diverso ficar estabelecido no plano de recuperação judicial.
> § 3.º – Tratando-se de credor titular da posição de proprietário fiduciário de bens móveis ou imóveis, de arrendador mercantil, de proprietário ou promitente vendedor de imóvel cujos respectivos contratos contenham cláusula de irrevogabilidade ou irretratabilidade, inclusive em incorporações imobiliárias, ou de proprietário em contrato de venda com reserva de domínio, seu crédito não se submeterá aos efeitos da recuperação judicial e prevalecerão os direitos de propriedade sobre a coisa e as condições contratuais, observada a legislação

respectiva, não se permitindo, contudo, durante o prazo de suspensão a que se refere o § 4.º do art. 6.º desta Lei, a venda ou a retirada do estabelecimento do devedor dos bens de capital essenciais a sua atividade empresarial.
§ 4.º – Não se sujeitará aos efeitos da recuperação judicial a importância a que se refere o inciso II do art. 86 desta Lei.
§ 5.º – Tratando-se de crédito garantido por penhor sobre títulos de crédito, direitos creditórios, aplicações financeiras ou valores mobiliários, poderão ser substituídas ou renovadas as garantias liquidadas ou vencidas durante a recuperação judicial e, enquanto não renovadas ou substituídas, o valor eventualmente recebido em pagamento das garantias permanecerá em conta vinculada durante o período de suspensão de que trata o § 4.º do art. 6.º desta Lei.

Meios de recuperação da empresa - Os meios de recuperação da empresa encontram-se previstos no artigo 50 da LRF. Trata-se, na verdade, de rol exemplificativo, isto é, outros meios poderão ser empregados. Assim, cabe ao empresário analisar o melhor meio para recuperar sua empresa; geralmente, utilizará mais de um.

Constituem meios de recuperação judicial, dentre outros: dilação do prazo ou revisão das condições de pagamento; operações societárias; alteração do controle societário; reorganização da administração; concessão aos credores de direito de eleição em separado de administradores e de poder de veto em relação às matérias que o plano especificar; aumento de capital social; trespasse ou arrendamento de estabelecimento empresarial; redução salarial, compensação de horários e redução da jornada, mediante acordo ou convenção coletiva; dação em pagamento ou novação; constituição de sociedade de credores; venda parcial dos ativos; equalização dos encargos financeiros; usufruto da empresa; administração compartilhada; emissão de valores mobiliários; adjudicação de bens.

Fases do processo - Segundo Fábio Ulhoa Coelho, o processo de recuperação judicial divide-se em três fases:

1. **Postulatória:** requerimento do benefício.
2. **Deliberativa**: após a verificação dos créditos.
3. **Execução:** fiscalização do cumprimento do plano de recuperação.

Requisitos da petição inicial - O requerente deve instruir sua petição inicial observando as exigências dos artigos 48 e 51 da LRF. Assim, além dos requisitos do artigo 48 (*veja o tópico "Requisitos para requerimento"*), compõem a petição inicial: exposição das causas; demonstrações contábeis; relação nominal completa dos credores; relação integral dos empregados; certidão de registro e demais documentos societários; relação dos bens dos sócios controladores e dos administradores; extratos bancários e demais documentos referentes a investimentos; certidões de protesto; relação de todas as ações judiciais em que o devedor figure como parte.

Despacho de processamento da recuperação judicial - O despacho de processamento da recuperação judicial produz inúmeros efeitos. Nele, o juiz apenas verifica se o impetrante atendeu aos requisitos da lei, não estando definido se o impetrante tem direito à recuperação. Tal direito somente será verificado no decorrer do processo. Assim, estando em termos a documentação apresentada na petição inicial, o juiz deferirá o processamento da recuperação e, no mesmo ato, nomeará o administrador judicial e, entre outros efeitos, ordenará a suspensão temporária de todas as ações e execuções, conforme dispõe a LRF:

> Art. 52 – Estando em termos a documentação exigida no art. 51 desta Lei, o juiz deferirá o processamento da recuperação judicial e, no mesmo ato:
> I – nomeará o administrador judicial, observado o disposto no art. 21 desta Lei;
> II – determinará a dispensa da apresentação de certidões negativas para que o devedor exerça suas atividades, exceto para contratação com o Poder Público ou para recebimento de benefícios ou incentivos fiscais ou creditícios, observando o disposto no art. 69 desta Lei;
> III – ordenará a *suspensão de todas as ações ou execuções contra o devedor*, na forma do art. 6.º desta Lei, permanecendo os respectivos autos no juízo onde se processam, ressalvadas as ações previstas nos §§ 1.º e 7.º do art. 6.º desta Lei e as relativas a créditos excetuados na forma dos §§ 3.º e 4.º do art. 49 desta Lei [destaque nosso];
> IV – determinará ao devedor a apresentação de contas demonstrativas mensais enquanto perdurar a recuperação judicial, sob pena de destituição de seus administradores;
> V – ordenará a intimação do Ministério Público e a comunicação por carta às Fazendas Públicas Federal e de todos os Estados e Municípios em que o devedor tiver estabelecimento.

Ressalte-se, contudo, que nem todas as ações serão suspensas, dentre elas:

a) ações que demandam quantias ilíquidas;
b) reclamações trabalhistas;
c) execuções fiscais;
d) execuções movidas por credores não sujeitos à recuperação judicial.

Depois de deferir o processamento, o juiz ordenará a publicação do edital na imprensa oficial, que conterá:

a) o resumo do pedido do devedor e da decisão que defere o processamento da recuperação judicial;
b) a relação nominal de credores, discriminando o valor atualizado e a classificação de cada crédito;
c) as advertências acerca dos prazos para habilitação dos créditos e para que os credores apresentem objeção ao plano de recuperação judicial apresentado pelo devedor.

Por fim, deferido seu processamento, o requerente não mais poderá desistir do pedido de recuperação, salvo se obtiver aprovação da desistência na assembleia geral de credores.

Plano de recuperação judicial - Instrumento mais importante do processo de recuperação judicial, o plano de recuperação será apresentado pelo devedor em juízo no prazo improrrogável de 60 dias da publicação da decisão que deferir o processamento da recuperação judicial, sob pena de convolação em falência. O plano deverá discriminar pormenorizadamente os meios pelos quais o devedor pretende superar a crise que enfrenta, assim como conter a demonstração de sua viabilidade econômica e laudo econômico-financeiro e de avaliação dos bens e ativos do devedor.

> Art. 53, LRF – O plano de recuperação será apresentado pelo devedor em juízo no prazo improrrogável de 60 (sessenta) dias da publicação da decisão que deferir o processamento da recuperação judicial, sob pena de convolação em falência, e deverá conter:

I – discriminação pormenorizada dos meios de recuperação a ser empregados, conforme o art. 50 desta Lei, e seu resumo;
II – demonstração de sua viabilidade econômica; e
III – laudo econômico-financeiro e de avaliação dos bens e ativos do devedor, subscrito por profissional legalmente habilitado ou empresa especializada.
Parágrafo único. O juiz ordenará a publicação de edital contendo aviso aos credores sobre o recebimento do plano de recuperação e fixando o prazo para a manifestação de eventuais objeções, observado o art. 55 desta Lei.

Segundo a lei, o plano poderá alterar ou fazer novação dos créditos trabalhistas ou decorrentes de acidente de trabalho. Contudo, não poderá prever:

- prazo superior a um ano para pagamento dos créditos derivados da legislação do trabalho ou decorrentes de acidentes de trabalho vencidos até a data do pedido de recuperação;
- prazo superior a 30 dias para o pagamento, até o limite de cinco salários mínimos por trabalhador, dos créditos de natureza estritamente salarial vencidos nos três meses anteriores ao referido pedido de recuperação judicial.

Procedimento de recuperação judicial - Uma vez apresentado e publicado o plano de recuperação, os credores poderão apresentar sua objeção no prazo a ser fixado pelo juiz ou conforme previsto em lei (art. 55, LRF). Com relação ao prazo, oportuno mencionar a lição do professor Fábio Ulhoa Coelho (*Comentários à nova Lei de Falências e de Recuperação de Empresas*, p.165):

> A lei parece ter se confundido um pouco na definição do prazo para a apresentação de objeção. De início, estabeleceu que o prazo será fixado pelo juiz ao mandar publicar por edital o plano de recuperação judicial apresentado pelo devedor (art. 53, parágrafo único). Em seguida, fixou-o em 30 dias contados da publicação da relação dos credores que deve acompanhar a do edital do despacho de processamento da recuperação judicial (*caput* do artigo aqui comentado). É estranha a previsão porque, nesse momento, ainda não venceu o prazo para a apresentação do plano pelo devedor, que é de 60 dias daquela publicação (art. 53). Não há, então, via de regra, nos 30 dias mencionados plano nenhum para ser objetado. Mas a atrapalhada com o prazo ainda continua. No parágrafo único, a lei fala que ele se conta da publicação do aviso da apresentação do plano pelo devedor, caso na data deste ainda não tenha sido feita a publicação da relação dos credores. A hipótese é impossível. Na apresentação da relação dos credores, o juiz não pode determinar o processamento da recuperação judicial, já que se trata de documento indispensável à instrução da petição inicial (art. 51, III). Por outro lado, o despacho de processamento é publicado com essa relação (art. 51, § 1.º, "a") e, antes dele, não tem início o prazo para a apresentação do plano e, muito menos, do aviso de que foi apresentado. Enfim, por dispor sobre fato inexistente, o parágrafo único do art. 55 deve ser simplesmente ignorado pelo intérprete. E o *caput* desse dispositivo, no que diz respeito ao prazo para a objeção, deve ser aplicado apenas se do despacho do juiz mandando avisar os credores da apresentação do plano de recuperação não constar determinação diversa.

Havendo objeção de qualquer credor, o juiz convocará a assembleia geral de credores para deliberar sobre o plano de recuperação. Note-se que, nesse caso, não compete ao juiz decidir as objeções, mas sim à assembleia, cuja realização não poderá exceder 150 dias contados do deferimento do processamento da recuperação judicial. Após a juntada ao processo do plano aprovado pela assembleia ou decorrido o prazo para objeções, o devedor apresentará certidões negativas de débitos tributários. Assim, se apresentadas as certidões, o juiz concederá o benefício; caso contrário, indeferirá o pedido, uma vez que o CTN exige prova de quitação para a concessão da recuperação judicial *(veja art. 68, LRF).*

Concessão da recuperação judicial - Aprovado o plano de recuperação em assembleia (respeitado o *quorum*), o juiz concederá a recuperação judicial; caso nenhum plano tenha sido aprovado, decretará a falência. Contudo, há situações na lei em que o juiz poderá conceder a recuperação com base no plano não aprovado pela assembleia, desde que de forma cumulativa:

a) o voto favorável de credores que representem mais da metade do valor de todos os créditos presentes, independentemente de suas classes;
b) a aprovação de duas das classes de credores nos termos do artigo 45 da LRF ou, caso haja somente duas classes com credores votantes, a aprovação de pelo menos uma delas;
c) na classe que o houver rejeitado, o voto favorável de mais de um terço dos credores.

Recurso contra sentença concessiva de recuperação - A sentença concessiva de recuperação judicial desafia o recurso de agravo por instrumento, que poderá ser interposto por qualquer credor ou pelo representante do Ministério Público.

Efeitos da concessão da recuperação judicial - Todos os credores anteriores ao pedido de recuperação estão sujeitos a seus efeitos, isto é, o plano de recuperação judicial implica a novação dos créditos anteriores ao pedido e obriga o devedor e todos os credores a ele sujeitos, sem prejuízo das demais garantias (art. 59, LRF). Deve-se lembrar que existem credores que não são atingidos pela recuperação e, portanto, não estarão sujeitos aos efeitos da concessão de recuperação judicial.

Alienação de filiais ou de unidades isoladas - Se o plano de recuperação judicial aprovado envolver alienação de filiais ou de unidades isoladas do devedor, o juiz ordenará sua realização por leilão, propostas fechadas ou pregão. O objeto da alienação estará livre de qualquer ônus do devedor, inclusive de natureza tributária. Nesse caso, o arrematante não poderá ser cobrado pelas dívidas do antigo proprietário (art. 60, LRF).

Efeitos da recuperação em relação à administração da sociedade - Durante o procedimento de recuperação judicial, o devedor ou seus administradores serão mantidos na administração da sociedade, sob fiscalização do Comitê de Credores, se houver, e do administrador judicial. No entanto, se o devedor ou seus administradores não forem pessoas idôneas, o juiz poderá afastá-los, nos termos do artigo 64 da LRF, e convocar a assembleia geral de credores para deliberar sobre o nome do gestor judicial que assumirá a administração da sociedade. Enquanto a assembleia não deliberar sobre a escolha do gestor, caberá ao administrador judicial exercer a função deste.

Efeitos da recuperação em relação aos bens do devedor - Após a distribuição do pedido de recuperação judicial, o devedor não poderá alienar ou onerar os bens ou direitos de seu ativo permanente, salvo se houver evidência de utilidade reconhecida pelo juiz e depois de ouvido o Comitê de Credores, com exceção daqueles previamente relacionados no plano de recuperação judicial. A inobservância desses requisitos enseja a decretação da falência.

Reclassificação dos créditos - Os créditos decorrentes de obrigações contraídas pelo devedor durante a recuperação judicial, inclusive aqueles relativos a despesas com fornecedores de bens ou serviços e contratos mútuos, serão considerados extraconcursais, em caso de decretação de falência. Os créditos quirografários sujeitos à recuperação pertencentes a fornecedores de bens ou serviços que continuarem a provê-los normalmente após o pedido de recuperação judicial terão privilégio geral de recebimento em caso de decretação de falência, no limite do valor dos bens ou serviços fornecidos durante o período da recuperação.

Assim, convolada a recuperação judicial em falência, os credores posteriores ao pedido serão reclassificados: os quirografários, como titulares de privilégio geral; os demais, como extraconcursais. Segundo Fábio Ulhoa Coelho, devem ser excluídos da reclassificação os créditos não negociais, como o fiscal e o parafiscal, multa administrativa, indenização por acidente de trabalho ou por qualquer outra razão, etc., uma vez que não podem ser considerados colaboradores da recuperação.

A ideia da reclassificação é estimular as operações negociais do devedor em sede de recuperação. Dessa forma, mesmo em recuperação, o mercado continuará operando com o devedor, pois, caso este venha a falir, terá seu crédito privilegiado.

Atendimento ao plano de recuperação - Concedida a recuperação judicial, o devedor deverá cumprir todas as obrigações previstas no plano de recuperação que se vencerem até dois anos depois da concessão da recuperação judicial. Se durante esse período ele descumprir qualquer das obrigações previstas no plano, ocorrerá a convolação da recuperação em falência. Uma vez decretada a falência, os credores terão reconstituídos seus direitos e demais garantias (art. 61, LRF).

Descumprimento do plano de recuperação - Como visto, se no prazo de dois anos o devedor descumprir qualquer uma de suas obrigações, a recuperação será convolada em falência. Após o referido prazo, o credor poderá requerer a execução específica ou a falência. Convolada a recuperação judicial em falência, os credores decorrentes de obrigações contraídas pelo devedor durante a recuperação, inclusive aqueles relativos a despesas com fornecedores, serão considerados extraconcursais.

Encerramento da recuperação judicial - Como regra, cumpridas as obrigações no prazo de até dois anos, o juiz decretará por sentença o encerramento da recuperação judicial, comunicando-o à Junta Comercial.

> Art. 63, LTR – Cumpridas as obrigações vencidas no prazo previsto no *caput* do art. 61 desta Lei, o juiz decretará por sentença o encerramento da recuperação judicial e determinará:

I – o pagamento do saldo de honorários ao administrador judicial, somente podendo efetuar a quitação dessas obrigações mediante prestação de contas, no prazo de 30 (trinta) dias, e aprovação do relatório previsto no inciso III do *caput* deste artigo;
II – a apuração do saldo das custas judiciais a serem recolhidas;
III – a apresentação de relatório circunstanciado do administrador judicial, no prazo máximo de 15 (quinze) dias, versando sobre a execução do plano de recuperação pelo devedor;
IV – a dissolução do Comitê de Credores e a exoneração do administrador judicial;
V – a comunicação ao Registro de Empresas para as providências cabíveis.

De acordo com Fábio Ulhoa Coelho, o encerramento da execução do processo de recuperação judicial pode ocorrer, ainda, pelo pedido de desistência da devedora beneficiada, a qual poderá apresentá-lo a qualquer momento, desde que devidamente aprovado pela assembleia geral de credores.

Portanto, existem duas formas de encerramento da recuperação judicial: pelo cumprimento do plano no prazo de até dois anos; pela desistência.

Recuperação judicial para microempresas e empresas de pequeno porte

Conforme a Lei 9.841/99 (Estatuto da Microempresa e Empresa de Pequeno Porte), considera-se microempresa aquela que atinge faturamento bruto anual de R$ 433.755,14 e empresa de pequeno porte aquela cujo faturamento bruto anual varia entre R$ 433.755,15 e R$ 2.133.222,00.

Contudo, em 2006, foi instituído o Simples Nacional, também conhecido como Super Simples, por intermédio da Lei Complementar 123, que revogou a Lei 9.841/99 (Estatuto da Microempresa e Empresa de Pequeno Porte), passando a considerar microempresa e empresa de pequeno porte:

a) no caso das microempresas, o empresário, a pessoa jurídica, ou a ela equiparada, aufira, em cada ano-calendário, receita bruta igual ou inferior a R$ 240.000,00 (duzentos e quarenta mil reais);
b) no caso das empresas de pequeno porte, o empresário, a pessoa jurídica, ou a ela equiparada, aufira, em cada ano-calendário, receita superior a R$ 240.000,00 (duzentos e quarenta mil reais) e igual ou inferior a R$ 2.400.000,00 (dois milhões e quatrocentos mil reais), conforme artigo 3.º da LC 123/06.

Portanto, após a edição da Lei Complementar 123, será microempresário ou empresário de pequeno porte quem se enquadrar nos limites de faturamento por ela estabelecido. A mesma lei regula, ainda, a forma de tributação simplificada. Vale dizer que a referida Lei Complementar representa, a partir da sua promulgação, o Estatuto da Microempresa e da Empresa de Pequeno Porte. A tributação dessas empresas, como o próprio nome diz, foi simplificada. Ou seja, toda a carga tributária federal, estadual e municipal foram unificadas num único tributo, este chamado de Simples.

Os microempresários e os empresários de pequeno porte poderão apresentar um plano especial de recuperação judicial, desde que afirmem sua intenção de fazê-lo na petição inicial (art. 70, LRF). O plano de recuperação limitar-se-á às seguintes condições (art. 71, LRF):

a) abrangerá exclusivamente os créditos quirografários;
b) preverá parcelamento em até 36 parcelas iguais e sucessivas, corrigidas monetariamente e acrescidas de juros de 12% ao ano;

c) preverá o pagamento da primeira parcela no prazo máximo de 180 dias, contado da distribuição do pedido de recuperação judicial;
d) estabelecerá a necessidade de autorização do juiz, depois de ouvidos o administrador judicial e o Comitê de Credores, para o devedor aumentar despesas ou contratar empregados.

Percebe-se, do aludido artigo, que o plano de recuperação judicial do microempresário e do empresário de pequeno porte é bastante simples. Suas obrigações podem ser pagas em até 36 parcelais mensais, iguais e sucessivas, vencendo a primeira em 180 dias, contados da distribuição do pedido de recuperação. O referido parcelamento diz respeito apenas ao passivo quirografário. As dívidas tributárias e trabalhistas não são atingidas, devendo, portanto, ser honradas conforme a legislação específica de cada uma. A aprovação ou rejeição do plano de recuperação judicial cabe exclusivamente ao juiz, e não à assembleia geral de credores. Com a sentença concessiva do benefício, operam-se a suspensão das ações e execuções e a novação das obrigações sujeitas ao plano. Por fim, os credores poderão opor objeções ao plano especial. Nesse caso, o juiz chamará o devedor para que se manifeste na tentativa de haver um acordo entre as partes; do contrário, decidirá o caso.

Convolação de recuperação judicial em falência

A princípio, o devedor que obtém recuperação e não cumpre com suas obrigações verá seu benefício convolado em falência. Ademais, será decreta a falência (art. 71, LRF):
a) por deliberação em assembleia geral de credores;
b) pela não apresentação do plano pelo devedor;
c) quando houver sido rejeitado o plano de recuperação pela assembleia geral de credores;
d) por indeferimento da recuperação judicial;
e) por descumprimento das obrigações assumidas no plano de recuperação.

EFEITOS DA CONVOLAÇÃO EM RELAÇÃO AOS CREDORES - A convolação da recuperação judicial em falência produzirá os seguintes efeitos:
a) os credores anteriores ao benefício retornarão exatamente ao estado anterior da aprovação do plano de recuperação;
b) os credores posteriores ao benefício serão reclassificados.

Falência

Origem da falência - Em Roma, segundo Amador Paes de Almeida, quando um devedor não honrava seus compromissos, respondia com sua liberdade ou mesmo com a própria vida. Geralmente, o devedor permanecia escravo por 60 dias, a fim de solver a dívida. No entanto, se não o fizesse, facultava-se ao credor vendê-lo no mercado estrangeiro de escravos ou matá-lo, mutilando seu corpo e repartindo-o entre os demais credores, em uma trágica execução coletiva.

O bárbaro sistema perdurou até 428 a.C, com a promulgação da *Lex Poetelia Papira*, que introduziu no Direito romano a execução de caráter patrimonial. Assim, o devedor que não conseguia pagar suas obrigações perdia a posse de seus bens em favor de um curador, cuja função consistia em administrá-los. Em 737 a.C, foi criada a *cessio bonorum* pela *Lex Julia Bonorum*, facultando ao devedor a cessão de seus bens ao credor, que podia vendê-los separadamente. A nova fase introduzida pela *Lex Julia Bonorum*, de acordo com alguns doutrinadores, deu início ao instituto da falência, uma vez que o credor, ao receber os bens do devedor, prezava os demais credores, formando uma verdadeira massa.

Somente na Idade Média o Estado decidiu disciplinar o concurso de credores, atribuindo ao juiz a função de proteger, guardar e vender os bens do devedor para partilhá-los entre os demais credores. Foi nessa época que o concurso de credores se transformou em falência, que, entretanto, passou a ser considerada crime, impondo ao falido severas penas, desde a prisão até sua mutilação – daí a expressão *fallere*, falsear, enganar.

Com o tempo, a falência foi-se aperfeiçoando, fazendo nítida distinção entre devedores desonestos e honestos. A estes últimos eram impostas sanções mais brandas e facultado o direito de requerer a moratória.

Origem no Brasil - O Brasil colonial sujeitava-se às leis de Portugal, cuja legislação sobre falência originou-se com as Ordenações Afonsinas, posteriormente revistas por dom Manuel e publicadas em 1521 sob a denominação Ordenações Manuelinas. Estas, no entanto, não regulavam de forma específica a falência do comerciante. Somente em 1603 as Ordenações Filipinas ensejariam a disciplina completa da quebra do comerciante.

Segundo Amador Paes de Almeida (*Curso de falência e concordata*, p. 6), "foi, porém, com o Alvará de 13 de novembro de 1756, promulgado pelo Marquês de Portugal, que tivemos um originalíssimo e autêntico processo de falência, nítida e acentuadamente mercantil, em juízo comercial, exclusivamente para comerciantes, mercadores ou homens de negócio, como bem observou Waldemar Ferreira".

O alvará obrigava o falido a se apresentar à Junta Comercial, entregando todos os seus bens, até mesmo o livro diário devidamente escriturado. Em seguida, realizava-se o inventário, publicando-se em edital a convocação dos credores. Do montante arrecadado, 10% eram destinados ao falido para seu sustento e o de sua família, e o restante, partilhado entre os credores.

Proclamada a Independência do Brasil, as leis portuguesas continuaram a reger a falência por muitos anos. Apenas em 1850, com a publicação do Código Comercial, o Brasil passou a ter uma legislação específica, disciplinada no capítulo "Das Quebras", que posteriormente foi revogado pelo Decreto 917, de 24 de novembro de 1890. Tal decreto era inadequado, pois não conseguia impedir os abusos e fraudes cometidos pelos comerciantes. Assim, criaram-se inúmeras leis, e, em 1945, foi publicado o Decreto-Lei 7.661.

Em 9 de fevereiro de 2005, após longo período de discussão, aprovou-se a nova Lei de Falência (Lei 11.101), que eliminou o instituto da concordata e introduziu a recuperação judicial e extrajudicial. Segundo a LTR, a falência, ao promover o afastamento do devedor de suas atividades, visa a preservar e otimizar a utilização produtiva dos bens, ativos e recursos produtivos, inclusive os intangíveis, da empresa.

Conceito - A falência é uma execução coletiva movida contra um devedor empresário ou sociedade empresária, atingindo seu patrimônio para uma venda forçada, partilhando o resultado, proporcionalmente, entre os credores.

Nesse sentido, oportuno relembrar a lição de Carvalho de Mendonça (*Tratado de Direito Comercial brasileiro*, v. VII, p. 19):

"Em verdade, a falência é uma execução extraordinária ou coletiva. Na execução ordinária, singular ou exclusiva, um ou mais bens *determinados*, móveis ou imóveis, parte do ativo do devedor, são penhorados em proveito de *um* ou *outro credor*, que age individualmente. Na falência, arrecada-se o patrimônio disponível do devedor, garantia comum dos credores, e congregam-se *todos estes*, para a defesa coletiva dos seus direitos e interesses".

Segundo Amador Paes de Almeida, a falência pode ser vista de ângulos distintos: econômico, em que a falência se traduz em um estado patrimonial, e jurídico, em que a falência seria um processo de execução coletiva contra um devedor insolvente, "processo de execução coletiva por congregar todos os credores, por força da *vis attractiva* do juízo falimentar. Verdadeiro litisconsórcio ativo necessário, ou seja, elo que reúne diversos litigantes em um só processo, ligados por comunhão de interesses" (Almeida, Amador Paes de, *Curso de falência e de recuperação de empresa*, p. 17). Dá-se o litisconsórcio quando, em uma mesma ação, há pluralidade de autores (litisconsórcio ativo) ou de réus (litisconsórcio passivo).

A falência é um instituto complexo que se relaciona com vários ramos do Direito. Encontramos na falência preceitos do Direito Comercial, Civil, Administrativo, Processual e Penal. Como bem lembra Amador Paes de Almeida, essa diversidade tem criado na doutrina uma controvérsia acerca de sua natureza jurídica. Para alguns, a falência situa-se no instituto do direito objetivo; para outros, no âmbito do direito processual.

No Direito brasileiro, a falência sempre foi situada na esfera do Direito Comercial. Paes de Almeida considera: "Conquanto um processo de execução, e sob esse prisma eminentemente processual, a falência revela a existência de inúmeros preceitos de direito objetivo, tais como os direitos e deveres do falido, os direitos dos credores, as obrigações do síndico, não se olvidando que, efetivamente, tal como observa Gustavo Bonelli, nela exista um inequívoco procedimento administrativo". Conclui: "Com efeito, conquanto para ela concorram diferentes regras de diversos ramos do Direito, com nenhum deles se confunde nem por eles é absorvida, possuindo, outrossim, princípios e diretrizes que lhes são próprios, formando um sistema que inquestionavelmente a distingue de outras disciplinas, razão por que denominada direito falimentar".

Sujeitos à falência – A falência atinge o empresário e a sociedade empresária, bem como o espólio do devedor empresário e aqueles que, embora expressamente proibidos, exercem atividades empresariais. Ressalte-se que algumas sociedades, embora empresárias, estão excluídas total ou parcialmente do regime falimentar.

Elementos do estado de falência – A falência, como visto, representa uma execução coletiva, cuja finalidade consiste em atingir os bens do falido. Contudo, não será qualquer situação que ensejará a decretação da falência. Os credores devem primeiro verificar o estado falimentar em que se encontra o devedor. Aconselha-se que estes tenham certa cautela, mesmo porque aquele que requerer a falência de outro e não a declarar arcará com perdas e danos.

Para a caracterização do estado de falência, é necessário que o devedor apresente-se insolvente. De acordo com a lei, a insolvência jurídica poderá ser presumida pela impontualidade injustificada ou pela prática de atos falimentares. Assim, a falência será decretada por:

- **Impontualidade** – Quando o devedor, sem relevante razão de direito, não paga, no vencimento, obrigação líquida materializada em título ou títulos executivos protestados cuja soma ultrapasse o equivalente a 40 salários mínimos (art. 94, I, LRF). Não basta o devedor estar em atraso; é preciso que sua impontualidade seja injustificada.
- **Execução frustrada** – Quando o executado por qualquer quantia líquida não paga, não deposita e não nomeia à penhora bens suficientes dentro do prazo legal (art. 94, II, LRF);
- **Prática de atos de falência** – Quando o empresário (art. 94, III, LRF):
  a) procede à liquidação precipitada de seus ativos ou lança mão de meio ruinoso ou fraudulento para realizar pagamentos;
  b) realiza ou, por atos inequívocos, tenta realizar, com o objetivo de retardar pagamentos ou fraudar credores, negócio simulado ou alienação de parte ou da totalidade de seu ativo a terceiro, credor ou não;
  c) transfere estabelecimento a terceiro, credor ou não, sem o consentimento de todos os credores e sem ficar com bens suficientes para solver seu passivo;
  d) simula a transferência de seu principal estabelecimento com o objetivo de burlar a legislação ou a fiscalização ou para prejudicar credor;
  e) dá ou reforça garantia a credor por dívida contraída anteriormente sem ficar com bens livres e desembaraçados suficientes para saldar seu passivo;
  f) ausenta-se sem deixar representante habilitado e com recursos suficientes para pagar os credores, abandona estabelecimento ou tenta ocultar-se de seu domicílio, do local de sua sede ou de seu principal estabelecimento;
  g) deixa de cumprir, no prazo estabelecido, obrigação assumida no plano de recuperação judicial.

Juízo falimentar - O juízo competente para o processamento da falência será o do principal estabelecimento do devedor (art. 76, LRF), ou seja, o local onde se concentra o maior volume de negócios, independentemente de previsão contratual ou estatutária. O juízo falimentar é conhecido como "juízo universal"; assim, todas as ações referentes aos bens e interesses da massa serão processadas por ele. O juízo falimentar comporta exceções:

a) ações não reguladas pela LRF;
b) ações que demandam quantia ilíquida;
c) reclamações trabalhistas;
d) execuções tributárias;
e) ações de conhecimento em que é parte a União.

De acordo com o parágrafo único do referido artigo 76, todas essas ações terão prosseguimento com o administrador judicial, que deverá ser intimado para representar a massa falida, sob pena de nulidade do processo. Na verdade, as ações devem prosseguir com a massa falida, representada pelo administrador judicial.

Autofalência - O empresário que julgue não atender aos requisitos para a recuperação judicial deverá requerer sua falência, expondo as razões da impossibilidade de prosseguir com sua atividade empresarial. A petição inicial deve ser instruída com os seguintes documentos:

a) demonstrações contábeis referentes aos três últimos exercícios sociais e as levantadas especialmente para instruir o pedido, confeccionadas com estrita observância da legislação societária aplicável e compostas obrigatoriamente do balanço patrimonial, das demonstrações de resultados acumulados, das demonstrações do resultado desde o último exercício social e do relatório do fluxo de caixa;

b) relação nominal dos credores, indicando endereço, importância, natureza e classificação dos respectivos créditos;
c) relação dos bens e direitos que compõem o ativo, com a respectiva estimativa de valor e documentos comprobatórios de propriedade;
d) prova da condição de empresário, contrato social ou estatuto em vigor ou, se não houver, indicação de todos os sócios, seus endereços e a relação de seus bens pessoais;
e) os livros obrigatórios e documentos contábeis;
f) relação de seus administradores nos últimos cinco anos, com os respectivos endereços, suas funções e participação societária.

Não estando o pedido regularmente instruído, o juiz determinará que seja emendado.

Legitimidade ativa - Estão autorizados a requerer a execução coletiva (art. 97, LRF):
a) o próprio devedor empresário (autofalência);
b) qualquer credor; se empresário, provar a condição de regular;
c) o cônjuge sobrevivente;
d) os herdeiros do devedor;
e) o inventariante;
f) o sócio ou acionista da sociedade;
g) o credor não domiciliado no Brasil, desde que preste caução.

Hipóteses em que não será declarada falência - A falência requerida com base na impontualidade não será declarada se o requerido provar (art. 96, LRF):
a) falsidade do título;
b) prescrição do direito;
c) nulidade da obrigação ou do título;
d) pagamento da dívida;
e) qualquer outro fato que extinga ou suspenda obrigação ou não legitime a cobrança de título;
f) vício em protesto ou em seu instrumento;
g) cessão das atividades empresariais há mais de dois anos, comprovada pelo distrato social devidamente registrado na Junta Comercial;
h) liquidação e partilha do ativo da sociedade anônima;
i) morte do devedor há mais de um ano;
j) apresentação do pedido de recuperação no prazo da contestação, observados os requisitos do artigo 51 da LRF.

Responsabilidade dos sócios - Pela nova lei, os sócios solidária e ilimitadamente responsáveis pelas obrigações sociais terão sua falência decretada e ficarão sujeitos aos mesmos efeitos jurídicos produzidos em relação à sociedade falida (art. 81, LRF); tais efeitos aplicam-se também aos sócios que tenham se retirado da sociedade há menos de dois anos. Já a responsabilidade pessoal dos sócios de responsabilidade limitada, dos controladores e dos administradores da sociedade falida será apurada no próprio juízo da falência, independentemente da realização do ativo e da prova de sua insuficiência para cobrir o passivo (art. 82, LRF). O juiz poderá, de ofício ou a requerimento das partes, ordenar a indisponibilidade dos bens particulares dos sócios até o julgamento da ação de responsabilização. Esta prescreverá em dois anos, contados do trânsito em julgado do encerramento da falência.

Na verdade, a responsabilização dos sócios é matéria do Direito societário. Os sócios de uma sociedade limitada respondem apenas em duas hipóteses:

- pela prática de ato ilícito ou quando excedem o contrato social (art. 1.080, CC);
- pela integralização total do capital social (art. 1.052, CC). Assim, se o capital estiver subscrito e não integralizado, a massa poderá propor a ação de integralização. A ação poderá atingir qualquer sócio, já que são solidários pela integralização total do capital social.

O administrador de uma sociedade limitada responderá quando infringir o dever de diligência (art. 1.011, CC), e o acionista de uma sociedade anônima, pelos danos causados por atos praticados com abuso de poder (art. 117, LSA). O administrador de uma sociedade anônima não é pessoalmente responsável pelas obrigações que contrair em nome da sociedade e em virtude de ato regular de gestão. No entanto, poderá ser responsabilizado pelos prejuízos que causar quando, dentro de suas atribuições ou poderes, agir com culpa ou dolo ou com violação da lei ou do estatuto social (art. 158, LSA).

Protesto - Na falência, o protesto é sempre obrigatório. Mesmo títulos não sujeitos a protesto obrigatório devem ser levados a cartório para sua efetivação.

De acordo com o § 1.º do artigo 94 da LRF, os credores poderão reunir-se em litisconsórcio a fim de perfazer o limite mínimo para o pedido de falência com base na impontualidade, correspondente a 40 salários mínimos. Assim, na eventualidade de um credor possuir um crédito inferior a esse valor, poderá juntar-se a outro credor, completando, dessa forma, o valor mínimo de 40 salários mínimos, formando o litisconsórcio ativo para requerer a falência do devedor.

Na falência com base na impontualidade, o pedido de falência será instruído com os títulos executivos (originais ou cópias autenticadas se estiverem juntados em outro processo), acompanhados, em qualquer caso, dos respectivos instrumentos de protesto para fim falimentar nos termos da legislação específica; na falência com base em execução frustrada, o pedido será instruído com certidão expedida pelo juízo em que se processa a execução; na falência consubstanciada em atos falimentares, o pedido descreverá os fatos que caracterizam a falência, juntando as provas que houver e especificando as que serão produzidas.

Rito falimentar - Segundo Fábio Ulhoa Coelho, "o pedido de falência segue rito diferente em função de seu autor. Requerida a falência pelo credor ou sócio minoritário, o rito segue os preceitos dos arts. 94 a 96 e 98. Nesse caso, o pedido de falência observa um procedimento judicial típico, isto é, contencioso. Já em caso de autofalência, segue o rito dos arts. 105 a 107 da LRF, de natureza não contenciosa" (*Comentários à nova Lei de Falências e de Recuperação de Empresas*, p. 268).

Defesa do devedor impontual - Uma vez citado, o devedor poderá, no prazo de dez dias (art. 98, LRF):

a) depositar a importância equivalente a seu débito, sem contestar (nesse caso, extingue-se o processo de execução);
b) depositar e apresentar defesa (nesse caso, também se extingue o processo de execução);
c) não depositar, limitando-se a apresentar defesa (terá, então, sua falência declarada).

DEPÓSITO ELISIVO - "Depósito elisivo é o realizado em dinheiro correspondente ao crédito reclamado. Efetivando-se, a falência não mais pode ser decretada, porque já não mais existe a impontualidade; a matéria de julgamento agora é deslocada para a legitimidade do crédito do autor" (Negrão, Ricardo, *Manual de Direito Comercial e de Empresa*, v. III, p. 85).

O valor do depósito elisivo deve corresponder ao total do crédito, acrescido de correção monetária, juros e honorários advocatícios. Como visto, a falência pode ser afastada com o depósito. Para a lei, o depósito elisivo é cabível no pedido fundado em impontualidade. Contudo, entendemos que, mesmo tratando-se de falência requerida com base nos atos de falência, poderá o devedor depositar para elidir o processo falimentar.

Recursos

SENTENÇA DECLARATÓRIA - Recebidas e cumpridas as diligências, o juiz proferirá a sentença, declarando ou não a falência. A sentença declaratória de falência desafia o recurso de agravo por instrumento (art. 100, LRF), o qual pode ser interposto pelo falido, pelo credor ou pelo representante do Ministério Público. Ressalte-se, contudo, que, para a interposição do agravo por instrumento, será necessário demonstrar a lesão grave ou de difícil reparação, sob pena de ver o agravo por instrumento convertido em retido. Contra essa decisão não cabe recurso.

A sentença que decretar a falência, dentre outras determinações:

a) conterá a síntese do pedido, a identificação do falido e o nome dos que forem a esse tempo seus administradores;
b) fixará o termo legal da falência, sem poder retrotraí-lo por mais de 90 dias, contados do pedido de falência, do pedido de recuperação judicial ou do primeiro protesto por falta de pagamento, excluindo-se os protestos cancelados;
c) ordenará ao falido que apresente, no prazo máximo de cinco dias, relação nominal dos credores;
d) explicitará o prazo para as habilitações;
e) ordenará a suspensão de todas as ações ou execuções;
f) proibirá a prática de qualquer ato de disposição ou oneração de bens do falido;
g) determinará as diligências necessárias;
h) ordenará ao Registro de Empresas que proceda à anotação da falência no registro do devedor;
i) nomeará o administrador judicial;
j) determinará a expedição de ofícios aos órgãos e repartições públicas e outras entidades para que informem a existência de bens e direitos do falido;
k) pronunciar-se-á a respeito da continuação provisória das atividades do falido com o administrador judicial ou da lacração dos estabelecimentos;
l) determinará, quando entender conveniente, a convocação de assembleia geral de credores;
m) ordenará a intimação do Ministério Público e a comunicação por carta às Fazendas Públicas Federal e de todos os Estados e Municípios em que o devedor tiver estabelecimento, para que tomem conhecimento da falência.

SENTENÇA DENEGATÓRIA - Na sentença denegatória de falência, o juiz apreciou o mérito e julgou improcedente o pedido do credor. Nesse caso, o recurso cabível será o de apelação (art. 100, LRF).

RESPONSABILIDADE DO REQUERENTE - Quem por dolo requerer a falência de outro será condenado, na sentença que julgar improcedente o pedido, a indenizar o devedor, apurando-se as perdas e danos em liquidação de sentença (art. 101, LRF).

Termo legal – De acordo com Rubens Requião, citado por Amador Paes de Almeida (*Curso de falência e concordata*, p. 214), "o termo legal da falência, fixado na sentença pelo juiz, compreende um espaço de tempo imediatamente anterior à declaração da falência, no qual os atos do devedor são considerados suspeitos de fraude e, por isso, suscetíveis de investigação, podendo ser declarados ineficazes em relação à massa".

Assim, proferida a sentença, o juiz fixará o termo legal da falência, considerando suspeitos os atos praticados pelo falido. O termo legal poderá retroagir no prazo máximo de 90 dias, contado do pedido de falência, do pedido de recuperação judicial ou do primeiro protesto por falta de pagamento, excluindo-se os protestos que tenham sido cancelados (art. 99, II, LRF).

Efeitos da sentença declaratória - A sentença declaratória de falência produz inúmeros efeitos, dentre eles:

a) **Quanto aos direitos dos credores** – Implica vencimento por antecipação das obrigações do falido (art. 77, LRF) e suspensão das ações e execuções e dos juros – contra a massa não são exigíveis juros vencidos após a decretação da falência (art. 124, LRF). De acordo com a lei, após a quebra não correrão mais juros enquanto não for pago o valor principal. Excetuam-se da suspensão dos juros as obrigações decorrentes de garantia real, bem como os credores debenturistas.

b) **Quanto à pessoa do falido** – Impõe inúmeras obrigações, dentre as quais (art. 104, LRF):
   - assinar nos autos, desde que intimado da decisão, termo de comparecimento, com a indicação do nome e sua qualificação, e declarar, no referido termo:
     - as causas determinantes de sua falência, quando requerida pelos credores;
     - tratando-se de sociedade, o nome e o endereço de todos os sócios, acionistas controladores, diretores ou administradores, apresentando o contrato social e a prova do registro na Junta Comercial, bem como as respectivas alterações contratuais;
     - o nome do contador encarregado da escrituração dos livros obrigatórios;
     - os mandatos que porventura tenha outorgado;
     - se faz parte de outras sociedades, exibindo o contrato social;
     - suas contas bancárias, aplicações, títulos em cobrança e processos em andamento;
   - depositar em cartório, no ato de assinatura do termo de comparecimento, seus livros obrigatórios, a fim de que sejam entregues ao administrador judicial, depois de encerrados e assinados pelo juiz;
   - não se ausentar da comarca sem motivo justo e comunicação expressa ao juiz e sem deixar representante;
   - comparecer a todos os atos da falência, podendo ser representado, quando não for indispensável sua presença;
   - entregar sem demora todos os bens, livros e demais documentos ao administrador judicial;

- prestar informações reclamadas pelo juiz, pelo administrador judicial, credor ou representante do Ministério Público;
- auxiliar o administrador judicial.
- O falido, entretanto, tem o direito de fiscalizar a administração da massa. Note-se que, nesse caso, trata-se do empresário pessoa física. Quando a falência atinge sociedade empresária, torna-se importante verificar a responsabilidade dos sócios. Dessa forma, os efeitos da falência em relação aos sócios vão variar de acordo com o tipo de sócio, isto é, se investidor ou colaborador. De fato, a lei atribui ao sócio colaborador os mesmos encargos do empresário individual – prestar informações e declarações, bem como se manifestar em juízo. Com relação à responsabilidade civil pelas obrigações da sociedade, não existe nenhuma diferença entre os sócios.

c) **Quanto aos bens do falido** – A falência atinge todos os bens do devedor, inclusive direitos e ações (art. 108, LRF). Não serão atingidos os bens absolutamente impenhoráveis, os bens necessários ao exercício da profissão do falido e os bens dotais e particulares da mulher e dos filhos do falido, incluindo os rendimentos provenientes desses bens inalienáveis por força de lei ou ato voluntário. Entretanto, cumpre ressaltar que, no momento da sentença, o falido não perde a propriedade de seus bens, ficando apenas impedido de administrá-los ou deles dispor. Quando a falência recair sobre sociedade empresária de responsabilidade limitada ou anônima, a arrecadação atingirá apenas os bens da sociedade. Contudo, se a sociedade falida for em nome coletivo ou comandita simples, os sócios de responsabilidade ilimitada e solidária terão o patrimônio pessoal arrecadado.

   A arrecadação será formalizada nos autos do processo por um ato, isto é, pelo termo de inventário e pelo laudo de avaliação, confeccionado e assinado pelo administrador judicial, pelo empresário falido ou pelo representante da sociedade falida e pelas demais pessoas que auxiliaram na elaboração do laudo. Do inventário constarão os itens elencados no § 2º do artigo 110. Os bens arrecadados serão avaliados pelo administrador; não sendo possível, será contratado um profissional para tanto. O juiz poderá autorizar, de forma individual ou coletiva, em razão dos custos e no interesse da massa falida, a adquirir ou adjudicar, de imediato, os bens arrecadados, pelo valor de avaliação, atendida a regra de classificação e preferência entre eles, ouvido o Comitê de Credores (art. 111, LRF). Por fim, os bens perecíveis, deterioráveis, sujeitos a considerável desvalorização ou que sejam de conservação arriscada ou dispendiosa poderão ser vendidos antecipadamente, após a arrecadação e a avaliação, mediante autorização judicial, ouvidos o Comitê e o falido no prazo de 48 horas. Ademais, autorizado pelo Comitê de Credores, se houver, ou pelo juiz, o administrador judicial poderá alugar o bem arrecadado para dele extrair renda em favor da massa falida (art. 114, LRF).

d) **Quanto aos contratos do falido:**
   - **Contratos bilaterais** (nos quais ambas as partes possuem direitos e obrigações) – Não se resolvem pela falência e podem ser executados pelo administrador judicial se o cumprimento reduzir ou evitar o aumento do passivo da massa falida ou for necessário à manutenção e preservação de seus ativos, mediante autorização do Comitê de Credores (art. 117, LRF).

- **Contratos unilaterais** (nos quais só uma das partes possui obrigações) – O administrador judicial, mediante autorização do Comitê de Credores, poderá dar cumprimento ao contrato, se esse fato reduzir ou evitar o aumento do passivo da massa falida ou for necessário à manutenção e preservação de seus ativos, realizando o pagamento da prestação pela qual está obrigado (art. 118, LRF).
- **Contratos de conta-corrente** – Embora sejam bilaterais, resolvem-se com a falência, devendo ser encerrados (art. 121, LRF).

Lacração do estabelecimento - O estabelecimento será lacrado sempre que houver risco para a execução da arrecadação ou para a preservação dos bens da massa falida ou dos interesses dos credores (art. 109, LRF). Observe-se que a lacração do estabelecimento empresarial não era prevista na lei anterior.

Revogação de atos praticados pelo falido antes da falência - A lei atual adotou o mesmo critério da antiga ao designar a ineficácia dos atos praticados pelo falido perante a massa com duas expressões: **ineficazes** (art. 129) e **revogáveis** (art. 130). Como bem lembra a doutrina, há diferenças significativas entre eles, não em relação aos efeitos que produzem perante a massa, já que ambos são ineficazes, mas na intenção do ato praticado pelo falido, isto é, na intenção de fraudar credores.

Portanto, alguns atos praticados pelo falido não produzem efeito relativamente à massa, tenha ou não o contratante conhecimento da situação econômica do falido, seja ou não a intenção deste fraudar credores. São **atos ineficazes** (art. 129, LRF):

a) o pagamento de dívidas não vencidas realizado pelo devedor dentro do termo legal, por qualquer meio extintivo do direito de crédito, ainda que pelo desconto do próprio título;
b) o pagamento de dívidas vencidas e exigíveis realizado dentro do termo legal, por qualquer forma que não seja a prevista pelo contrato;
c) a constituição de garantia real, inclusive a retenção, dentro do termo legal, tratando-se de dívida contraída anteriormente; se os bens dados em hipoteca forem objeto de outras posteriores, a massa falida receberá a parte que devia caber ao credor da hipoteca revogada;
d) a prática de atos a título gratuito, desde dois anos antes da decretação da falência;
e) a renúncia à herança ou a legado, até dois anos antes da decretação da falência;
f) a venda ou transferência de estabelecimento feita sem o consentimento expresso ou o pagamento de todos os credores, a esse tempo existentes, não tendo restado ao devedor bens suficientes para solver seu passivo, salvo se, no prazo de 30 dias, não houver oposição dos credores, depois de serem devidamente notificados, judicialmente ou pelo oficial do Registro de Títulos e Documentos;
g) os registros de direitos reais e de transferência de propriedade entre vivos, por título oneroso ou gratuito, ou a averbação relativa a imóveis realizados após a decretação da falência, salvo se tiver havido prenotação anterior.

Importante ressaltar que alguns atos objetivamente ineficazes (itens “a”, “b”, “c” e “f”, acima – respectivamente, incisos I, II, III e VI do art. 29, LRF) não perdem a eficácia se estavam previstos no plano de recuperação (Fábio Ulhoa Coelho).

Quanto aos **atos revogáveis**, são aqueles praticados pelo falido com a intenção de fraudar credores, provando-se o conluio fraudulento entre o devedor e o terceiro que com ele contratar e o efetivo prejuízo à massa falida (art. 130, LRF).

AÇÃO REVOCATÓRIA - A ação revocatória é o instrumento adequado para reaver os bens transferidos a terceiros. Proposta pelo administrador judicial, por qualquer credor ou pelo Ministério Público no prazo de três anos, contado da decretação da falência (art. 132, LRF), correrá no juízo falimentar e obedecerá ao procedimento ordinário, podendo ser cominada com medida preventiva de sequestro dos bens, nos termos do CPC. Pode ser promovida (art. 133, LRF):

a) contra todos os que figuraram no ato ou que por efeito dele foram pagos, garantidos ou beneficiados;
b) contra os terceiros adquirentes, se tiveram conhecimento, ao se criar o direito, da intenção do devedor de prejudicar os credores;
c) contra os herdeiros ou legatários das pessoas acima indicadas.

A ação revocatória que for julgada procedente implicará a restituição dos bens à massa falida, com todos os acessórios, ou o valor de mercado, acrescidos das perdas e danos. Da sentença caberá apelação. Por fim, reconhecida a ineficácia ou julgada procedente a ação revocatória, as partes retornarão ao estado anterior, e o contratante de boa-fé terá seu direito protegido pela lei, isto é, terá direito à restituição dos bens ou valores entregues ao devedor (art. 136, LRF). Já na hipótese de securitização de créditos do devedor, não será declarada a ineficácia ou revogado o ato de cessão em prejuízo dos direitos dos portadores de valores mobiliários emitidos pelo securitizador. O autor poderá, ainda, requerer na ação revocatória o sequestro dos bens do devedor.

Administração da falência - Como já visto, o administrador judicial será um profissional idôneo, preferencialmente advogado, economista, administrador de empresas ou contador, ou pessoa jurídica especializada; portanto, poderá ser pessoa física ou jurídica. Escolhido pelo juiz, será uma pessoa de sua confiança, cabendo-lhe auxiliá-lo na administração da massa falida (art. 22, LRF).

Restituição ou embargos de terceiros - O administrador judicial, quando nomeado, providenciará a arrecadação dos bens do falido em favor da massa. Há situações em que alguns desses bens encontram-se protegidos por direito real ou decorrente de contrato. Dessa forma, se arrecadados, ensejarão o pedido de restituição ou embargos de terceiros pelo legítimo proprietário (art. 85, LRF).

Pode ser pedida a restituição quando em virtude de: direito real sobre a coisa; contrato de câmbio; coisas vendidas a crédito e entregues ao falido nos 15 dias anteriores ao requerimento da falência, se ainda não alienadas pela massa; alienação fiduciária; revogação ou ineficácia do contrato, para credor de boa-fé.

Ademais, a lei ainda prevê a restituição em dinheiro. Isso ocorre quando o objeto do pedido é propriamente dinheiro ou quando o bem a ser restituído se perdeu (art. 86, LRF). Da decisão que julgar o pedido de restituição caberá o recurso de apelação, com efeito devolutivo (art. 90, LRF).

Os **embargos de terceiros** são a medida processual mais adequada para se discutir apenas a posse. Assim, aquele que tiver sofrido esbulho ou turbação na posse poderá valer-se deles caso não queira utilizar-se da ação de restituição (art. 93, LRF).

Verificação dos créditos - Como visto anteriormente, a LRF estabelece o mesmo regime de verificação dos créditos para a recuperação e para a falência. A verificação dos créditos será realizada pelo administrador judicial, com base na escrituração do devedor e nos documentos apresentados pelos credores. Superadas as possíveis impugnações, os créditos habilitados serão incluídos no quadro geral de credores. Na falência, os credores serão pagos conforme sua classificação.

Classificação dos créditos - Depois de o administrador realizar o atendimento aos credores da massa e as restituições em dinheiro, deverá efetuar o pagamento dos demais créditos, os quais são classificados conforme sua origem, na seguinte ordem (art. 83, LRF):

a) créditos derivados da legislação do trabalho, limitados a 150 salários mínimos por credor, e os decorrentes de acidente de trabalho;
b) créditos com garantia real até o limite do valor do bem gravado;
c) créditos tributários;
d) créditos com privilégio especial;
e) créditos com privilégio geral;
f) créditos quirografários;
g) créditos subquirografários.

Classificação dos créditos em espécie - Como exposto acima, os credores do falido receberão seus direitos conforme a classificação do artigo 83 da Lei de Falências. De acordo com este dispositivo, temos:

a) créditos derivados da legislação do trabalho, limitados a 150 (cento e cinquenta) salários mínimos por credor e os decorrentes de acidentes do trabalho. Os direitos oriundos da existência do contrato de trabalho subsistirão em caso de falência, concordata ou dissolução da empresa. Na falência, constituirão créditos privilegiados a totalidade dos salários devidos ao empregado e a totalidade das indenizações a que tiver direito (art. 449, CLT). A nova Lei de Falências estabelece um limite quantitativo desses créditos, ou seja, o credor terá preferência até o limite de 150 (cento e cinquenta) salários mínimos, o que exceder será considerado como credor quirografário. Nessa categoria temos ainda o credor por acidentes de trabalho, ou seja, as indenizações devidas ao empregado por danos que foram causados no exercício de suas atividades que decorram de dolo ou culpa do empregador (art. 7º, XXVIII, CF). Oportuno lembrar que nesse caso não incide o limite quantitativo de 150 (cento e cinquenta) salários mínimos;
b) créditos com garantia real até o limite do valor do bem gravado. De acordo com o artigo 1.225 do Código Civil, são direitos reais a propriedade, superfície, servidões, usufruto, uso, habitação, direito do promitente comprador do imóvel, penhor, hipoteca e a anticrese. Segundo Ricardo Fiúza, "entende-se por direito real a relação jurídica em razão da qual o titular pode retirar do bem as utilidades que ele é capaz de produzir". O art. 1.419 do mesmo Código estabelece que nas dívidas garantidas por penhor, anticrese ou hipoteca, o bem dado em garantia fica sujeito, por vínculo real, ao cumprimento da obrigação. O § 1º da LRF que será considerado como valor do bem objeto de garantia real a importância efetivamente arrecadada com sua venda, ou, no caso de alienação em bloco, o valor de avaliação do bem individualmente considerado. Nessa classe, cabe ressaltar que o bem o qual recai a garantia é vendido na falência e seu produto é destinado a satisfação do crédito a que se encontrava vinculado;

c) créditos tributários, independentemente da sua natureza e tempo de constituição, excetuadas as multas tributárias. De acordo com o art. 186 do CTN, "o crédito tributário prefere a qualquer outro, seja qual for sua natureza ou o tempo de sua constituição, ressalvados os créditos decorrentes da legislação do trabalho ou do acidente do trabalho". O parágrafo único do mesmo diploma legal determina que na falência: I – o crédito tributário não prefere aos extraconcursais (os créditos tributários decorrentes de fatos geradores ocorridos no processo de falência – art. 188) ou as restituições, nem aos créditos com garantia real; II – a lei poderá estabelecer limites e condições para a preferência dos créditos decorrentes da legislação do trabalho; III – a multa tributária prefere apenas aos créditos subordinados. Como visto, a Fazenda Pública receberá na falência tão logo sejam pagos os credores trabalhistas, acidentes do trabalho e por garantia real, salvo os tributos devidos no processo falimentar, uma vez que estes serão considerados extraconcursais e serão pagos com preferência aos credores elencados no art. 83 da LRF;
d) créditos com privilégio especial, a saber: a) os previstos no art. 964 do Código Civil de 2002: "I – sobre a coisa arrecadada e liquidada, o credor de custas e despesas judiciais feitas com a arrecadação e liquidação; II – sobre a coisa salvada, o credor por despesas de salvamento; III – sobre a coisa beneficiada, o credor por benfeitorias necessárias ou úteis; IV – sobre os prédios rústicos ou urbanos, fábricas, oficinas, ou quaisquer outras construções, o credor de materiais, dinheiro, ou serviços para a sua edificação, reconstrução, ou melhoramento; V – sobre os frutos agrícolas, o credor por semente, instrumentos e serviços à cultura ou à colheita; VI – sobre as alfaias e utensílios de uso doméstico, nos prédios rústicos ou urbanos, o credor de aluguéis, quando às prestações do ano corrente e do anterior; VII – sobre os exemplares da obra existente na massa do editor, o autor dela, ou seus legítimos representantes, pelo crédito fundado contra aquele no contrato da edição e VIII – sobre o produto da colheita, para a qual houver concorrido com o seu trabalho, e precipuamente a quaisquer outros créditos, ainda que reais, o trabalhador agrícola, quanto à dívida dos seus salários"; b) os assim definidos em outras leis civis e comerciais, salvo disposição contrária desta lei; c) aqueles a cujos titulares a lei confira o direito de retenção sobre a coisa dada em garantia: nos socorremos aos exemplos citados por Manoel Justino Bezerra Filho "... observe-se, porém, que, no Código Civil, há previsão de direito de retenção no art. 571, parágrafo único (em favor do locatário, em caso de tomada da coisa locada); no art. 578 (retenção pelo locatário, em caso de determinadas benfeitorias); no art. 644, *caput* (retenção da coisa depositada até o pagamento das despesas do depósito); no art. 664 (retenção pelo mandatário, por despesas do mandato); no art. 1.219 (pelas benfeitorias necessárias e úteis, em favor do possuidor de boa-fé); nos arts. 1.423 e 1.507, § 2º (em favor do credor anticrético); no art. 1.433, II (retenção do bem dado em penhor, em determinadas condições), etc.";
e) créditos com privilégio geral, a saber: a) os previstos no art. 965 do Código Civil: " I – o credor por despesa de seu funeral, feito segundo a condição do morto e o costume do lugar; II – o crédito por custas judiciais, ou por despesas com a arrecadação e liquidação da massa; III – o crédito por despesas com o luto do cônjuge sobrevivo e dos filhos do devedor falecido, se foram moderadas; IV – o crédito por despesas com a doença de que faleceu o devedor, no semestre anterior à sua morte; V – o crédito pelos gastos necessários à mantença do devedor falecido e sua família, no trimestre anterior ao falecimento; VI – o crédito pelos impostos devidos à Fazenda Pública, no ano corrente e no

anterior; VII – o crédito pelos salários dos empregados do serviço doméstico do devedor, nos seus derradeiros seis meses de vida e VIII – os demais créditos de privilégio geral"; b) os previstos no parágrafo único do art. 67 da LRF: os créditos quirografários sujeitos à recuperação judicial pertencentes a fornecedores de bens ou serviços que continuarem a provê-los normalmente após o pedido de recuperação judicial terão privilégio geral de recebimento em caso de decretação de falência, no limite do valor dos bens ou serviços fornecidos durante o período de recuperação. Esse dispositivo estimula a negociação entre fornecedores e compradores em sede de recuperação. Assim, se porventura o comprador vier a falir, o fornecedor (quirografário) será reclassificado com privilégio geral, ou seja, receberá antes dos credores quirografários; c) os assim definidos em outras leis civis e comerciais, salvo disposição contrária da LRF: trata-se de um dispositivo bastante vago e impreciso. O estudioso e pesquisador do direito deve verificar se seu crédito goza ou não de privilégio;

f) créditos quirografários, a saber: crédito quirografário é aquele que não goza de nenhum privilégio, representando a mais extensa de todas as classificações. Nessa classe podemos citar a exemplo o credor de uma letra de câmbio, cheque, duplicata, debênture sem garantia. Assim, para a LRF, temos a título de credor quirografário: a) aqueles não previstos nos demais incisos da lei; b) os saldos dos créditos não cobertos pelo produto da alienação dos bens vinculados ao seu pagamento; c) os saldos dos créditos derivados da legislação do trabalho que excederem o limite de 150 (cento e cinquenta) salários mínimos;

g) as multas contratuais e as penas pecuniárias por infração das leis penais ou administrativas, inclusive as multas tributárias;

h) créditos subordinados, a saber: a) os assim previstos em lei ou contrato; b) os créditos dos sócios e dos administradores sem vínculo empregatício.

Liquidação - Nessa fase ocorrerá a realização do ativo para pagamento do passivo do devedor falido. Assim, logo após a arrecadação dos bens, o administrador judicial dará início à realização do ativo (art. 139, LRF). A venda dos bens pode ser de forma ordinária (arts. 140 e 142, LRF), extraordinária (arts. 144 e 145, LRF) ou sumária (art. 111, LRF).

Pagamento na falência - Realizadas as restituições, pagos os créditos extraconcursais e consolidado o quadro geral de credores, as importâncias recebidas com a liquidação do ativo serão destinadas ao pagamento dos credores, atendendo à classificação dos créditos, respeitados os demais dispositivos legais e as decisões judiciais que determinam reserva de importância (art. 149, LRF), isto é, o administrador judicial deve pagar, em primeiro lugar, os credores da massa; em seguida, as restituições em dinheiro; depois, os credores da falida; e, por fim, restando recursos, os sócios.

Os pagamentos serão realizados por meio de cheques ou mandados judiciais. Assim, os credores terão um prazo fixado pelo juiz para fazer o levantamento desses cheques. Caso não o façam, serão intimados a fazê-lo em 60 dias, sob pena de decair seu direito. Decaído o direito, o administrador judicial usará os valores para o pagamento dos demais credores. Se todos já estiverem integralmente pagos, o dinheiro não resgatado será restituído ao falido. Por fim, os créditos trabalhistas estritamente salariais vencidos nos três meses anteriores à decretação da falência, até o limite de cinco salários mínimos por trabalhador, serão pagos tão logo haja disponibilidade em caixa (art. 151, LRF).Trata-se, na verdade, de antecipação, cujo valor deve ser deduzido do pagamento final do crédito a que tem direito o empregado.

Encerramento da falência - Após o julgamento das contas do administrador judicial, este apresentará em juízo o relatório final no prazo de dez dias, indicando os valores do ativo e do produto de sua realização, os do passivo e dos pagamentos feitos aos credores, e especificará justificadamente as responsabilidades com que continuará o falido. Apresentado o relatório final, o juiz encerrará a falência por sentença. Da sentença de encerramento cabe recurso de apelação (art. 155, LRF).

Ressalte-se que antes do encerramento haverá a prestação de contas. Assim, uma vez concluída a realização do ativo e distribuído o produto entre os credores, o administrador judicial apresentará suas contas ao juiz no prazo de 30 dias (art. 154, LRF). Dessa forma, cumpridas as providências previstas em lei, o juiz proferirá a sentença julgando as contas do administrador judicial. Se rejeitá-las, fixará as responsabilidades do administrador, podendo determinar a indisponibilidade ou o sequestro de seus bens, servindo a sentença como título executivo para a indenização da massa. Da sentença também cabe apelação.

Extinção das obrigações do falido - Extinguem-se as obrigações do falido com (art. 158, LRF):

a) o pagamento de todos os créditos;
b) o pagamento, depois de realizado todo o ativo, de mais de 50% do passivo quirografário, sendo facultado depósito para atingir essa porcentagem;
c) o decurso do prazo de cinco anos, contado do encerramento da falência, se o falido não tiver sido condenado por prática de crime falimentar;
d) o decurso do prazo de dez anos, contado do encerramento da falência, se o falido tiver sido condenado por prática de crime falimentar.

Recuperação extrajudicial

Introdução - O devedor que preencher os requisitos da nova lei poderá propor e negociar com credores o plano de recuperação extrajudicial (LF, art. 161).

Segundo o professor Fábio Ulhoa Coelho (*Comentários à nova Lei de Falências e de Recuperação de Empresas*, p. 394), "para simplesmente procurar seus credores e tentar encontrar, em conjunto com eles, uma saída negociada para a crise, o empresário ou sociedade empresária não precisa atender a nenhum dos requisitos da lei para a recuperação extrajudicial. Estando todos os envolvidos de acordo, assinam os instrumentos de novação ou renegociação e assumem, por livre manifestação da vontade, obrigações cujo cumprimento espera-se proporcione o reerguimento do devedor".

Assim, quando a lei dispõe sobre certos requisitos, ela está se referindo ao devedor que pretende levar o acordo à homologação judicial.

Requisitos - Para requerer a homologação do acordo de recuperação extrajudicial, o empresário e a sociedade empresária deverão preencher os seguintes requisitos:

a) exercer sua atividade de forma regular há pelo menos dois anos;
b) não ser falido e, se o foi, estarem extintas suas obrigações, por sentença transitada em julgado;
c) não ter sido condenado, assim como seu administrador ou controlador, por crime falimentar;
d) não haver nenhum pedido de recuperação judicial;
e) não ter obtido recuperação judicial ou extrajudicial há menos de dois anos;

Ainda segundo Fábio Ulhoa Coelho (*op. cit.*, p. 395), para a concessão da homologação do plano de recuperação extrajudicial, o devedor deverá atender, além dos requisitos mencionados, a outros de ordem objetiva. São eles:

a) "não pode ser previsto o pagamento antecipado de nenhuma dívida (art. 161, § 2.º, primeira parte);
b) todos os credores sujeitos ao plano devem receber tratamento paritário, vedado o favorecimento de alguns ou o desfavorecimento apenas de parte deles (art. 161, § 2.º, segunda parte);
c) não pode abranger senão os créditos constituídos até a data do pedido de homologação (art. 163, § 1.º, *in fine*);
d) só pode contemplar a alienação de bem gravado ou a supressão ou substituição de garantia real se com a medida concordar expressamente o credor garantido (hipotecário, pignoratício, etc.) (art. 163, § 4.º);
e) não pode estabelecer o afastamento da variação cambial nos créditos em moeda estrangeira sem contar com a anuência expressa do respectivo credor (art. 163, § 5.º)".

Importante ressaltar que, após a distribuição do pedido de homologação, os credores que aderiram ao plano não podem mais desistir da adesão, salvo com a anuência dos demais signatários.

Credores não atingidos pela recuperação extrajudicial - Nem todos os credores serão atingidos pelo plano de recuperação extrajudicial, dentre eles:

a) credores trabalhistas;
b) credores tributários;
c) credores titulares de posição de proprietário fiduciário de bens móveis ou imóveis, de arrendador mercantil, de proprietário ou promitente vendedor de imóveis cujos respectivos contratos contenham cláusula de irrevogabilidade ou irretratabilidade, e de proprietário em contrato de venda com reserva de domínio;
d) credor decorrente de adiantamento de contrato de câmbio para a exportação.

Processamento do pedido de homologação - De acordo com a lei, a homologação pode ser facultativa ou obrigatória. Ambas seguirão o rito disposto no artigo 164 da LRF, isto é, recebido o pedido de homologação do plano de recuperação extrajudicial previsto nos artigos 162 e 163, o juiz ordenará a publicação do edital em órgão oficial e em jornal de grande circulação, convocando todos os credores para apresentar suas impugnações. O prazo para impugnação será de 30 dias, contados da publicação do referido edital. Apresentadas as impugnações, o juiz abrirá o prazo de cinco dias para o devedor se manifestar. Decorrido o prazo, os autos serão conclusos para o juiz homologar ou não o plano de recuperação, prolatando sua sentença. Da sentença cabe recurso de apelação sem efeito suspensivo.

Efeitos da homologação - O plano de recuperação produz efeitos após sua homologação judicial; no entanto, pode produzir efeitos anteriores a ela, desde que se refira exclusivamente à modificação do valor ou da forma de pagamento dos credores signatários (art. 165, LRF). Rejeitado o plano pelo juiz, devolve-se aos credores signatários o direito de exigir seus créditos nas condições originais, deduzidos os valores efetivamente realizados. Por fim, se o plano de recuperação extrajudicial homologado envolver alienação judicial de filiais ou de unidades produtivas isoladas do devedor, esta se fará em hasta, nos termos da realização do ativo do falido (leilão, proposta ou pregão) (art. 166, LRF).

Processo de falência

A antiga Lei de Falência previa dois procedimentos: um, calcado na impontualidade; o outro, em atos de falência. Com a edição da nova lei, o procedimento passou a ser único, qualquer que seja a causa de pedir. Contudo, na prática, o requerente deve levar em consideração os meios probatórios admitidos em juízo, previstos no artigo 94. O pedido de quebra consubstanciado nos incisos I e II será demonstrado pelo título executivo, acompanhado dos instrumentos de protesto. Já em relação ao inciso III, a instrução probatória será mais demorada (dilação probatória). Ademais, o processo de falência poderá ser acautelado com medidas preparatórias para salvaguardar o interesse da massa e dos credores.

Juízo competente - O juízo competente para decretar a falência em razão da matéria será o civil, e em razão do lugar, o do principal estabelecimento do devedor.

Instrução da petição inicial - A petição inicial deve obedecer aos requisitos previstos nos artigos 282 e 283 do CPC e ser instruída com os pressupostos específicos da falência, nos termos do artigo 94 da LRF *(veja o tópico "Elementos do estado de falência")*. Assim, o pedido com base no inciso I do referido artigo deve ser instruído com:

a) título executivo cujo valor ultrapasse 40 salários mínimos;
b) instrumento de protesto.

Para os pedidos calcados com base no inciso II, o pedido de falência será instruído com a certidão expedida pelo juízo em que se processa a execução. Por fim, com relação ao inciso III, o requerente deverá descrever os fatos que a caracterizam, juntando as provas que houver e especificando as que serão produzidas.

Portanto, o pedido de falência pode ser fundamentado por:

a) impontualidade;
b) execução frustrada;
c) atos de falência.

Deve-se lembrar que qualquer credor poderá requerer a falência do devedor. Se o requerente for empresário, deverá juntar na petição inicial prova de regularidade de sua atividade.

Citação - A citação do devedor obedecerá às regras previstas no CPC. Se o devedor ou seu representante não forem encontrados, o juiz nomeará curador especial.

Defesa do devedor - Após a citação, o devedor terá o prazo de dez dias para apresentar sua defesa, que, na falência, consiste em:

a) depositar e apresentar contestação;
b) depositar e não apresentar contestação;
c) não depositar e apresentar contestação.

Embora a lei não tenha previsto o depósito quando a causa de pedir calcar em atos de falência, entendemos que isso é totalmente possível. Assim, feito o depósito (elisivo), a falência será elidida. O valor do depósito deve corresponder ao montante principal, acrescido de juros e correção monetária e honorários advocatícios.

Intervenção do Ministério Público no processo - A doutrina não é pacífica a esse respeito. Alguns doutrinadores defendem a importância da manifestação do Ministério Público antes da sentença de falência, uma vez que a falência afeta a economia pública. Outros alegam que, não sendo parte na ação, sua manifestação somente seria necessária como fiscal da lei, nos casos expressamente determinados pela LRF. Filiamo-nos a esta última; a participação do Ministério Público somente deverá ocorrer após a instauração do concurso de credores.

Desistência do pedido - O requerente poderá desistir do pedido de falência antes de ocorrer a citação do devedor.

Sentença declaratória de falência - Além de atender aos requisitos comuns a todas as sentenças previstas no CPC, a sentença declaratória de falência deverá (art. 99, LRF):

a) conter a síntese do pedido, a identificação do falido e o nome de seus administradores;
b) fixar o termo legal;
c) ordenar ao falido que apresente, no prazo de cinco dias, relação nominal de credores;
d) explicitar o prazo para as habilitações de crédito;
e) ordenar a suspensão de todas as ações ou execuções contra o falido, sujeitas a seus efeitos;
f) proibir a prática de qualquer ato de disposição ou oneração de bens do falido;
g) determinar as diligências necessárias para salvaguardar os interesses das partes envolvidas;
h) ordenar ao Registro Público de Empresas que proceda à anotação da falência no registro do devedor – expressão "Falido";
i) nomear o administrador judicial;
j) determinar a expedição de ofícios aos órgãos e repartições públicas competentes;
k) pronunciar-se a respeito da continuação provisória das atividades do falido;
l) determinar, quando conveniente, a convocação da assembleia geral de credores, para a constituição de Comitê de Credores;
m) ordenar a intimação do Ministério Público e a comunicação por carta às Fazendas Públicas.

Recurso

SENTENÇA DECLARATÓRIA - Recebidas e cumpridas as diligências, o juiz proferirá a sentença, declarando ou não a falência. Da sentença declaratória de falência caberá o recurso de agravo por instrumento no prazo de dez dias da publicação da sentença no *Diário Oficial* (art. 100, LRF). O agravo por instrumento poderá ser interposto pelo falido, pelo credor ou pelo representante do Ministério Público, diretamente no tribunal competente, instruindo-o de acordo com o CPC e comunicando, nos três dias subsequentes, o juízo falimentar, para possível retratação. O relator poderá atribuir efeito suspensivo a requerimento do agravante ou de ofício. Nessa hipótese, o devedor ainda não é falido. Caso contrário, se o agravo for recebido em efeito devolutivo, o agravante é falido, devendo o juiz prosseguir com os procedimentos legais.

Com o advento da Lei 11.187/05, contra as decisões interlocutórias caberá agravo, no prazo de dez dias, na forma retida, salvo quando se tratar de decisão suscetível de causar à parte lesão grave e de difícil reparação, ou seja, nos casos de urgência, bem como nos de inadmissão de apelação e nos relativos aos efeitos em que a apelação é recebida, quando será admitida sua interposição por instrumento.

Acredito que na falência ou até mesmo na recuperação a sistemática do agravo não deve mudar, uma vez que a sentença declaratória produz inúmeros efeitos em relação ao falido, como a venda precipitada de bens. Portanto, o falido certamente conseguirá demonstrar a lesão grave ou de difícil reparação. Importante lembrar que a parte deve demonstrar a referida lesão ou dano, sob pena de ver seu agravo de instrumento convertido em retido, e contra essa decisão não cabe impugnação. Tal supressão parece-me complicada, pois abre a possibilidade para a utilização de ações autônomas, em especial o mandado de segurança.

SENTENÇA DENEGATÓRIA - Na sentença denegatória de falência, o juiz apreciou o mérito e julgou improcedente o pedido do credor. Nesse caso, o recurso cabível será o de apelação. O recurso de apelação deve obedecer aos trâmites previstos no CPC (art. 100, LRF). Por sua vez, a sentença que indeferir o pedido produzirá os seguintes efeitos:

a) condenação do requerente nos termos do artigo 101 da LRF;
b) revogação das medidas cautelares adotadas.

A sentença denegatória não impede novo pedido de falência pelo mesmo requerente, desde que fundado em causa de pedir diversa daquela. Não impede, ainda, o direito de outros credores pedirem a falência do devedor.

Revogação da falência - Como visto, a sentença declaratória de falência pode ser objeto do agravo por instrumento. Assim, se provido o referido agravo, a sentença de falência pode ser reformada ou rescindida. Com a reforma ou rescisão, o falido volta à situação anterior, preservando o direito dos terceiros de boa-fé.

AÇÃO REVOCATÓRIA - A ação revocatória é o instrumento adequado para reaver os bens transferidos a terceiros. Proposta pelo administrador judicial, por qualquer credor ou pelo Ministério Público no prazo de três anos, contado da decretação da falência (art. 132, LRF), correrá no juízo falimentar e obedecerá ao procedimento ordinário, podendo ser cominada com medida preventiva de sequestro dos bens, nos termos do CPC. Pode ser promovida (art. 133, LRF):

a) contra todos os que figuraram no ato ou que por efeito dele foram pagos, garantidos ou beneficiados;
b) contra os terceiros adquirentes, se tiveram conhecimento, ao se criar o direito, da intenção do devedor de prejudicar os credores;
c) contra os herdeiros ou legatários das pessoas anteriormente indicadas.

A ação revocatória que for julgada procedente implicará a restituição dos bens à massa falida, com todos os acessórios, ou o valor de mercado, acrescidos das perdas e danos. Da sentença caberá apelação.

Efeitos da sentença de falência

Decretada a falência, a sentença declaratória produzirá inúmeros efeitos, dentre eles o vencimento antecipado, a suspensão de ações e execuções, a nomeação do administrador judicial, a arrecadação dos bens do falido, etc. Aqui nos interessa a arrecadação dos bens do falido. Todos os bens que se encontrem na posse do devedor serão arrecadados para a formação da massa. Mesmo aqueles que não pertencem ao devedor serão arrecadados pelo administrador judicial e, uma vez arrecadados, ensejarão o pedido de restituição.

Pedido de restituição - O administrador judicial providenciará a arrecadação dos bens do falido em favor da massa. Há situações em que alguns desses bens encontram-se protegidos por direito real ou decorrente de contrato. Dessa forma, se arrecadados, ensejarão o pedido de restituição ou embargos de terceiros pelo legítimo proprietário (art. 85, LRF).

Pode ser pedida a restituição quando em virtude de:

a) direito real sobre a coisa;
b) contrato de câmbio;
c) coisas vendidas a crédito e entregues ao falido nos 15 dias anteriores ao requerimento da falência, se ainda não alienadas pela massa;
d) alienação fiduciária;
e) revogação ou ineficácia do contrato, para credor de boa-fé.

O requerente poderá receber o bem ou a quantia reclamada antes do trânsito em julgado da sentença, desde que preste caução. Assim, estando a decisão em grau de recurso, ele já terá direito a receber a coisa, se para tanto prestar caução.

Por fim, quando dois ou mais requerentes tiverem direito e não existir saldo suficiente para o pagamento integral, proceder-se-á ao rateio proporcional entre eles (art. 92, LRF).

Procedimento para a restituição - O pedido deverá ser devidamente fundamentado, descrevendo a coisa a ser reclamada. A petição será autuada em separado, sendo intimados o devedor, o administrador judicial e o Comitê de Credores, se houver, com prazo de cinco dias para cada um se manifestar. Não havendo contestação, o juiz deferirá o pedido, expedindo a ordem de entrega da coisa. Se houver contestação, marcará audiência de conciliação e julgamento. Sendo desfavorável à restituição, determinará a inclusão do autor no quadro geral de credores. Da decisão que julgar o pedido de restituição caberá o recurso de apelação, com efeito devolutivo (art. 90, LRF).

Encerramento do processo - Realizado o ativo, pago o passivo e julgadas as contas do administrador, o juiz encerrará por sentença o processo falimentar. Da sentença que encerrar o processo de falência caberá apelação, nos termos do CPC.

Extinção e reabilitação do falido - As obrigações do falido extinguem-se nos termos do artigo 158 da LRF *(veja o tópico "Extinção das obrigações do falido")*. Como regra, a extinção ocorrerá pelo pagamento das obrigações ou pelo decurso do prazo definido no referido artigo. Assim, configurada qualquer das hipóteses aí previstas, o falido poderá requerer em juízo que seja declarada a extinção de suas obrigações. O feito será por meio de um requerimento, autuado em apartado com os respectivos documentos, em especial com a prova de quitação dos tributos (art. 191, CTN), e, em seguida, publicado em órgão oficial e em jornal de grande circulação.

Os credores que não concordarem com o pedido poderão, em 30 dias, se opor. Findo esse prazo, o juiz, em cinco dias, proferirá a sentença. Da sentença de extinção das obrigações caberá apelação. Passado o prazo, transitada em julgado, os autos serão apensados aos da falência. Assim, uma vez declaradas extintas suas obrigações, o falido será considerado reabilitado para as práticas da atividade empresarial, podendo, ainda, contratar sociedades ou administrar companhias.

Crime falimentar

A nova Lei de Falências não se utiliza da expressão "Crime Falimentar" para tipificar os crimes por ela regulamentados. A nova lei foi mais rigorosa para os crimes falimentares, embora tenha ampliado o prazo de prescrição, incorporando um elemento complicador, ou seja, o dolo específico. Dolo específico é aquele em que o agente visa àquele fim específico. Assim, caberá a difícil tarefa de provar que o agente teve a intenção de atingir aquele fim no tipo penal.

Os crimes falimentares e seu procedimento encontram-se previstos nos artigos 168 a 188 da LRF.

EM RESUMO

RECUPERAÇÃO JUDICIAL, FALÊNCIA E RECUPERAÇÃO EXTRAJUDICIAL

Sujeitos à recuperação e à falência – Empresário. Sociedade empresária.

Sujeitos excluídos – Empresa pública e sociedade de economia mista. Instituição financeira. Cooperativa de crédito. Consórcio. Entidade de previdência complementar. Sociedade operadora de plano de saúde. Sociedade seguradora. Sociedade de capitalização. Outras entidades legalmente equiparadas.

Juízo competente – Em razão da matéria: civil. Em razão do lugar: principal estabelecimento.

Credores não admitidos – Obrigações a título gratuito. Despesas para fazer parte no processo.

Efeitos da decretação da falência ou do processamento da recuperação – Suspensão da prescrição. Suspensão das ações e execuções.

Verificação dos créditos – A lei estabelece o mesmo regime para falência e recuperação.

Administrador judicial – Profissional idôneo, preferencialmente advogado, economista, administrador de empresas ou contador, ou pessoa jurídica especializada.

Comitê de Credores – Órgão facultativo na falência e na recuperação judicial. Sua função principal consiste em fiscalizar as atividades do devedor.

Assembleia geral de credores – Será convocada pelo juiz nas hipóteses previstas em lei ou quando achar necessário.

Recuperação judicial – Legitimidade ativa: empresário; sociedade empresária; cônjuge; herdeiros; inventariante; sócio remanescente. **Requisitos:** exercer atividade regular há mais de dois anos. Não ser falido e, se o foi, estarem extintas suas obrigações. Não ter, há menos de cinco anos, obtido igual favor. Não ter sido condenado, assim como seu administrador ou controlador, por crime falimentar. **Credores sujeitos:** em regra, todos os credores existentes na data do pedido estarão sujeitos aos efeitos da lei. **Meios de recuperação:** a lei prevê inúmeros meios de recuperação, tais como dilação de prazo, operações societárias, reorganização da administração, etc. **Fases do processo:** postulatória; deliberativa; execução. **Plano de recuperação:** é o mais importante instrumento da recuperação judicial. Será apresentado em juízo no prazo de 60 dias da publicação do aviso que deferir o processamento da recuperação. **Recurso da sentença concessiva de recuperação judicial:** agravo por instrumento. **Descumprimento do plano:** acarreta a falência do devedor.

Falência – Execução coletiva. **Sujeitos à falência:** empresário; sociedade empresária; espólio do devedor; aqueles expressamente proibidos. **Insolvência presumida:** impontualidade injustificada; execução frustrada; prática de atos de falência. **Juízo falimentar:** em razão da matéria: civil; em razão do lugar: principal estabelecimento. **Legitimidade ativa:** próprio devedor; qualquer credor; cônjuge; herdeiros; inventariante; sócio ou acionista. **Defesa do devedor:** deposita e contesta; deposita e não contesta; não deposita e contesta. **Recurso da sentença declaratória:** agravo por instrumento. **Recurso da sentença denegatória:** apelação. **Efeitos da sentença de falência:** suspensão das ações e execuções; suspensão dos juros; suspensão das prescrições; vencimento antecipado. **Bens arrecadados:** pedido de restituição ou embargos de terceiros. **Ação revocatória:** utiliza-se a ação revocatória para reaver os bens transferidos a terceiros. **Administração da falência:** realizada pelo administrador judicial. **Classificação dos créditos:** derivados da legislação do trabalho e decorrentes de acidente de trabalho. Garantia real. Tributários. Privilégio especial. Privilégio geral. Quirografários. Subquirografários. **Liquidação:** realização do ativo para pagamento do passivo.

Recuperação extrajudicial – **Requisitos:** exercer sua atividade de forma regular há pelo menos dois anos. Não ser falido e, se o foi, estarem extintas suas obrigações. Não ter sido condenado, assim como seu administrador ou controlador, por crime falimentar. Não haver nenhum pedido de recuperação judicial. Não ter obtido recuperação judicial ou extrajudicial há pelo menos dois anos. **Credores não atingidos:** credores trabalhistas; credores tributários; credores titulares de posição fiduciária, de arrendamento mercantil, de proprietário ou promitente vendedor cujos contratos contenham cláusula de irrevogabilidade ou irretratabilidade e de proprietário em contrato de venda com reserva de domínio. **Homologação do pedido:** facultativa ou obrigatória. **Efeitos:** produz efeitos após a homologação judicial e, em alguns casos, antes.

Preste Atenção

1. **Recuperação** – A nova Lei de Falência introduziu duas formas de evitar a falência do devedor em crise: recuperação judicial e recuperação extrajudicial.
2. **Sociedade simples e sociedade empresária** – Sociedade simples é aquela que exerce atividade econômica ou não, porém não organizada. Já a sociedade empresária exerce atividade econômica e organizada. A nova Lei de Falência contempla apenas a sociedade empresária. Portanto, a sociedade simples não está sujeita à recuperação ou à falência. Lembre-se, ainda, de que algumas sociedades empresárias também estão excluídas total ou parcialmente da nova lei.
3. **Credores não admitidos na nova Lei de Falência** – Como regra, todos os credores estão sujeitos aos efeitos da nova lei, salvo os decorrentes de obrigações gratuitas ou de despesas que fizeram para tomar parte no processo de recuperação ou de falência.
4. **Verificação dos créditos na recuperação e na falência** – A lei prevê o mesmo regime de verificação dos créditos para a recuperação e para a falência. A verificação dos créditos será realizada pelo administrador judicial, com base na documentação do devedor.
5. **Administrador judicial e síndico** – Com a nova lei, a figura do síndico deixou de existir. Assim, o encarregado da massa é o administrador judicial.

6. **Comitê de Credores** – É um órgão facultativo na falência e na recuperação judicial.
7. **Assembleia geral de credores** – Órgão deliberativo, tanto na falência quanto na recuperação judicial, será convocada pelo juiz.
8. **Recuperação judicial** – É uma ação que visa a preservar a empresa. Terá direito à recuperação o empresário que atender aos requisitos previstos no artigo 48 da LRF.
9. **Credores sujeitos** – A regra é que todos os credores existentes na data do pedido de recuperação, ainda que não vencidos, estão sujeitos aos efeitos da recuperação judicial. Lembre-se de que alguns credores estarão excluídos.
10. **Meios de recuperação** – Previstos no artigo 50 da LRF, constituem meios de levantamento da empresa em crise.
11. **Plano de recuperação judicial** – Instrumento mais importante do processo de recuperação judicial, será apresentado pelo devedor em juízo no prazo de 60 dias da publicação da decisão que deferir o processamento da recuperação judicial, sob pena de falência.
12. **Sentença concessiva de recuperação** – O recurso cabível é o agravo por instrumento.
13. **Descumprimento do plano de recuperação** – Acarreta a convolação em falência do devedor.
14. **Falência** – É uma execução coletiva movida contra um devedor empresário.
15. **Sujeitos à falência** – A falência atinge o empresário e a sociedade empresária, bem como o espólio do devedor e aqueles expressamente proibidos de exercerem atividades empresariais.
16. **Insolvência** – No Brasil, é presumida pela impontualidade, pela execução frustrada ou pela prática de atos de falência. Assim, um devedor, mesmo que não esteja impontual, poderá ter sua falência decretada, caso incorra em prática de atos falimentares.
17. **Depósito elisivo** – É a importância depositada pelo devedor para elidir o pedido de falência. Assim, uma vez depositada a importância reclamada, acrescida dos encargos e honorários, o devedor não poderá falir.
18. **Recurso da sentença declaratória** – Da sentença declaratória não cabe apelação. A sentença de falência inicia a execução coletiva; portanto, o recurso cabível é o agravo por instrumento.
19. **Recuperação extrajudicial** – O devedor que preencher os requisitos da nova lei poderá propor e negociar com os credores o plano de recuperação extrajudicial. Este não atinge os credores trabalhistas, tributários, entre outros.

7

Teoria da Desconsideração da Personalidade Jurídica

Quando uma sociedade tem seu contrato social registrado no Registro do Comércio ou no Cartório Civil de Pessoas Jurídicas ela ganha personalidade jurídica e, como já comentado, o patrimônio pessoal dos sócios é separado do patrimônio da sociedade. Assim, é o patrimônio da sociedade que responde pelas obrigações sociais e não o patrimônio dos sócios. Entretanto, quando os sócios abusam desse direito com o intuito de prejudicar os credores, estes estão autorizados a afastar a personalidade jurídica da sociedade para responsabilizar os sócios pelos atos praticados.

Dessa forma, temos a Teoria da Desconsideração da Personalidade Jurídica, a qual consiste em afastar, momentaneamente, a personalidade da sociedade, de modo a responsabilizar diretamente o sócio que praticou algum ato ilegal. Na verdade, a teoria não deve ser aplicada em qualquer situação, mas somente nos casos em que os sócios se valeram da autonomia patrimonial da sociedade para a prática de atos ilícitos.

Oportuno citar a lição de Gladston Mamede: "Fica claro que a aplicação da Teoria da Desconsideração da Personalidade Jurídica não pode ser encarada como panaceia para atender toda e qualquer situação. Preserva-se no Direito brasileiro a regra da distinção entre os patrimônios e, ademais, a ausência de responsabilidade subsidiária dos sócios na sociedade em comandita simples (em relação aos sócios comanditários), sociedade limitada, sociedade anônima e sociedade em comandita por ações (excetuados os administradores). A desconsideração da personalidade jurídica é medida de exceção, a ser utilizada apenas nas hipóteses específicas".

Portanto, o patrimônio pessoal dos sócios não será chamado para responder pelas obrigações sociais, salvo em determinadas situações. Trata-se de exceção à responsabilidade patrimonial. Dispõe o Código Civil:

> Art. 50 – Em caso de abuso da personalidade jurídica, caracterizado pelo desvio de finalidade, ou pela confusão patrimonial, pode o juiz decidir, a requerimento da parte ou do Ministério Público quando lhe couber intervir no processo, que os efeitos de certas e determinadas relações de obrigações sejam estendidos aos bens particulares dos administradores ou sócios da pessoa jurídica.

De acordo com esse artigo, o credor que se sentir prejudicado pela confusão patrimonial ou pelo desvio de finalidade poderá requerer ao juiz que desconsidere a personalidade jurídica, responsabilizando pessoalmente o sócio que praticou o ato irregular. Tal responsabilização será pessoal.

Na doutrina, a Teoria da Desconsideração da Personalidade Jurídica é invocada em caso de fraude praticada pelos sócios de uma sociedade. Dessa forma, havendo fraude, o credor que se sentir prejudicado poderá desconsiderar a personalidade jurídica e invadir o patrimônio pessoal dos sócios. O Código Civil achou por bem considerar como autorização para a desconsideração o desvio e a confusão patrimonial, que não deixam de ser fraudes *lato sensu*.

Ademais, Fábio Ulhoa Coelho chama a Teoria da Desconsideração da Personalidade Jurídica em caso de fraude de Teoria da Desconsideração Maior e é enfático ao dizer que somente em caso de fraude é possível desconsiderar a personalidade jurídica. Ele também diz que existe a Teoria da Desconsideração Menor, que é invocada em caso de simples insolvência da sociedade. Assim, caso a sociedade possua um passivo maior que seu ativo, poderá ser desconsiderada de modo a responsabilizar os sócios pelas obrigações sociais.

Insiste o professor Fábio Ulhoa Coelho em afirmar que somente em caso de fraude está o juiz autorizado a desconsiderar a personalidade jurídica de uma sociedade e não em caso de simples insolvência. Nessa mesma linha temos as decisões dos nossos tribunais. Para os tribunais uma sociedade poderá ser desconsiderada em caso de fraude, numa interpretação da Teoria da Desconsideração Maior. Há quem também sustente a Teoria da Desconsideração Menor. Contudo, prevalece no Brasil a Teoria da Desconsideração Maior, caso contrário as sociedades teriam sua separação patrimonial aniquilada diretamente.

Quando passamos a estudar a Teoria da Desconsideração Maior e Menor, percebemos que no Direito Civil, no Comercial e no Tributário, a Teoria da Desconsideração Maior tem prevalecido. Isso porque, conforme já comentado acima, o Superior Tribunal de Justiça tem decidido que o pressuposto para desconsideração da personalidade de uma sociedade reside na **"fraude e não na insolvência da sociedade"**.

A esse respeito, colhemos algumas jurisprudências:

> **Ementa** – Civil e processual civil. Recurso especial. Desconsideração da personalidade jurídica. Confusão patrimonial. Cabimento. Empresas pertencentes ao mesmo grupo econômico. Divisão meramente formal. Citação das demais empresas. Dispensa. Reconhecimento de que, na prática, se tratava do mesmo organismo empresarial.
>
> 1. A alegação de ofensa ao artigo 535 do CPC deve ser afastada, porquanto deduzida de forma genérica no recurso, sem a indicação dos pontos acerca dos quais deveria o acórdão ter-se manifestado. No particular, incide a Súmula 284/STF.
> 2. A tese de que os executados não foram intimados a falar sobre os documentos que deram ensejo à constrição patrimonial não foi objeto de prequestionamento no acórdão recorrido, circunstância que atrai a incidência da Súmula 211/STJ.
> 3. A confusão patrimonial existente entre sócios e a empresa devedora ou entre esta e outras conglomeradas pode ensejar a desconsideração da personalidade jurídica, na hipótese de ser meramente formal a divisão societária entre empresas conjugadas. Precedentes.
> 4. A superação da pessoa jurídica afirma-se como um incidente processual e não como um processo incidente. No caso, o reconhecimento da confusão patrimonial é absolutamente contraditório com a pretendida citação das demais sociedades, pois, ou bem se determina a citação de todas as empresas atingidas pela penhora, ou bem se reconhece a confusão patrimonial e se afirma que se trata, na prática, de pessoa jurídica única, bastando, por isso, uma única citação. Havendo reconhecimento da confusão, descabe a segunda providência.
> 5. Ademais, o recurso foi interposto exatamente pelos devedores que foram citados no processo de execução, circunstância que também afasta a pretensão recursal.
> 6. Não obstante a controvérsia tenha se instalado anteriormente à Lei 11.382/06, é evidente a frustração da execução do crédito em razão da ineficácia de outros meios de constrição patrimonial, de modo que é cabível a penhora *on-line* sobre os ativos financeiros do devedor.
> 7. Recurso especial não provido.

Recurso especial. Direito civil. Artigos 472, 593, II e 659, § 4º, do Código de Processo Civil. Fundamentação deficiente. Incidência da Súmula 284/STF. Desconsideração da personalidade jurídica da sociedade empresária. Medida excepcional. Observância das hipóteses legais. Abuso de personalidade. Desvio de finalidade. Confusão patrimonial. Dissolução irregular da sociedade. Ato efeito provisório que admite impugnação. Bens dos sócios. Limitação às quotas sociais. Impossibilidade. Responsabilidade dos sócios com todos os bens presentes e futuros nos termos do artigo 591 do CPC. Recurso especial parcialmente conhecido e, nessa extensão, improvido.
I – A ausência de explicitação precisa, por parte do recorrente, sobre a forma como teriam sido violados os dispositivos suscitados atrai a incidência do enunciado 284 da Súmula do STF.
II – A desconsideração da personalidade jurídica é um mecanismo de que se vale o ordenamento para, em situações absolutamente excepcionais, desencobrir o manto protetivo da personalidade jurídica autônoma das empresas, podendo o credor buscar a satisfação de seu crédito junto às pessoas físicas que compõem a sociedade, mais especificamente, seus sócios e/ou administradores.
III – Portanto, só é admissível em situações especiais quando verificado o abuso da personificação jurídica, consubstanciado em excesso de mandato, desvio de finalidade da empresa, confusão patrimonial entre a sociedade ou os sócios, ou, ainda, conforme amplamente reconhecido pela jurisprudência desta Corte Superior, nas hipóteses de dissolução irregular da empresa, sem a devida baixa na junta comercial. Precedentes.
IV – A desconsideração não importa em dissolução da pessoa jurídica, mas se constitui apenas em um ato de efeito provisório, decretado para determinado caso concreto e objetivo, dispondo, ainda, os sócios incluídos no polo passivo da demanda, de meios processuais para impugná-la.
V – A partir da desconsideração da personalidade jurídica, a execução segue em direção aos bens dos sócios, tal qual previsto expressamente pela parte final do próprio art. 50, do Código Civil e não há, no referido dispositivo, qualquer restrição acerca da execução, contra os sócios, ser limitada às suas respectivas quotas sociais e onde a lei não distingue, não é dado ao intérprete fazê-lo.
VI – O art. 591 do Código de Processo Civil é claro ao estabelecer que os devedores respondem com todos os bens presentes e futuros no cumprimento de suas obrigações, de modo que, admitir que a execução esteja limitada às quotas sociais levaria em temerária e indevida desestabilização do instituto da desconsideração da personalidade jurídica que vem há tempos conquistando espaço e sendo moldado às características de nosso ordenamento jurídico.
VII – Recurso especial parcialmente conhecido e, nessa extensão, improvido.

Quando, por outro lado, estudamos o Direito do consumidor e em especial o Direito do Trabalho, vislumbramos a aplicação da Teoria da Desconsideração Menor, uma vez que os tribunais superiores, especialmente o Tribunal Superior do Trabalho, tem decidido pela aplicação da referida teoria no caso de **"insolvência da sociedade"**. Dessa forma, para o Direito Consumerista e para o Direito do Trabalho, a simples insolvência já autoriza a desconsideração da personalidade jurídica. Nesse sentido, colhemos algumas jurisprudências:

Desconsideração da personalidade jurídica. Quitação dos valores em execução mediante alienação judicial de bem da empresa. Liberação da penhora que recaiu sobre bens do sócio. A desconsideração da personalidade jurídica como forma de redirecionamento da responsabilidade deve ser precedida do esgotamento das possibilidades de execução de bens da sociedade; caso os bens da pessoa jurídica tenham sido suficientes para a quitação do débito, os bens particulares do sócio devem ser imediatamente desonerados. (TRT 12ª R – 1ª T – rel. juiz Garibaldi T. P. Ferreira – Doc. 1037939 em 24/11/08 – AP 2489/2002.027.12.00-8) (RDT 01 – janeiro de 2009)

Desconsideração da personalidade jurídica. Alcance de todos os sócios e não só o sócio administrador. A teoria da autonomia patrimonial existente entre a pessoa jurídica e a pessoa física de seus sócios não pode respaldar ou incentivar fraudes perpetradas com propósito de eximir das obrigações contraídas pelas sociedades esvaziadas de patrimônio, mas com sócios – todos eles, e não só o administrador –, muitas das vezes, enriquecidos. Demais disso, são da empresa e de seus integrantes os riscos do empreendimento, e não de seus empregados, que, desse modo, não podem pagar pelos infortúnios empresariais. O artigo 28 do Código de Defesa do Consumidor é aplicável subsidiariamente ao processo do trabalho, porque não há incompatibilidade com este, antes, muito pelo contrário, com este se coaduna, haja vista a natureza alimentar do crédito trabalhista, portanto, preferencial até mesmo em relação ao crédito do consumidor. Necessário, tão somente, que ao sócio seja oportunizado o benefício de ordem, na forma do art. 596, II, CPC. (TRT 5ª R – 2ª T – relª. desª. Luíza Lomba – 17/9/09 – Processo AP 1166/1992.133.05.00-2) (*RDT* 10 – outubro de 2009)

Desconsideração da personalidade jurídica. Sócio retirante. Responsabilidade. Ainda que seja induvidosa a possibilidade de os sócios responderem por créditos trabalhistas quando a empresa não tenha condições de fazê-lo, há que se respeitar limites impostos pela razoabilidade. O sócio deve ter se beneficiado da mão de obra do trabalhador, ao menos durante parte do contrato de trabalho, o que equivale a afirmar que responde quando sua saída do quadro social ocorre durante ou após o encerramento do vínculo de emprego. Em contrapartida, o sócio que se retirou antes mesmo do início da prestação de serviços não pode ser responsabilizado por débitos trabalhistas da empresa em relação a esse contrato. Agravo de petição do executado a que se dá provimento para limitar sua responsabilidade até a data da saída da sociedade. (TRT 9ª R – Seção Especializada – relª. desª. Marlene T. Fuverki Suguimatsu – 4/9/09 – Processo 1346/1992.661.09.00-2) (*RDT* 11 – novembro de 2009)

Não podemos perder de vista também o Direito Ambiental. A Teoria da Desconsideração também vem sendo aplicada para responsabilizar os sócios ou os dirigentes de pessoa jurídica de direito privado que causam dano ao meio ambiente. Achamos oportuno tecer alguns comentários acerca da Teoria da Desconsideração e da Responsabilidade do Estado pelos danos causados ao meio ambiente.

Predomina no Superior Tribunal de Justiça a ideia de que há responsabilidade civil do Estado em matéria de proteção ambiental, quando a omissão do seu dever de fiscalizar for determinante para a concretização ou o agravamento do dano pelo seu causador direto. A responsabilidade do Estado, nesse caso, será subsidiária. O Estado somente poderá ser acionado se o degradador direto não cumprir com sua obrigação de reparar o dano ambiental causado, seja por total ou parcial exaurimento patrimonial ou insolvência, seja por impossibilidade ou incapacidade, por qualquer razão, inclusive técnica, de cumprir com a referida obrigação de reparar imposta pelo Poder Judiciário, assegurado, ao Estado, seu direito de regresso.

Denota-se da leitura da jurisprudência assentada que o STJ tem autorizado a Desconsideração da Personalidade Jurídica da sociedade degradadora do meio ambiente independentemente da presença de ato fraudulento praticado pelos sócios ou por seus dirigentes. Portanto, em se tratando de dano ambiental, a Desconsideração da Personalidade Jurídica poderá ser invocada em caso de **"exaurimento patrimonial ou insolvência da sociedade"**. Assim, estamos convencidos de que o STJ tem aplicado, em caso de **"dano ambiental"**, a Teoria da Desconsideração da Personalidade Jurídica Menor.

A esse respeito, colhemos, mais uma vez, a jurisprudência do STJ:

> Responsabilidade civil e Direito do consumidor. Recurso especial. Consumidores. Danos materiais e morais. Ministério Público. Legitimidade ativa. Pessoa jurídica. Desconsideração. Teoria maior e teoria menor. Limite de responsabilização dos sócios. Código de Defesa do Consumidor. Requisitos. Obstáculo ao ressarcimento de prejuízos causados aos consumidores. Art. 28, § 5º.
> – Considerada a proteção do consumidor um dos pilares da ordem econômica, e incumbindo ao Ministério Público a defesa da ordem jurídica, do regime democrático e dos interesses sociais e individuais indisponíveis, possui o Órgão Ministerial legitimidade para atuar em defesa de interesses individuais homogêneos de consumidores, decorrentes de origem comum.
> – A teoria maior da desconsideração, regra geral no sistema jurídico brasileiro, não pode ser aplicada com a mera demonstração de estar a pessoa jurídica insolvente para o cumprimento de suas obrigações. Exige-se, aqui, para além da prova de insolvência, ou a demonstração de desvio de finalidade (teoria subjetiva da desconsideração), ou a demonstração de confusão patrimonial (teoria objetiva da desconsideração).
> – <u>A teoria menor da desconsideração, acolhida em nosso ordenamento jurídico excepcionalmente no Direito do Consumidor e no Direito Ambiental, incide com a mera prova de insolvência da pessoa jurídica para o pagamento de suas obrigações, independentemente da existência de desvio de finalidade ou de confusão patrimonial.</u>
> – Para a teoria menor, o risco empresarial normal às atividades econômicas não pode ser suportado pelo terceiro que contratou com a pessoa jurídica, mas pelos sócios e/ou administradores desta, ainda que estes demonstrem conduta administrativa proba, isto é, mesmo que não exista qualquer prova capaz de identificar conduta culposa ou dolosa por parte dos sócios e/ou administradores da pessoa jurídica.
> – A aplicação da teoria menor da desconsideração às relações de consumo está calcada na exegese autônoma do § 5º do art. 28, do CDC, porquanto a incidência desse dispositivo não se subordina à demonstração dos requisitos previstos no *caput* do artigo indicado, mas apenas à prova de causar, a mera existência da pessoa jurídica, obstáculo ao ressarcimento de prejuízos causados aos consumidores.
> – Recursos especiais não conhecidos. (grifo nosso)

> Criminal. Crime ambiental praticado por pessoa jurídica. Responsabilização penal do ente coletivo. Possibilidade. Previsão constitucional regulamentada por lei federal. Opção política do legislador. Forma de prevenção de danos ao meio ambiente. Capacidade de ação. Existência jurídica. Atuação dos administradores em nome e proveito da pessoa jurídica. Culpabilidade como responsabilidade social. Corresponsabilidade. Penas adaptadas à natureza jurídica do ente coletivo. Recurso provido.
> I – Hipótese em que pessoa jurídica de direito privado, juntamente com dois administradores, foi denunciada por crime ambiental, consubstanciado em causar poluição em leito de um rio, através de lançamento de resíduos, tais como graxas, óleo, lodo, areia e produtos químicos, resultantes da atividade do estabelecimento comercial.
> II – A Lei Ambiental, regulamentando preceito constitucional, passou a prever, de forma inequívoca, a possibilidade de penalização criminal das pessoas jurídicas por danos ao meio ambiente.
> III – A responsabilização penal da pessoa jurídica pela prática de delitos ambientais advém de uma escolha política, como forma não apenas de punição das condutas lesivas ao meio ambiente, mas como forma mesmo de prevenção geral e especial.

IV – A imputação penal às pessoas jurídicas encontra barreiras na suposta incapacidade de praticarem uma ação de relevância penal, de serem culpáveis e de sofrerem penalidades.
V – Se a pessoa jurídica tem existência própria no ordenamento jurídico e pratica atos no meio social através da atuação de seus administradores, poderá vir a praticar condutas típicas e, portanto, ser passível de responsabilização penal.
VI – A culpabilidade, no conceito moderno, é a responsabilidade social, e a culpabilidade da pessoa jurídica, neste contexto, limita-se à vontade do seu administrador ao agir em seu nome e proveito.
VII – A pessoa jurídica só pode ser responsabilizada quando houver intervenção de uma pessoa física, que atua em nome e em benefício do ente moral.
VIII – "De qualquer modo, a pessoa jurídica deve ser beneficiária direta ou indiretamente pela conduta praticada por decisão do seu representante legal ou contratual ou de seu órgão colegiado."
IX – A atuação do colegiado em nome e proveito da pessoa jurídica é a própria vontade da empresa. A coparticipação prevê que todos os envolvidos no evento delituoso serão responsabilizados na medida de sua culpabilidade.
X – A Lei Ambiental previu para as pessoas jurídicas penas autônomas de multas, de prestação de serviços à comunidade, restritivas de direitos, liquidação forçada e desconsideração da pessoa jurídica, todas adaptadas à sua natureza jurídica.
XI – Não há ofensa ao princípio constitucional de que "nenhuma pena passará da pessoa do condenado...", pois é incontroversa a existência de duas pessoas distintas: uma física – que de qualquer forma contribui para a prática do delito – e uma jurídica, cada qual recebendo a punição de forma individualizada, decorrente de sua atividade lesiva.
XII – A denúncia oferecida contra a pessoa jurídica de direito privado deve ser acolhida, diante de sua legitimidade para figurar no polo passivo da relação processual-penal.
XIII – Recurso provido, nos termos do voto do relator.

Por fim, é importante lembrar que quando um credor invoca a Teoria da Desconsideração da Personalidade Jurídica ele não anula a sociedade. Ela continua a existir. Entretanto, momentaneamente é afastado o manto protetor para atingir o patrimônio pessoal do sócio que praticou a irregularidade.

Para nós, a Teoria da Desconsideração da Personalidade Jurídica é utilizada em todos os ramos do Direito e, como tal, deve-se aplicar sempre a Teoria da Desconsideração Maior e não a Menor, seja no Direito Tributário, seja no Direito Civil, seja no Direito do Trabalho. Assim, quando os sócios praticarem atos fraudulentos e se esconderem embaixo do manto protetor da sociedade, poderá o credor invocar a Teoria da Desconsideração da Personalidade Jurídica para responsabilizar pessoalmente o sócio que praticou o ato fraudulento. Lembre-se, a responsabilidade é pessoal: o sócio que praticou o ato irá responder com seu patrimônio pessoal.

O Código de Defesa do Consumidor autoriza a desconsideração da personalidade jurídica em seu artigo 28, que diz:

> O juiz poderá desconsiderar a personalidade jurídica da sociedade quando, em detrimento do consumidor, houver abuso de direito, excesso de poder, infração da lei, fato ou ato ilícito ou violação dos estatutos ou contrato social. A desconsideração também será efetivada quando houver falência, estado de insolvência, encerramento ou inatividade da pessoa jurídica provocados por má administração.

Veja que, de acordo com o CDC, havendo abuso de direito, excesso de poder, infração de lei, fato ou ato ilícito ou violação dos contratos sociais ou estatutos, falência, estado de insolvência, encerramento ou inatividade da pessoa jurídica provocados por má administração poderá a sociedade ter sua personalidade jurídica desconsiderada, de modo a responsabilizar os sócios pelos prejuízos causados ao consumidor final. Tal teoria decorre da relação entre o mais forte e o mais fraco.

Denota-se da leitura do CDC que o referido diploma adotou a Teoria da Desconsideração Maior e Menor, numa tentativa de proteger o consumidor. Infelizmente, o excesso de proteção em favor do consumidor e do empregado tem gerado para os empresários riscos além daqueles inerentes à atividade empresarial, que geralmente são repassados nos custos dos produtos e das mercadorias, sendo, no final, suportados por aqueles em que a legislação, supostamente, visa a proteger.

Para nós, quanto menor o risco da atividade empresarial, menor será o repasse destes para os produtos e para as mercadorias. Dessa forma, estamos convencidos da correta aplicação da Teoria da Desconsideração da Personalidade Jurídica pelo Superior Tribunal de Justiça, cujo pressuposto mínimo reside na **"fraude"**.

Neste trabalho não iremos discutir se a Teoria da Desconsideração da Personalidade Jurídica deve ou não ser regulamentada pela legislação, como é o caso do Código Civil e do Código de Defesa do Consumidor, uma vez que isso fugiria ao nosso propósito, que é preparar os alunos para Exame de Ordem e concursos públicos em geral. Aqueles que forem prestar concursos públicos devem lembrar-se que existem no Brasil duas teorias: a Maior e a Menor, sendo que nos nossos tribunais prevalece a teoria Maior, que desconsidera a personalidade jurídica em casos de fraude, exceto para as causas trabalhistas e do consumidor.

Em Resumo

Teoria da Desconsideração da Personalidade Jurídica

Aplica-se às sociedades que, em dado momento, por intermédio de seus sócios, causaram prejuízos a terceiros, geralmente o consumidor final, mas também nos seguintes casos: relações de emprego; excessos de mandato pelos sócios; obrigações tributárias; dolo e fraude; confusão patrimonial; desvio de finalidade.

Preste Atenção

Quando os sócios constituem sociedade, haverá separação patrimonial, isto é, o patrimônio social não se confunde com o patrimônio pessoal. Portanto, os sócios não serão responsáveis pelas obrigações sociais. Contudo, se um deles vier a praticar atos que contrariem o contrato social ou o estatuto ou mesmo atos ilícitos, será pessoalmente responsabilizado pela prática desses atos.

Para o Direito Civil, Comercial e Tributário prevalece a Teoria da Desconsideração Maior, ao passo que, para o Direito Ambiental, do Consumidor e do Trabalho, prevalece a Teoria Menor.

REFERÊNCIAS BIBLIOGRÁFICAS

ALMEIDA, Amador Paes. *Curso de falência e concordata*. 16. ed. São Paulo: Saraiva, 1998.

_________. *Curso de falência e recuperação de empresa*. 21. ed. São Paulo: Saraiva, 2005.

AMARO, LUCIANO. *Direito Tributário brasileiro*. 11. ed. São Paulo: Saraiva, 2005.

BALEEIRO, Aliomar. *Direito Tributário brasileiro*. 11. ed. Rio de Janeiro: Forense, 2005.

BULGARELLI, Waldirio. *Títulos de Crédito*. 17. ed. São Paulo: Atlas, 2001.

Código Brasileiro de Defesa do Consumidor comentado. 8. ed. Rio de Janeiro: Forense Universitária, 2005.

Código Comercial. 5. ed. São Paulo: RT, 2000.

Código de Processo Civil. 2. ed. São Paulo: RT, 2000.

Código Tributário Nacional. 30. ed. São Paulo: Saraiva, 2001.

COELHO, Fábio Ulhoa. *Código Comercial e legislação complementar anotados*. 6. ed. São Paulo: Saraiva, 2003.

_________. *Comentários à nova Lei de Falências e de Recuperação de Empresas*. São Paulo: Saraiva, 2005.

_________. Fábio Ulhoa. *Curso de Direito Comercial*. 6. ed. São Paulo: Saraiva, 2003.

_________. Fábio Ulhoa. *Manual de Direito Comercial*. 14 ed. São Paulo: Saraiva, 2003.

DINIZ, MARIA HELENA. *Código Civil anotado*. 8. ed. São Paulo: Saraiva, 2002.

_________. *Lei de Locações de Imóveis Urbanos comentada*. 4. ed. São Paulo: Saraiva, 1997.

FAZZIO JR., WALDO. *Nova Lei de Falência e Recuperação de Empresas*. São Paulo: Atlas, 2005.

FILOMENO, José Geraldo Brito. *Manual de direitos do consumidor*. 8. ed. São Paulo: Atlas, 2005.

FIÚZA, Ricardo. *Novo Código Civil comentado*. São Paulo: Saraiva, 2003.

MAMEDE, Gladston. *Direito societário: sociedades simples e empresárias*. São Paulo: Atlas, 2004.

MARTINS, Fran. *Contratos e obrigações comerciais*. 15. ed. Rio de Janeiro: Forense, 2002.

_________. *Curso de Direito Comercial*. 28. ed. Rio de Janeiro: Forense, 2002.

_________. *Títulos de crédito*. 11. ed. Rio de Janeiro: Forense, 2001.

MENDONÇA, J. X. CARVALHO. *Tratado de Direito Comercial brasileiro*. 7. ed. Rio de Janeiro: Freitas Bastos, 1963.

MIRABETE, Júlio Fabbrini. *Manual de Direito Penal II*. 22. ed. São Paulo: Atlas, 2004.

NEGRÃO, Ricardo. *Manual de Direito Comercial e de Empresa*. 3. ed. São Paulo: Saraiva, 2003.

NERY JR., Nelson; ANDRADE, Rosa Maria. *Código de Processo Civil comentado*. 4. ed. São Paulo: Revista dos Tribunais, 1999.

REALE, Miguel. *Lições de Direito*. 27. ed. São Paulo: Saraiva, 2003.

REQUIÃO, Rubens. *Curso de Direito Comercial*. 25. ed. São Paulo: Saraiva, 2003.

RIZZARDO, Arnaldo. *Leasing. Arrendamento Mercantil no Direito Brasileiro*. 4. ed. São Paulo: Revista dos Tribunais, 2000.